"十三五"国家重点图书出版规划项目

重大工程建设关键技术研究
总主编 孙 钧

复杂地质与环境条件下隧道建设关键技术丛书

软硬不均与极软地层盾构处理技术

洪开荣

主编

上海科学技术出版社

图书在版编目(CIP)数据

软硬不均与极软地层盾构处理技术/ 洪开荣主编.
—上海:上海科学技术出版社,2019.1(2019.3 重印)
(复杂地质与环境条件下隧道建设关键技术丛书)
ISBN 978 - 7 - 5478 - 4086 - 3

Ⅰ.①软… Ⅱ.①洪… Ⅲ.①复杂地层-隧道施工-盾构法 Ⅳ.①U455.43

中国版本图书馆 CIP 数据核字(2018)第 151204 号

软硬不均与极软地层盾构处理技术
洪开荣　主编

上海世纪出版(集团)有限公司
上海科学技术出版社　出版、发行
(上海钦州南路 71 号　邮政编码 200235　www.sstp.cn)
上海盛通时代印刷有限公司印刷
开本 787×1092　1/16　印张 15　插页:4
字数 300 千字
2019 年 1 月第 1 版　2019 年 3 月第 2 次印刷
ISBN 978 - 7 - 5478 - 4086 - 3/U·65
定价:98.00 元

本书如有缺页、错装或坏损等严重质量问题,
请向工厂联系调换

内容提要

本书以我国近年来在软硬不均与极软地层的盾构法隧道工程实践为基础,针对在软硬不均与极软地层盾构隧道施工过程中的技术难题,全面客观地对盾构工程施工中的成果进行梳理和总结。全书共分为6章,第1章介绍了盾构法的发展趋势,研究确定了盾构地层的分类方法,重点分析了盾构选型与刀具配置;第2~5章详细阐述了不同地层条件下的地层特性与施工难点,提出了不同地层条件下的盾构适应性选型设计要点,并结合典型案例,重点对盾构开挖面稳定控制技术、掘进控制技术等内容进行了分析和总结;第6章叙述了盾构带压开仓技术,重点介绍了盾构带压开仓基本规定、作业准备,创新性地提出了带压开仓作业流程、关键工序控制要点、作业安全要求等内容。

本书可为国内外盾构工程建设提供参考借鉴,可供从事盾构施工工程相关科研、施工、管理人员及高校相关专业师生参考学习。

重大工程建设关键技术研究

总主编

孙　钧　　同济大学教授，中国科学院院士

学术顾问

邱大洪　　大连理工大学教授，中国科学院院士

钱七虎　　中国人民解放军陆军工程大学教授，中国工程院院士

郑皆连　　广西大学教授，中国工程院院士

陈政清　　湖南大学教授，中国工程院院士

吴志强　　同济大学教授，中国工程院院士

王　平　　西南交通大学教授

刘斯宏　　河海大学教授

杨东援　　同济大学教授

复杂地质与环境条件下隧道建设关键技术丛书

编委会

主　任

钱七虎

委　员(以姓氏笔画为序)

王守慧　石振明　石新栋　朱雁飞

刘　浩　孙　钧　杨志豪　李术才

李利平　李晓军　吴惠明　吴德兴

陈　健　周文波　洪开荣　姚占虎

黄宏伟　曹文宏　曹国侯　龚　剑

蒋树屏　解东升

本书编委会

主　编

洪开荣

副主编

王百泉

参　编(以姓氏笔画排序)

王超峰　叶康慨　刘作威　闫谋权

许俊伟　孙振川　李大伟　李丰果

李治国　李建宁　张宏达　卓　越

孟树红　赵全民　郭卫社　常　翔

路耀邦　潘明亮

重大工程建设关键技术研究

总 序

近年来,我国各项基础设施建设的发展如火如荼,"一带一路"建设持续推进,许多重大工程项目如雨后春笋般蓬勃兴建,诸如三峡工程、青藏铁路、南水北调、三纵四横高铁网、港珠澳大桥、上海中心大厦,以及由我国援建的雅万高铁、中老铁路、中泰铁路、瓜达尔港、比雷埃夫斯港,等等,不一而足。毋庸置疑,我国已成为世界上建设重大工程最多的国家之一。这些重大工程项目就其建设规模、技术难度和资金投入等而言,不仅在国内,即使在全球范围也都位居前茅,甚至名列世界第一。在这些工程的建设过程中涌现的一系列重大关键性技术难题,通过分析探索创新,很多都得到了很好的优化和解决,有的甚至在原来的理论、技术基础上创造出了新的技术手段和方法,申请了大量的技术专利。例如,632 m 的上海中心大厦,作为世界最高的绿色建筑,其建设在超高层设计、绿色施工、施工监理、建筑信息化模型(BIM)技术等多方面取得了多项科研成果,申请到 8 项发明专利、授权 12 项实用新型技术。仅在结构工程方面,就应用到了超深基坑支护技术、超高泵送混凝土技术、复杂钢结构安装技术以及结构裂缝控制技术等许多创新性的技术革新成果,有的达到了世界水平。这些优化、突破和创新,对我国工程技术人员将是非常宝贵的参考和借鉴。

在 2016 年 3 月初召开的全国人大全体会议期间,很多代表谈到,极大量的技术创新与发展是"十三五"时期我国宏观经济实现战略性调整的一项关键性驱动因素,是实现国家总体布局下全面发展的根本支撑和关键动力。

同时，在新一轮科技革命的机遇面前，也只有在关键核心技术上一个个地进行创新突破，才能实现社会生产力的全面跃升，使我国的科研成果和工程技术掌控两者的水平和能力尽早、尽快地全面进入发达国家行列，从而在国际上不断提升技术竞争力，而国力将更加强大！当前，许多工程技术创新得到了广泛的认可，但在创新成果的推广应用中却还存在不少问题。在重大工程建设领域，关键工程技术难题在实践中得到突破和解决后，需要把新的理论或方法进一步梳理总结，再一次次地广泛应用于生产实践，反过来又将再次推动技术的更进一步的创新和发展，是为技术的可持续发展之巨大推动力。将创新成果进行系统总结，出版一套有分量的技术专著是最有成效的一个方面。这也是出版"重大工程建设关键技术研究"丛书的意义之所在。以推广学术上的创新为主要目标，"重大工程建设关键技术研究"丛书主要具有以下几方面的特色：

1. 聚焦重大工程和关键项目。目前，我国基础设施建设在各个领域蓬勃开展，各类工程项目不断上马，从项目体量和技术难度的角度，我们选择了若干重大工程和关键项目，以此为基础，总结其中的专业理论和专业技术使之编纂成书。由于各类工程涉及领域和专业门类众多，专业学科之间又有相互交叉和融合，难以单用某个专业来设定系列丛书，所以仍然以工程大类为基本主线，初步拟定了隧道与地下工程、桥梁工程、铁道工程、公路工程、超高层与大型公共建筑、水利工程、港口工程、城市规划与建筑共八个领域撰写成系列丛书，基本涵盖了我国工程建设的主要领域，以期为未来的重大工程建设提供专业技术参考指导。由于涉及领域和专业多，技术相互之间既有相通之处，也存在各自间的不同，在交叉技术领域又根据具体情况做了处理，以避免内容上的重复和脱节。

2. 突出共性技术和创新成果，侧重应用技术理论化。系列丛书围绕近年来重大工程中出现的一系列关键技术难题，以项目取得的创新成果和技术突破为基础，有针对性地梳理各个系列中的共性、关键或有重大推广价值的技术经验和科研成果，从技术方法和工程实践经验的角度进行深入、系统而又详尽的分析和阐述，为同类难题的解决和技术的提高提供切实的理论依据和应用参考。在"复杂地质与环境条件下隧道建设关键技术丛书"(钱七虎院士任编委会主任)中，对当前隧道与地下工程施工建设中出现的关键问题进行了系统阐述并形成相应的专业技术理论体系，包括深长隧道重大突涌水灾害预测预警与风险控制、盾构工程遇地层软硬不均与极软地层的处理、类矩形盾构法、水下盾构隧道、地面出入式盾构法隧道、特长公路隧道、隧道地质三维探测、盾构隧道病害快速检测、隧道及地下工程数字化、软岩大变形隧道新型锚固材料等,使得关键问题在研究中得到了不同程度的解决和在后续工程中的有效实施。

3. 注重工程实用价值。系列丛书涉及的技术成果要求在国内已多次采用,实践证明是可靠的、有效的,有的还获得了技术专利。系列丛书强调以理论为引领,以应用为重点,以案例为说明,所有技术成果均要求以工程项目为背景,以生产实践为依托,使丛书既富有学术内涵,又具有重要的工程应用价值。如"长大桥梁建养关键技术丛书"(郑皆连院士任编委会主任,陈政清院士任副主任),围绕特大跨度悬索桥、跨海长大桥梁、多塔斜拉桥、特大跨径钢管混凝土拱桥、大跨度人行桥、大比例变宽度空间索面悬索桥等重大桥梁工程,聚焦长大桥梁的设计创新理论、施工创新技术、建设难点的技术突破、桥梁结构健康监测与状态评估、运营期维修养护等,主要内容包括大型钢管混凝土结构真空辅助灌注技术、大比例变宽度空间索面悬索桥体系、新型电涡流阻尼减振技术、长大桥梁的缆索吊装和斜拉扣挂施工、超大型深水基础超高组合桥塔、变形智能监测、基于BIM的建养一体化等。这些技术的提出以重大工程建设项目为依托,包括合江长江一桥、合江长江二桥、巫山长江大桥、桂广铁路南盘江大桥、张家界大峡谷桥、西堠门大桥、嘉绍大桥、港珠澳大桥、虎门二桥等,书中对涉及具体工程案例的相关内容进行了详尽分析,具有很好的应用参考价值。

4. 聚焦热点,关注风险分析、防灾减灾、健康检测、工程数字化等近年来出现的新兴分支学科。在绿色、可持续发展原则指导下,近年来基础建设领域的技术创新在节能减排、低碳环保、绿色土木、风险分析、防灾减灾、健康检测(远程无线视频监控)、工程使用全寿命周期内的安全与经济、可靠性和耐久性、施工技术组织与管理、数字化等方面均有较多成果和实例说明,系列丛书在这些方面也都有一定体现,以求尽可能地发挥丛书对推动重大工程建设的长期、绿色、可持续发展的作用。

5. 设立开放式框架。由于上述的一些特性,使系列丛书各分册的进展快慢不一,所以采用了开放式框架,并在后续系列丛书各分册的设定上,采用灵活的分阶段付梓出版的方式。

6. 主编作者具备一流学术水平,从而为丛书内容的学术质量打下了坚实的基础。各个系列丛书的主编均是该领域的学术权威,在该领域具有重要的学术地位和影响力。如陈政清教授,中国工程院院士,"985"工程首席科学家,桥梁结构与风工程专家;郑皆连教授,中国工程院院士,桥梁设计施工专家;钱七虎教授,中国工程院院士,防护与地

软硬不均与极软地层盾构处理技术

下工程专家;吴志强教授,中国工程院院士,城市规划与建设专家;等等。而参与写作的主要作者都是活跃在我国基础设施建设科研、教育和工程的一线人员,承担过重大工程建设项目或国家级重大科研项目,他们主要来自中铁隧道局集团有限公司、中交隧道工程局有限公司、中铁十四局集团有限公司、中交第一公路工程局有限公司、青岛地铁集团有限公司、上海城建集团、中交公路规划设计院有限公司、陆军研究院工程设计研究所、招商局重庆交通科研设计院有限公司、天津城建集团有限公司、浙江省交通规划设计研究院、江苏交通科学研究院有限公司、同济大学、河海大学、西南交通大学、湖南大学、山东大学等。各位专家在承担繁重的工程建设和科研教学任务之余,奉献了自己的智慧、学识和汗水,为我国的工程技术进步做出了贡献,在此谨代表丛书总编委对各位的辛劳表示衷心的感谢和敬意。

  当前,不仅国内的各项基础建设事业方兴未艾,在"一带一路"倡议下,我国在海外的重大工程项目建设也正蓬勃发展,对高水平工程科技的需求日益迫切。相信系列丛书的出版能为我国重大工程建设的开展和创新科技的进步提供一定的助力。

孙钧

2017年12月,于上海

  孙钧先生,同济大学一级荣誉教授,中国科学院资深院士,岩土力学与工程国内外知名专家。"重大工程建设关键技术研究"系列丛书总主编。

复杂地质与环境条件下隧道建设关键技术丛书

序

进入21世纪以来，随着经济的持续发展、综合国力的不断提升及高新技术的不断应用，我国隧道及地下工程得到了前所未有的迅速发展。我国已成为世界上隧道及地下工程规模最大、数量最多、地质条件和结构形式最复杂、修建技术发展速度最快的国家。同时，随着城市地铁建设力度的不断加大，跨江越海隧道工程数量不断增加，国家的重点建设项目如长距离供水、水下交通、西气东输等工程都将涉及穿越江河的问题，铁路、公路、市政、供水、供气、防洪、水电等隧道工程的建设都使隧道的数量大幅度增多。

在隧道建设技术方面，高速铁路隧道技术体系已基本形成；艰险山区复杂地质条件长大隧道建造技术不断取得进步；大断面软弱围岩隧道建造技术取得了很大进展；城市大跨浅埋隧道、越江跨河水下隧道的建造技术都已取得突破；隧道掘进机研发与制造取得了很大进步，这些都标志着我国隧道建设技术达到了一个新的发展水平。尤其是我国幅员辽阔，地质条件复杂，极端复杂的地质条件是制约隧道安全、高效建设的主要因素，是公认的隧道建设难点。依托一大批重难点工程，如青藏铁路关角隧道、兰渝铁路西秦岭隧道、港珠澳大桥沉管隧道、大瑞铁路高黎贡山隧道、武汉三阳路长江隧道等的相继贯通，我国在隧道及地下工程尤其是复杂地质与环境条件下的隧道工程建设方面，取得了很大成就和较多创新成果。为此，针对地形与地貌类型复杂、地质构造复杂、岩土体工程地质不良等复杂地质条件，以重难点工程的突破创新成果为基础,丛书编委会与上海科学技术出版社共同策划了本丛书。

丛书从地质探测、预警与风险控制、设计、施工、数字化应用等角度,系统梳理了山岭、水下、软硬不均地层等复杂地质与环境条件下隧道的建设关键技术,以学术专著的形式,介绍了近年来在复杂地质隧道建设过程中形成的创新成果和核心技术。丛书中涉及和介绍的创新成果与技术在国内属于领先水平,有的已形成具有自主知识产权的核心技术,且均已在重大工程中得到了应用,使得丛书具有前沿性、原创性、创新性、引领性的特点。例如,洪开荣的《软硬不均与极软地层盾构处理技术》,从理论上、技术上、工程案例上阐述软硬不均地层与水下隧道极软地层的盾构处理技术,代表了软硬不均地层隧道及地下工程的最新理论与实践;曹国侯、刘浩的《隧道地质三维探测技术》,依托作者主持的科研项目"国防工程地质预测及质量无损检测系统",并结合团队多年的研究和应用成果,全面介绍了隧道复杂地质地球物理探测的新理论、新方法与新技术;李术才的《隧道突涌水监测方法与预警技术》,依托国家重大科研仪器设备研制专项"用于掘进机施工的隧道不良地质定量超前预报综合地球物理探测仪器"、国家自然科学基金优秀青年科学基金项目"隧道突水突泥机理与灾害控制"等重大科研项目,介绍了在复杂地质隧道突水突泥灾害源超前预报技术及其在大型隧道工程中的应用;等等。丛书中涉及的工程应用案例还包括四川成兰铁路跃龙门隧道、济南黄河隧道工程、鄂西高速齐岳山隧道、青岛胶州湾隧道、南京长江隧道、武汉地铁8号线过江隧道等一批重难点工程。

在国家大力推进"一带一路"建设、实施创新驱动发展战略、建设交通强国的战略背景下,希望丛书的出版不仅能够更好地总结上述技术成果、推动创新技术的推广应用,更希望能在基础理论研究和共性关键技术的突破方面起到促进作用,在技术创新模式的培育、专业人才的培养方面能够起到积极的作用。丛书在研讨策划、组织、编写和审稿的过程中得到了相关大型企业、高校、研究机构和学会、协会的大力支持,许多专家在百忙之中给丛书提出了很多非常好的建议和想法,在此一并表示感谢。

钱七虎

2018年8月

钱七虎先生,中国人民解放军陆军工程大学教授,中国工程院院士。"复杂地质与环境条件下隧道建设关键技术丛书"编委会主任。

前 言

21世纪是人类开发利用地下空间的世纪。盾构法施工因具有安全、优质、高效、环保等显著的技术优点,成为地下隧道施工的首选方法,并广泛应用于城市轨道交通、电力、水利水电、地下水库与水处理、输气输油、公路、铁路、军工等地下建设领域,但盾构穿越软硬不均与极软地层仍是工程建设面临的重要难题。如何提高对地层的认识,做好盾构选型设计工作,提升盾构施工控制技术,是需重点研究的问题。

本书是工作在建设一线的管理、设计和科研技术人员的经验总结。在编写本书过程中,主要参考了近年来在软硬不均地层与极软地层的盾构施工方案、施工总结、科研成果等内容。

全书共分6章,第1章地层分类与设备选型,主要阐述了盾构法的发展趋势,研究确定了盾构地层的分类方法,重点分析了盾构选型与刀具配置;第2章上软下硬复合地层盾构处理技术,主要分析了地层特性与施工难点,创新性地提出了盾构适应性选型设计要点,重点介绍了开挖面稳定控制技术、掘进技术及典型案例;第3章孤石地层盾构处理技术,分别对地层特性与施工难点、孤石探测与处理技术进行了概述,阐述了盾构适应性选型设计、盾构开挖面稳定控制技术和掘进控制技术等内容,并通过典型案例分析,重点对盾构在孤石地层的适应性设计、孤石处理技术和掘进控制技术进行了分析和总结;第4章大粒径卵石地层盾构处理技术,通过对地层特性与施工难点的分析,提出了卵石地层盾构适应性选型设计要点,并通过典型案例分析,结合大粒径卵石地层处理技术,对开挖面稳定控制技术和掘进技术进行了总结;第 5 章极软地层盾构处理技术,通过对地层特性与施工难点分析,提出了盾构在极软地层适应性选型设计相关要点,介绍了地层加固处理技术,并结合典型案例,重点对开挖面稳定控制技术、掘进技术进行了分析和总结;第 6 章盾构带压开仓技术,重点分析了盾构带压开仓基本规定、作业准备,创新性地提出了带压开仓作业流程、关键工序控制要点、作业安全要求等内容,并结合风险识别内容,提出了针对性的处理措施。

全书图文并茂、内容全面、资料翔实,可为国内外盾构工程建设提供参考借鉴,同时可供从事盾构施工工程相关科研、施工、管理人员及高校相关专业师生参考学习。

本书主要编者全程参与了上软下硬地层、砂卵石地层、孤石地层、软土地层等盾构工程建设,并长期从事施工管理、施工科研、工程施工等工作。在工程建设过程中,编者深入现场,了解工程施工每一环节,认真记录和搜集施工参数、施工工艺等第一手资料,并依托科研项目进行理论分析和归纳总结。

本书由洪开荣总体策划并担任主编,由王百泉担任副主编。具体编写分工如下:洪开荣、卓越、王百泉编写第 1 章;郭卫社、潘明亮、孟树红、李建宁编写第 2 章;王百泉、常翔、路耀邦、许俊伟编写第 3 章;赵全民、李大伟、刘作威、王超峰编写第 4 章;孙振川、闫谋权、李治国、叶康慨编写第 5 章;王百泉、张宏达、李大伟、李丰果编写第 6 章。在编写本书过程中得到了许多专家和技术人员的支持与帮助,主要人员包括何峰、康宝生、蒙先君、刘东亮、李建华、张辉、刘瑞庆、宋华、邹翀、古艳旗、刘旭、冯欢欢、张海涛、林春刚、吴建宏、陈义得、金仲祥、游永锋、尚伟、李荆、张磊、张萌、张伟、王志鹏等,在此向他们致以诚挚的感谢!

限于水平,本书有些问题研究还不够深入,论述也未必适当,加之时间仓促,疏误之处在所难免,热切希望专家和读者批评指正。

编　者

目 录

第1章　地层分类与设备选型 1

1.1　概述 / 1
1.2　地层分类 / 2
1.2.1　相对均一地层 / 2
1.2.2　软硬不均复合地层 / 3
1.3　盾构选型设计 / 4
1.3.1　选型原则和依据 / 4
1.3.2　刀盘选型和刀具配置 / 7

第2章　上软下硬复合地层盾构处理技术 15

2.1　地层特性与施工难点 / 15
2.1.1　地层特性 / 15
2.1.2　施工难点 / 15
2.2　盾构适应性选型设计 / 16
2.2.1　选型原则和依据 / 16
2.2.2　复合地层适应性设计 / 16
2.3　盾构开挖面稳定控制技术 / 17
2.3.1　地层变形机理 / 18
2.3.2　地层隆沉过程分析 / 19
2.3.3　地面隆沉的影响因素 / 20
2.3.4　盾构开挖面稳定机理 / 20
2.4　上软下硬复合地层盾构掘进技术 / 22
2.4.1　主要技术措施 / 22
2.4.2　主要参数设置 / 22
2.4.3　盾构姿态控制 / 23
2.4.4　渣土改良 / 25
2.4.5　同步注浆 / 26

2.4.6　二次注浆 / 28
2.5　典型案例 / 29
2.5.1　南京地铁 3 号线 / 29
2.5.2　南昌轨道交通 2 号线 / 33

第 3 章　孤石地层盾构处理技术 ... 39

3.1　地层特性与施工难点 / 39
3.1.1　地层特性 / 39
3.1.2　施工难点 / 41
3.2　孤石探测与处理技术 / 42
3.2.1　孤石探测技术 / 42
3.2.2　孤石处理技术 / 57
3.3　盾构适应性选型设计 / 64
3.3.1　选型原则和依据 / 64
3.3.2　孤石地层适应性设计 / 64
3.4　盾构开挖面稳定控制技术 / 66
3.4.1　泥水平衡盾构开挖面稳定技术 / 66
3.4.2　土压平衡盾构开挖面稳定技术 / 71
3.5　孤石地层盾构掘进控制技术 / 75
3.5.1　总体思路 / 75
3.5.2　施工控制要点和技术措施 / 75
3.5.3　掘进参数设置与分析 / 76
3.5.4　掘进异常情况分析 / 80
3.5.5　同步注浆 / 80
3.5.6　二次注浆 / 81
3.6　典型案例 / 81
3.6.1　台山核电引水隧洞工程 / 81
3.6.2　东莞市快速轨道交通 / 99
3.6.3　深圳地铁 11 号线 / 112

第 4 章　大粒径卵石地层盾构处理技术 ... 131

4.1　地层特性与施工难点 / 131
4.1.1　地层特性 / 131
4.1.2　施工难点 / 132

4.2 盾构适应性选型设计 / 133
4.2.1 选型原则和依据 / 133
4.2.2 卵石地层适应性设计 / 133

4.3 大粒径卵石地层处理技术 / 135
4.3.1 砂卵石地层特性分析 / 135
4.3.2 大粒径卵石处理技术 / 136

4.4 盾构开挖面稳定控制技术 / 138
4.4.1 泥水平衡盾构控制技术 / 138
4.4.2 土压平衡盾构控制技术 / 139

4.5 大粒径卵石地层盾构掘进技术 / 142
4.5.1 主要技术措施 / 142
4.5.2 主要参数设置 / 143
4.5.3 盾构姿态控制 / 145
4.5.4 渣土改良 / 146
4.5.5 同步注浆浆液配制及施工技术 / 148
4.5.6 地表滞后坍塌控制 / 150

4.6 典型案例 / 153
4.6.1 北京地铁 10 号线 / 153
4.6.2 成都地铁 4 号线 / 158

第 5 章　极软地层盾构处理技术　165

5.1 地层特性与施工难点 / 165
5.1.1 地层特性 / 165
5.1.2 施工难点 / 166

5.2 盾构适应性选型设计 / 166
5.2.1 选型原则和依据 / 166
5.2.2 极软地层适应性设计 / 167

5.3 极软地层加固处理技术 / 168
5.3.1 三轴搅拌桩 / 168
5.3.2 旋喷桩 / 169
5.3.3 冷冻法 / 170

5.4 盾构开挖面稳定控制技术 / 170
5.4.1 开挖面稳定机理 / 170
5.4.2 软土地层的变形机理 / 171
5.4.3 主要控制措施 / 172

5.5 极软地层盾构掘进技术 / 172
- 5.5.1 掘进控制技术 / 172
- 5.5.2 姿态控制与调整 / 173
- 5.5.3 渣土管理 / 174
- 5.5.4 同步注浆 / 174
- 5.5.5 二次注浆 / 175
- 5.5.6 监控测量 / 175

5.6 典型案例 / 177
- 5.6.1 杭州地铁 2 号线 / 177
- 5.6.2 苏州轨道交通 4 号线 / 198

第 6 章　盾构带压开仓技术 ... 204

6.1 基本规定 / 204
- 6.1.1 强制规定 / 204
- 6.1.2 一般规定 / 205

6.2 作业准备 / 208

6.3 作业实施 / 209
- 6.3.1 作业流程 / 209
- 6.3.2 作业内容及要求 / 209
- 6.3.3 关键工序作业要点 / 211
- 6.3.4 作业实施 / 212
- 6.3.5 作业效果判定 / 213
- 6.3.6 仓门关闭 / 213

6.4 安全要求和职业健康 / 213
- 6.4.1 常规带压进仓作业安全要求 / 213
- 6.4.2 职业健康 / 214

6.5 作业风险识别和应急处理 / 215
- 6.5.1 作业风险识别 / 215
- 6.5.2 应急处理 / 215
- 6.5.3 针对性处理措施 / 216

参考文献 ... 218

第1章

地层分类与设备选型

盾构机(本书以下简称"盾构")选型与地层的适应性是影响盾构法隧道施工成败的关键。本章主要阐述了盾构施工法的发展趋势,结合地层特征提出了盾构地层分类的方法,重点对盾构选型与刀具配置进行了分析和总结。

1.1 概述

盾构是一种用于隧道施工的大型高科技施工装备,它具有快速、优质、安全、经济,有利于环境保护和降低劳动强度的优点,已逐渐成为隧道建设工具的首选。利用盾构修建隧道的方法称为盾构施工法,简称盾构法。

盾构法的含义主要是指在盾构保护下拼装盾构管片的一种施工方法,包括土压平衡盾构和泥水平衡盾构,而非硬岩 TBM。盾构法是使用盾构在地下掘进,在盾壳的掩护下,通过刀盘旋转安全地开挖地层,一次掘进相当于装配式管片一环的宽度。尾部可以装配管片,迅速拼装成隧道永久衬砌结构,并将管片与土层之间用水泥砂浆填实,防止周围地层变形。盾构推进主要依靠盾构内部设置的推进油缸(即千斤顶),推进油缸顶在拼成的管片环上。推进一环后,推进油缸缩回活塞杆,为下一环管片拼装创造条件。重复上述过程,不断开挖,不断拼装,并不断掘进,完成隧道施工。

盾构法因具有速度快、效率高、施工质量好、相对安全等优点,在地下空间的开发建设上具有广阔的前景。19 世纪初盾构法起源于英国,20 世纪初在日本、德国、美国等发达国家得到推广,至今已有 200 多年的历史。在这 200 多年的发展中,尤其是近三四十年,盾构施工技术有了较为显著的进步,在世界各地隧道工程中得到了广泛的应用。我国从 20 世纪 50 年代开始涉足盾构法,并利用盾构法修建了众多的隧道与地下工程,是最早采用盾构施工法的发展中国家。

截至 2017 年 12 月 31 日,我国城市轨道交通运营总里程约 4 712 km,共 161 条线路,运营城市 33 个。2017 年新增 45 条运营线路、新增长度 880 km,年度新增加线路长度比 2016 年的 539 km 增加 341 km,增幅达 63.2%。据不完全统计,新增轨道交通线路主要以地铁为主,而盾构施工长度占新增加地铁线路总长度的 75%~80%。

目前，我国在建城市轨道交通的城市有 48 个，在建线路 228 条，在建里程 5 636 km。预计到 2020 年，我国拥有轨道交通的城市将超过 50 个，运营里程将超过 9 000 km。

在今后相当长一段时期内，我国城市地铁隧道、铁路隧道、公路隧道、市政管道等隧道工程将不断增加，在建和拟建的隧道工程规模之大、数量之多都是前所未有的，而城市隧道工程施工受制于城市地面交通、建(构)筑物等复杂环境，必然是采用盾构法为主、其他工法为辅。

我国盾构法隧道工程地域分布十分广泛，地质条件差异巨大。如以上海、杭州、宁波等地为代表的软黏土，盾构施工过程中存在掌子面稳定性差、盾构姿态难以控制、管片易破碎、成型隧道管片上浮等难题；以广州、深圳、厦门为代表的软硬不均复合地层，其地质复杂多变，具有强度差异大、孤石强度高等特点，盾构施工易出现刀盘与刀具磨损或损坏、地层稳定性差、盾构带压开仓风险大等特点；以成都、兰州等地为代表的富水砂卵石地层，以及以北京为代表的典型砂卵石地层等，其盾构施工面临高磨耗、大粒径漂石通过性差等难点。因此，不同地层对施工方法的适应性、安全性和经济性均提出了新的要求。

1.2 地层分类

在盾构法隧道工程施工过程中，经常遇到黏土、粉土、砂、砾、卵石、岩石等地层或若干地层组成的混合地层。不同地层对盾构选型和施工工艺的要求不同。必须重视围岩力学特征的各向均匀性问题，并综合考虑地层的颗粒粒径、级配、耐磨性指标、弹性模量、渗透系数等物理力学特性。可以宏观地将盾构工程涉及的围岩地层划分为相对均一地层和软硬不均复合地层两大类。

1.2.1 相对均一地层

严格意义上的各向同性均质地层在自然界是不存在的。本书定义的相对均一地层是指在隧道开挖断面范围内和开挖延伸方向上，由一种或若干种地层组成的，但其岩土物理力学参数(颗粒粒径、级配、渗透性和力学指标等)、耐磨性指标等特性相近的地层或地层组合。盾构法隧道工程涉及的相对均一地层主要有软土地层、岩层、砂土层等。

1) 软土地层

软土地层具有天然含水量高、压缩性高、承载能力低、物理性质呈软塑到流塑状等特点。如淤泥、淤泥质土以及其他高压缩饱和黏性土、粉土等地层，其中黏性土一般又可分为黏质土、砂质黏土和粉质黏土。

软土地层的特征为外观以灰色为主的细粒土，天然含水量大于或等于液限，天然空隙率大于或等于 1.01 等。这种地层普遍存在于天津、杭州、宁波、上海等地。

2) 岩层

岩层是岩土力学及工程地质等特征差异相对较小的地层或地层组合。按饱和单轴抗压强度可分为硬质岩层和软质岩层。硬质岩层有花岗岩、片麻岩、玄武岩、石灰岩、石英砂岩、大理岩等，其中单轴抗压强度在 60 MPa 以上的为极硬岩石，强度 30~60 MPa 的为次硬岩石。软质岩层有黏土岩、页岩、绿泥岩、云母片岩、泥质粉砂岩等，单轴抗压强度为 5~30 MPa，这种地层常见于重庆等地。

3) 砂土层

常见的砂土层主要分为细砂、粉砂、中砂、粗砂、砾砂等。砂土层具有含水丰富、胶结强度低、稳定性差、气密性差、透水性高等显著特点。这种地层常见于北京东部、天津、上海、杭州等地。

根据《岩土工程勘察规范》(GB 50021—2001)，砂土层的分类方法见表 1-1。

表 1-1 砂土层的分类方法

序号	颗粒级配	名称	土类
1	粒径大于 2 mm 的颗粒质量占总质量的 25%~50%	砾砂	砂
2	粒径大于 0.5 mm 的颗粒质量占总质量的 50%	粗砂	砂
3	粒径大于 0.25 mm 的颗粒质量占总质量的 50%	中砂	含细粒土砂
4	粒径大于 0.075 mm 的颗粒质量占总质量的 85%	细砂	细粒土质砂
5	粒径大于 0.075 mm 的颗粒质量占总质量的 50%	粉砂	细粒土质砂

1.2.2 软硬不均复合地层

软硬不均复合地层是指在隧道开挖面范围内和开挖延伸方向上，由两种或两种以上不同地层组成，且岩土物理力学参数（颗粒粒径、级配、渗透性和力学指标等）、耐磨性指标等特性相差悬殊的组合地层。在盾构法隧道工程施工过程中，典型的软硬不均复合地层有上软下硬地层、孤石地层、大粒径砂卵石地层等。

1) 上软下硬地层

上软下硬地层是软硬不均地层中最常见的一种。即隧道断面上部是松软土层，而下部是坚硬的岩石地层；或者上部是软弱岩层，而下部是硬质岩层；或是在硬质岩层中夹软弱岩层，软弱岩层中夹硬质岩层，岩石地层中夹破碎带、溶洞，等等。这种地层常见于广州、深圳、南京等地。

2) 孤石地层

孤石地层是软硬不均复合地层中的典型代表之一，是花岗岩地层比较突出的一个不良地质现象，也是目前盾构施工过程中遇到的最大难题之一。从发育的岩性上讲，在如花岗岩、玄武岩、片麻岩、安山岩、砂岩，以及其他一些类型的岩石中均有发现，并且孤石多发育于风化作用活跃的厚层裂隙发育地带。

孤石的分布具有离散性、空间特性不规律、形状各异、大小不一等特征，岩石单轴抗压强度可以达到120 MPa以上，与周边岩层强度差异较大。孤石地层是广州、深圳、厦门、福州等地普遍存在的一种地质现象。

3) 大粒径砂卵石地层

大粒径砂卵石地层是一种典型的力学不稳定地层，其卵石颗粒间空隙大，颗粒间无黏聚力，无水状态下颗粒间为点对点传力，地层反应灵敏。

大粒径砂卵石地层是砂卵石地层的一种典型代表。广义上，所有以漂石(块石)、卵石(碎石)、砾石(角砾)为主，含有砂土及少量黏性土粒的粗碎屑堆积物，统称砂卵石。天然的砂卵石是由许多大小不等的颗粒组成。根据土力学相关规定，砂是指粒径0.075~2 mm的颗粒，卵石是指粒径60~200 mm的颗粒，大粒径卵石是指粒径大于200 mm的颗粒；砂卵石地层是指以砂和卵砾石为主的地层，并且卵石含量较高。

本书所述大粒径砂卵石地层，是指卵石粒径大于200 mm，且卵石含量超过50%的砂卵石地层。其具有卵石粒径大、强度高、结构松散、颗粒之间空隙大、无胶结等特征。主要分布于北京、成都、兰州等地。

1.3 盾构选型设计

1.3.1 选型原则和依据

盾构选型是盾构施工的关键环节，直接影响盾构法隧道工程的施工安全、施工质量、施工工艺及施工成本，应从安全性、可靠性、适用性、先进性、经济性等方面综合考虑，按照可靠性安全性适用性第一、技术先进性第二、经济性第三的原则，保证盾构施工的安全、可靠，选择最佳的盾构施工方法和最适宜的盾构。

1.3.1.1 选型原则

(1) 应充分考虑地质条件、地层渗透系数、地下水含量及水压等工程地质和水文地质的适应性，满足施工安全的要求。

(2) 应考虑地层的颗粒级配，一般都采用土层颗粒曲线来界定不同盾构的适应性，总的来说颗粒粒径大时宜采用泥水平衡盾构，粒径小时宜采用土压平衡盾构。

(3) 应考虑地层中有无砂层、孤石，这直接影响到土体的渗透性、刀盘的磨损、开挖时对地层的扰动范围、刀盘开口率、对孤石的破碎方式及排出方式。

(4) 盾构选型时，必须根据地质条件确定刀具的形状、材质和配置。

(5) 隧道曲线和转弯半径也是应考虑的因素，盾构本体长度与直径比及尾盾间隙直接影响盾构的转弯及纠偏能力。当转弯半径小时应考虑采用铰接式盾构。

(6) 盾构施工对周围环境的影响也是盾构选型时应考虑的因素。比如地层变形影响程度、有无地下构筑物,以及废浆/废渣倾倒对环境有无污染等。

根据以上原则,对盾构的形式及主要技术参数进行研究分析,以确保盾构施工的安全、可靠,合理选择盾构。

1.3.1.2 选型依据

盾构选型应以工程地质、水文地质为主要依据,综合考虑周围环境条件、断面尺寸、施工长度、埋深、线路的曲线半径、沿线地形及建(构)筑物等环境条件,以及周围环境对地面变形的控制要求等因素,并参考国内外已有盾构工程实例及相关盾构技术规范、施工规范及相关标准,对盾构类型、功能要求、主要技术参数等进行研究。选型时的主要依据包括以下几个方面。

1) 地层渗透系数与盾构选型的关系

地下水在地层中的渗透作用会导致土体中的应力变化,可能引起流土/流砂或管涌等渗透变形,因此,地下水的渗透作用是影响工作面稳定的主要因素。反映地层透水性的指标是渗透系数,而渗透系数是影响盾构选型的关键因素之一。当地层的渗透系数小于 10^{-7} m/s 时,宜选用土压平衡盾构;当地层的渗透系数为 $10^{-7}\sim10^{-4}$ m/s 时,既可以选用土压平衡盾构,也可以选用泥水平衡盾构;当地层的渗透系数大于 10^{-4} m/s 时,宜选用泥水平衡盾构。

2) 地层颗粒级配与盾构选型的关系

颗粒级配也是盾构选型的一个重要参考指标,即便土层渗透系统较小,若土体中的粗颗粒较多,想要实现土体的平衡也是很困难的。因当土体进入盾构土仓之后,逐渐将土仓堆满以建立压力,然而若粗颗粒较多,土的流塑性差,很难形成土塞效应。

土压平衡盾构一般适用于黏土、淤泥质土等地层,能够及时充满土仓的各个部位以形成土塞效应,而泥水平衡盾构适用于硬度较高的砾石、粗砂等地层,以及地质条件较为复杂的地方。对于粗砂、细砂等地层可使用泥水平衡盾构,也可经渣土改良后使用土压平衡盾构。

一般来说,当地层中的粉粒和黏粒的总量达到 40% 以上时,通常会选用土压平衡盾构,相反的情况选择泥水平衡盾构比较合适。粉粒的绝对大小通常以 0.075 mm 为界。

3) 水压与盾构选型的关系

当水压大于 0.3 MPa 时,适宜采用泥水平衡盾构。若采用土压平衡盾构,螺旋输送机难以形成有效的土塞效应,在螺旋输送机排土闸门处易发生喷涌现象,引起土仓中压力波动,导致开挖面坍塌。如需采用土压平衡盾构,则需增大螺旋输送机的长度,或采用二级螺旋输送机,或配置保压泵。盾构类型与水压的适应性见表 1-2。

表 1-2　盾构类型与水压的适应性

项目要求	土压平衡盾构	泥水平衡盾构
水压大于0.3 MPa时	由于采用螺旋输送机排土,在富含水、透水性大的砂层中,需要向开挖面及土仓中添加泡沫或泥浆材料,才能使开挖土形成具有良好流塑性及止水性的土体。对于土仓压力大于0.3 MPa的地层,螺旋输送机难以形成有效的土塞效应,从而有可能在螺旋输送机排土闸门处发生水、土砂喷涌现象,引起土仓中土压力下降,导致开挖面坍塌。不宜采用土压平衡盾构	通过对泥水压力及流量的正确管理,完全能保持开挖面的稳定。对于透水性大的砂性土,泥浆能渗入土层内一定深度,并在很短时间内,在土层表面形成泥膜,有助于改善地层的自承能力,并使泥浆压力在全开挖面上发挥有效的支护作用。宜采用泥水平衡盾构
水压小于0.3 MPa时	适应性较好,宜选用土压平衡盾构	可选用泥水平衡盾构
特点	止水性差	止水性好

4) 盾构性能对比

盾构性能对比见表 1-3。

表 1-3　盾构性能对比

序号	泥水平衡盾构	土压平衡盾构
1	适应的地层范围有限,但对水压较大、渗透系数大的地层适应性好	能够适应的地层范围比较广,但对水压大、渗水系数大的地层施工有难度
2	利用泥浆提供全断面的压力支撑,易于平衡掌子面,地表沉降较小	可以根据需要利用塑性土及添加材料提供全断面的压力平衡,才能有效减少地表沉降,但要增加成本
3	全封闭系统,无地下水损失	可以封闭,能够控制地下水损失程度
4	所需刀盘驱动扭矩比较小,适合较大直径的盾构,对盾构刀盘磨损相对较小	刀盘驱动所需扭矩和渣土改良性能关系较大,不适合超大直径盾构,对刀盘及螺旋输送机的磨损较大
5	需要泥水分离和运输设备	需要不同种类的渣土改良和运输设备
6	大漂石处理困难,需加固地层后开仓处理	大漂石处理困难,需加固地层后开仓处理
7	渣土掘进速度和地面泥水处理速度之间联系密切,相互影响较大	采用螺旋输送机出渣,出渣尺寸受螺旋输送机尺寸限制,一般不大于 350 mm
8	施工渣土不能立即运走弃掉,直接泵出到地面处理系统,对地面环境污染较大	盾构掘进速度和渣土改良效果及隧道运输能力有关
9	施工场地需求较大,能耗高,成本较高	渣土直接经渣车运出,可以直接弃掉,对环境污染小
10	地表沉降控制难度小。利用泥浆渗透形成不透水的泥膜作为支护材料,维持开挖面的稳定,通过泥水压力来平衡作用于掌子面的土压力和水压力	能够适应较大的地质范围与地质条件,同时又具有土压平衡的功能,施工速度较高,能有效地控制地表沉降

5) 盾构选型时必须考虑的其他因素

在实际实施时,盾构选型还需要解决理论的合理性与实际的可能性之间的矛盾,必须考虑环保、地质和安全等因素。

(1) 环保因素。对于泥水平衡盾构而言,虽然经过泥水分离设备可以将泥浆中的粗颗粒分离,并通过运输设备外运,但泥浆中的悬浮或半悬浮状态的细土颗粒仍不能完全分离出来,又不能随意处理,使得泥水平衡盾构的使用遇到一大难题。随着保护要求的提高,降低污染保护环境是泥水平衡盾构面临的重要课题。

根据国内外工程施工的成功案例,通过增加泥水分离配套设备,优化泥浆处理工艺,可实现废浆零排放,达到保护环境的目的。但是做到这点并不容易,主要有以下几个方面:

① 泥浆处理设备和废浆处理设备造价高,增加工程投资;
② 废浆处理所需添加剂用量大、处理时间长、造价高;
③ 泥浆处理场地需求较大。

(2) 工程地质因素。盾构施工段工程地质的复杂性主要反映在围岩和工程地质特性的多变方面,同一施工标段,可能同时存在有些区间适合土压平衡盾构,有些区间适合泥水平衡盾构。盾构选型时应综合考虑并进行分析后择优选择。

(3) 安全因素。盾构选型时应结合周边环境沉降要求和断面尺寸方面进行综合考虑。当隧道断面较大时,宜选择泥水平衡盾构,特别是在江河湖海等水体下、密集建(构)筑物下施工时。在这些特殊环境条件下,施工安全性将是盾构选型时的一项重要选择。

1.3.2 刀盘选型和刀具配置

盾构刀盘选型和刀具配置至关重要,不少工程因刀盘刀具与地质不适应,导致掘进困难,甚至造成较大的工程事故。刀盘选型和刀具配置主要依据工程地质及水文地质条件进行,不同的地层应选用不同的刀盘结构形式和刀具配置。

1.3.2.1 刀盘主要功能

刀盘主要有以下三大功能:

1) 开挖功能

刀盘通过自身的旋转运动,带动所有安装刀具切削掘进面上的岩土,切削下来的岩土经过刀盘开口槽进入盾构土仓。开挖功能通过布置在刀盘上的各种刀具及刀盘开口实现。

2) 稳定功能

刀盘具有稳定掌子面的功能,辐条或面板对于掌子面具有一定的支撑作用。

3) 搅拌和配合出渣的功能

刀盘结构形式和单个开口的大小与出渣设备相匹配,限制进入开挖仓的土体颗粒粒径,通过刀盘旋转和搅拌棒的配合,提高渣土流动性。

1.3.2.2 刀盘结构形式

刀盘按其结构类型主要分为面板式、辐条式和复合式(面板+辐条式)三种,如图1-1所示。

(a) 面板式　　　　　　　　(b) 辐条式　　　　　　　　(c) 复合式

图 1-1　常见刀盘形式

1) 面板式刀盘

面板式刀盘一般为箱形焊接结构，其上设置有刀箱、刀座、添加剂注入口/泥浆冲刷注入口、搅拌臂等。滚刀/可更换撕裂刀安装在刀箱上，切刀和刮刀安装在面板两侧刀座上。刀盘开口一般较小，通常为 25%~35%。

面板式刀盘的优点是可以提供较强的支护力和刀盘强度，并为滚刀/可更换撕裂刀提供较多的安装空间，但缺点是与开挖面接触面积较大而开口较小，在以黏土粉土为主的地层中掘进损耗较大且掘进效率低。

2) 辐条式刀盘

辐条式刀盘主要由轮缘、辐条及布置在辐条上的刀具组成。刀具布置在辐条的两侧，刀盘开口率一般很大，可以达到 60% 以上，所以布置滚刀比较困难。

辐条式刀盘的优点在于对地质支护性较好的黏土粉土地质，在满足其支护要求的前提下提供了充足的开口，使得刀盘开挖面与土压仓几乎连为一体，刀盘前后压差很小，可以方便地监测开挖面压力情况，同时具有较高的掘进效率。其缺点是对于富水地层，适应性相对较差。

3) 复合式刀盘

复合式刀盘主要由辐条、面板、添加剂注入口/泥浆冲刷注入口、搅拌臂等组成，滚刀/可更换撕裂刀布置在辐条的刀座上，切刀和刮刀布置在辐板两侧。刀盘开口率适中，介于辐条式和面板式刀盘之间，一般为 35%~45%。

复合式刀盘具有较好的支护力和刀盘强度，可以保证在掘进时对前方土体有较好的支护能力，同时又能保证足够的开口使渣土流入，兼顾安全性和效率等特点，应用较为广泛。

不同种类的刀盘结构不同，在应用环境和地质适应性等方面存在较大的差异，刀盘特性与地质适应性比较见表 1-4。

表1-4 刀盘特性与地质适应性比较

序号	项目	刀盘		
		面板式	辐条式	复合式
1	开口率	30%左右	60%以上	35%～45%
2	刀盘结构	强度和刚度高	强度和刚度低	强度和刚度高
3	刀具配置	滚刀/可更换撕裂刀、切刀、刮刀等	先行刀(撕裂刀、切刀)	滚刀/可更换撕裂刀、切刀、刮刀等
4	开挖面稳定性	好	差	好
5	砂土地层适应性	好	较好	好
6	黏土地层适应性	较差	好	较好
7	砂卵石地层适应性	较好	差	好
8	上软下硬复合地层适应性	较好	差	好
9	孤石地层	较好	差	好
10	泥水平衡盾构适应性	好	一般	好
11	土压平衡盾构适应性	好	好	好

1.3.2.3 刀盘选型时需考虑的问题

1) 刀盘开口率

盾构刀盘的开口率一般指刀盘开口区域面积与刀盘总面积的比值。开口率的大小关系到刀盘与地层的适应性,直接影响土体进入土仓的流动性。相对均一地层比如砂层、黏土层等需配置大开口率的刀盘,一般为40%～70%。软硬不均复合地层,因其地质条件复杂,对于刀盘的强度和刚高要求较高,且需安装较多的刀具,因此,刀盘开口率相对较小,一般为25%～45%。

当地层中含有黏性颗粒时,必须重视刀盘中心区域的开口设置,在满足刀盘结构强度和刚度的前提下,尽量增大中心开口率,降低刀盘结泥饼的概率。

2) 刀盘的结构强度和刚度

根据地质特征,确定满载荷条件下刀盘轴向推力、最大扭矩、刀盘面板和外周的摩擦阻力,选定刀盘的结构强度和刚度安全系数,最大应力安全系数不应小于1.2。对于上软下硬复合地层,因地质条件复杂多变,以及受周边环境的限制地勘资料不详细,刀盘选型时需考虑其结构强度和安全系数适当提高。

3) 刀具配置

刀具的合理选配和布局是保证盾构正常施工的关键技术。对于软土地层,一般只需配置切削型刀具如先行刀/撕裂刀、切刀、刮刀等,刀盘结构相对简单。而对于软硬不均复合地层,刀盘除配置切削型刀具(如先行刀/撕裂刀、切刀、刮刀等)外,还需配置盘形滚刀,因而刀盘结构相对复杂。对于上软下硬复合地层,地层强度差异大,滚刀和撕裂刀应具有可互换功能,刀具应有较好的耐冲击性、耐磨性。

4) 渣土改良/冲刷功能

(1) 渣土改良功能。土压平衡盾构刀盘配置有泡沫、膨润土及高分子材料等添加剂注入孔,在掘进过程中,通过注入添加剂对盾构刀盘开挖下来的渣土进行改良,提高渣土的流塑性和止水性,降低盾构的刀盘扭矩和推力。完善的渣土改良功能是保证盾构在复杂地质条件下正常掘进的必要条件。

(2) 冲刷系统。泥水平衡盾构配置有冲刷系统,冲刷系统一般包括出渣口冲刷、泥水仓冲刷、刀盘冲刷等,刀盘冲刷一般指刀盘中心冲刷。当地层黏性颗粒含量较高时,刀盘冲刷功能显得尤为重要。除具备刀盘中心冲刷功能外,还需配置刀盘面板冲刷系统。

5) 刀盘扭矩

刀盘扭矩主要包括额定扭矩和脱困扭矩。在盾构掘进过程中,刀盘转动需克服刀具切削阻力扭矩、刀盘正面与土体之间的摩擦阻力扭矩、刀盘外周与土体之间的摩擦阻力扭矩、刀盘与仓内渣土/泥浆之间的摩擦阻力扭矩、刀盘支撑梁的阻力扭矩、刀盘与主轴承的摩擦阻力扭矩等。

6) 刀盘支撑形式

盾构刀盘支撑形式常用的有中心轴式和中间支撑方式两种。中心轴式一般用于小直径的盾构,中间支撑方式一般用于大中型盾构。

1.3.2.4 常见刀具类型及其特点

可根据切削原理、几何形状与布置位置等对盾构刀具进行分类。按照切削原理一般分为滚刀、撕裂刀、切刀、刮刀、中心刀及超挖刀等。其中,滚刀和撕裂刀刀座具有通用性,可根据不同地质条件进行互换。

1) 滚刀

滚刀破岩形式属于滚压破碎岩石。滚压破碎是一种破碎量大、速度快的机械破岩方法,其特点是靠刀具滚动产生冲击压碎和剪切碾碎的作用达到破碎岩石的目的。

在盾构千斤顶的作用下盘形滚刀紧压在岩石表面,随着刀盘的旋转,盘形滚刀一方面绕刀盘中心轴公转,同时绕自身轴线自转。当滚刀刀刃切入岩石表面时,岩石表面受挤压生成一道槽,并形成张拉破坏的裂纹,当载荷继续增加,滚刀切入岩石的深度也相应加深,刀刃的楔形面对刀刃两侧的岩石起剪切破坏作用,裂纹会在剪切力作用下沿岩石切线方向持续快速扩张,相邻刀具间的岩石裂纹会产生相互影响,产生进一步的张拉破坏,使相邻切槽之间的岩脊在这种张拉破坏下产生较大的岩石碎块,继而崩落。滚刀又分为单刃滚刀和双刃滚刀,如图1-2所示。

(a) 单刃滚刀　　　　　　　　　　　(b) 双刃滚刀

图 1-2　滚刀

2）撕裂刀

撕裂刀又称先行刀,分为可更换式撕裂刀和焊接式撕裂刀两大类;按照刀头结构形式又可分为普通型、贝壳型两种。可更换式撕裂刀与滚刀安装方式一样,可进行互换。

焊接式撕裂刀一般布置在刀盘辐条、面板及周边区域,布置位置和高度按照地质特性进行设计,安装高度一般低于可更换式撕裂刀,高于切刀和刮刀,与可更换式撕裂刀形成立体切削,并对切刀、刮刀以及刀盘面板起保护作用。均一软土和软硬不均复合地层均可使用。常见撕裂刀形式如图 1-3 所示。

(a) 可更换式撕裂刀（普通型）　　　　(b) 可更换式撕裂刀（贝壳型）

 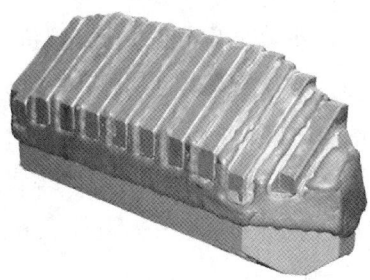

(c) 焊接式撕裂刀（普通型）　　　　(d) 焊接式撕裂刀（贝壳型）

图 1-3　撕裂刀

3) 切刀

切刀一般布置在刀盘开口两侧,安装位置低于滚刀、撕裂刀,主要起辅助切削破岩的作用。其切削原理是盾构向前推进的同时,切刀随刀盘旋转对开挖面土体产生轴向(沿隧道前进方向)剪切力以及径向(刀盘旋转切线方向)切削力,在刀盘的转动下,通过刀刃以及刀头部分插入地层内部,不断地将开挖面前方的土体切削下来,渣土随切刀正面进入渣槽,因此,切刀既有切削功能又有刮渣功能。常见切刀形式如图1-4所示。

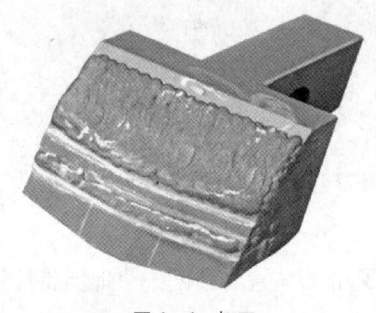

图1-4 切刀

图1-5 刮刀组

4) 刮刀

刮刀一般安装在刀盘边缘排渣口的两侧位置,主要起到对刀盘周边渣土进行清除和防止渣土堆积的作用,确保刀盘开挖直径,防止刀盘边缘部分产生磨损。刀具采用背装式,可从土仓内进行更换。一般选用优质合金块通过焊接镶嵌在刀体中,不易发生合金块的崩裂与脱落,使用寿命长。刮刀组如图1-5所示。

5) 中心刀

中心刀常见形式有中心鱼尾刀、中心双刃滚刀和中心双联撕裂刀三种。刀盘中心区域是刀盘布局的关键,既要考虑对砂土、黏土和风化岩等地层的适应性,又要兼顾整个隧道开挖区间的岩层强度。一般情况下,隧道开挖区间为软土地层时,采用鱼尾刀形式。在软硬不均复合地层或全断面岩层时,考虑采用中心双刃滚刀或中心双联撕裂刀,两者可进行互换。

(1) 中心鱼尾刀。一般用于软土地层。在软土地层掘进时,为改善中心部位土体的切削和搅拌效果,在刀盘中心部位设置鱼尾刀,一般超前布置600 mm左右,首先保证最先切削土体,而后扩大到全断面切削。其次,鱼尾刀根部设计为锥形,使刀盘旋转时随鱼尾刀切削下来的土体,在切向、径向运动的基础上,又增加一项翻转运动(如同犁地一般),这样可以解决中心部分土体的切削问题和改善切削土体的流动性,提高盾构掘进整体效果。

(2) 中心双刃滚刀。一般用于软硬不均复合地层和全断面岩层等地层,中心双刃滚刀如图1-6a所示。

(3) 中心双联撕裂刀。两端采用超大合金结构,耐磨性能好,刀头宽度一般为60 mm。根据地质条件,中心双联撕裂刀布置高度可与刀盘正面主开挖刀高度一致,或者中心高两

(a) 中心双刃滚刀　　　　　　　　　　　(b) 中心双联撕裂刀

图 1-6　中心刀

端低,实现中心区域超前切削。一般用于软土地层、强度较低的全风化岩层,以及强度小于 30 MPa 的软硬不均地层等。中心双联撕裂刀如图 1-6b 所示。

6) 超挖刀

按照结构形式和适用范围,超挖刀可分为软土地层用的合金型超挖刀和硬岩地层用的滚刀型超挖刀(图 1-7)。超挖刀一般布置在刀盘边缘区域,用于盾构曲线施工时的超挖及盾构姿态的调整,由液压缸操纵伸缩,其行程为 0~100 mm。

(a) 合金型超挖刀　　　　　　　　　　　(b) 滚刀型超挖刀

图 1-7　超挖刀

1.3.2.5　刀具配置需考虑的问题

盾构在软硬不均复合地层中施工时,刀具配置应考虑以下三个方面的问题:

1) 破岩刀具类型的选择

硬岩地层一般以滚刀破岩为主,切刀和刮刀为辅。软弱地层一般以撕裂刀为主,切刀和刮刀为辅。而软硬不均复合地层选择破岩刀具类型要复杂得多,必须综合考虑软岩和硬岩破岩条件,合理配置和选择刀具及刀具组合,除布置滚刀外,还需配置撕裂刀,以及切刀、刮刀、超挖刀、周边保护刀等辅助刀具。

2) **刀具配置**

软硬不均复合地层刀具配置主要以滚刀破岩为主,其核心是滚刀配置的数量,实质上是指滚刀刀间距的设计,刀间距是影响滚刀破岩能力的关键因素之一。

刀间距是指相邻刀刃刃口相对于刀盘中心位置的距离之差,是掘进时相邻刃口形成轨迹的间距。刀间距过大,会在两把滚刀之间出现破岩盲区而形成"岩脊";刀间距过小,会将岩体滚压成小碎块,降低破岩功效。所以刀间距过大或过小都不利于破岩。

关于刀间距设计可参考的理论依据和试验资料相对较少,目前盾构设计制造时,主要依据隧道所穿越地层特性[常指单轴抗压强度、岩石质量指标(RQD)等指标],以及国内外相关研究资料,特别是参照国内外类似盾构施工案例,当整体性好且岩石强度高时,滚刀的刀间距控制在 75~90 mm 之间相对较好。

3) **刀具的空间布局**

刀具的空间布局主要是指刀具在刀盘上的平面(径向)和立体(轴向)布局。

刀具在刀盘上的平面布局一般有同心圆式和螺旋线式两种布置法,目前应用较为普遍的是螺旋线式布置法。为满足整个刀盘受载均匀,减小振动,防止偏载,应尽量使刀具在刀盘上对称布置。

刀具空间立体布局实质上是指刀具的安装高度,对盾构施工具有重要的意义。当地层中黏性颗粒含量较高时,若刀具布置高度较低,刀盘面板结泥后易将刀具全部"糊死",使刀具失去切削作用。因此,在含有黏性颗粒的地层刀具安装高度高一些具有一定的优点。

在硬岩及软硬不均复合地层中,主要通过滚刀对岩石进行压碎来实现破岩,在破岩时通过推力使滚刀贯入岩层一定的深度。如果滚刀和切刀/刮刀的高度差过小,当滚刀破岩时,滚刀贯入的深度小于刀高差时,切刀/刮刀就会"顶住"岩面而限制滚刀进一步贯入,从而影响滚刀的破岩能力,加速刀具的磨损。

第 2 章

上软下硬复合地层盾构处理技术

上软下硬地层是软硬不均地层中最常见的一种地层,即隧道断面内存在两种或两种以上不同岩性的地层,且强度差异较大。这类地层主要分布于广州、深圳、厦门等地。

盾构在上软下硬地层施工过程中,易出现地表沉降过大、刀具磨损严重、隧道轴线偏离设计线路等问题。本章主要阐述地层特性与施工难点,提出盾构适应性选型设计相关要点,并结合典型工程案例,对盾构开挖面稳定控制技术、掘进技术进行分析和总结。

2.1 地层特性与施工难点

2.1.1 地层特性

(1) 上软下硬地层的岩土力学性质及工程和水文地质特征差异较大。上部软岩层强度较低,自稳性差;下部硬岩层强度高,自稳性好。

(2) 上软下硬地层中的软岩具有高含水量、高压缩性、高黏粒含量、低强度等特点,扰动后易触变,极不稳定。

(3) 上软下硬地层因其上部软岩和下部硬岩强度差异大,且石英含量高,对设备的破岩能力、耐磨性和软硬不均适应性要求高。

2.1.2 施工难点

上软下硬地层由于其工作面地层岩土力学指标及地质特征差异大,盾构掘进过程中容易出现以下问题:

1) 地面沉降

上软下硬地层上部与下部围岩强度差异较大。在盾构法隧道施工过程中,掌子面上部和下部所需平衡的压力不一致,若仅考虑掌子面上部平衡,则下部可能出现超压;若仅考虑掌子面下部平衡,则掌子面上部出现欠压。同时,由于上软下硬地层岩性不均匀,盾构在施工过程中对周围地层扰动过大,土压以及出土量不宜控制,容易造成地面较大沉降甚至坍塌。

2）刀具磨损

盾构在上软下硬地层施工过程中,刀具磨损主要体现在两个方面:一方面,上部软土层处于黏性土层时,掘进参数不当很容易造成盾构刀盘"结泥饼",从而导致滚刀偏磨;另一方面,上部软岩强度低,下部硬岩单轴抗压强度高,刀具在软硬不均岩面做周期性的碰撞,刀盘受到的冲击力较大,容易造成局部刀具受力超载,致使滚刀轴承或密封破坏,滚刀非正常磨损。由于开挖面上部软岩地层地质稳定性差,带压换刀风险极大。

3）盾构姿态不易控制

在上软下硬地层施工时,盾构有向软岩方向偏移的惯性,盾构姿态容易发生偏移。当盾构姿态偏差过大时,管片拼装困难,易出现错台现象,且管片的受力不均匀,严重时管片出现破损,从而影响隧道防水效果。

4）管片破损

盾构在上软下硬地层施工时,为保持掌子面上部和下部围岩掘进速度相协调,必须加大硬岩一侧推进油缸的推力,局部压力过大易造成管片错台、破损等问题。

2.2 盾构适应性选型设计

2.2.1 选型原则和依据

(1)具备开挖面稳定、掌子面压力精确调整和控制功能。

(2)具有在上软下硬复合地层直接掘进通过的能力,应充分考虑刀盘、主驱动、螺旋输送机/泥浆循环系统能力储备。

(3)应根据上软下硬地层硬岩的强度及分布情况,确定刀具的形状、材质和配置。

(4)参照本书第1章1.3.1节"选型原则和依据"相关内容。

2.2.2 复合地层适应性设计

1）刀盘及刀具

(1)刀盘结构宜采用复合式或面板式,滚刀和撕裂刀(先行刀)可互换或混装,满足软、硬及软硬不均等不同地层条件下刀具的合理配置和调整功能。

(2)刀具应具有很强的破岩能力,刀盘应有足够的强度和刚度,刀盘开口率建议为30%～45%,中间开口率适当增加,降低在泥岩条件下刀盘结泥饼概率。

(3)刀盘驱动具备较大扭矩储备,满足恶劣工况条件下的脱困能力。

(4)刀盘整体耐磨设计要加强,尤其是周边区域建议设置焊接式撕裂刀,提高周边区域耐磨性能和保护边滚刀刀箱;刀盘周边环形区域建议安装合金耐磨环,提高周边耐磨性能。

(5)建议刀盘正面切刀和周边刮刀采用大块合金结构设计,以提高软硬不均地层的刀具抗冲击性能。

(6) 刮刀螺栓连接强度宜适当提高,建议在刀具背后设置高耐磨性的保护块,防止刮刀在软硬不均地层受到冲击后掉落。

2) 土压平衡盾构

(1) 螺旋输送机。土压平衡盾构螺旋输送机出土口建议设置双闸门,或预留膨润土和高分子聚合物注入接口,防止富水砂层条件下泥砂喷涌;合理设置检查孔,以便在复合地层掘进螺旋输送机被卡时进行检查或处理。

提高整体耐磨性能,在螺旋轴最前端叶片上加装复合耐磨合金块,以适应盾构在砂层、花岗岩等地层掘进;同时,螺旋输送机第一节筒体上建议设计有可更换的耐磨块,当筒体磨损后,可以在洞内快速更换,提高筒体使用寿命。

(2) 渣土改良系统。为提高土压平衡盾构渣土改良效果,盾构配置泡沫和膨润土两种系统。泡沫系统建议采用单管单泵的方式,每路泡沫均可独立工作,不受土仓压力和管道阻力的影响,采用成熟的防堵塞设计。且渣土改良注入口采用整体背装式结构,便于洞内维修或更换。

3) 泥水平衡盾构

(1) 泥浆循环系统。

① 泥水平衡盾构泥浆循环系统应具备较高的安全性和可靠性,与高压仓连接的泥浆管路宜设置为液压闸阀和气动球阀组合方式,防止长距离复杂地层盾构掘进过程中因球阀磨损关闭不严密,在更换盾构泥浆软管、检修排浆泵站或冲刷系统泵站时气垫仓或刀盘仓泥浆外泄,导致掌子面压力波动。

② 液压系统配置蓄能器,满足紧急条件下的快速关闭功能。

③ 泥浆循环系统的软连接外侧宜增设防护装置,周边不宜设置重要的电气系统,防止软连接爆裂时对电控系统造成较大影响。

(2) 泥浆处理系统。在岩土复合地层应具备较高的泥浆处理能力,具有较高的地层变化应对能力;同时,结合不同工程地质概况,合理配置泥浆压滤或离心设备,满足在富含黏土和泥岩等复杂地层工况下的泥浆分离和达标排放能力。

4) 带压进仓系统

盾构需具备带压进仓功能,人仓设计和制造应符合国家或行业有关标准要求,还应配置与其相匹配的辅助系统或接口,如移动式有害气体检测系统、应急电源和气源、带压动火作业接口等,具备快速带压进仓换刀和修复作业功能。

2.3 盾构开挖面稳定控制技术

盾构掘进对周边地层的影响大体包括土体的应力释放、地层含水量和水压力的变化。

在上软下硬复合地层或软土地层使用盾构施工时,软土层含水量高、灵敏度大、强度低、压缩性高,会使原本处于稳定状态的地层出现卸载或加载等复杂力学行为,土体的极限平衡被打破,从而对土体产生扰动,引起地表变形。应分析和掌握地层变形、沉降规律、影响因素等相关内容,及时做好盾构施工过程安全控制。

2.3.1 地层变形机理

地表变形是指由于盾构施工而引起隧道周围土体的松动和沉陷,它直观表现为沉降或隆起。受其影响隧道附近地区的构筑物将产生变形、沉降或变位,以致构筑物机能遭受破损或破坏。地层变形主要分为地层损失和固结沉降。

1) 地层损失

隧道开挖过程中由于超挖或衬砌环与地层之间的间隙填充不及时等原因,使地层与衬砌之间产生空隙。在软土层中空隙会被周围土壤及时填充,引起地层运动,产生施工沉降(也称瞬时沉降),土的应力因此而发生变化,随之而形成"应变-变形-位移-地面沉降"。

所谓地层损失量(V),是指盾构施工中实际出渣量与理论出渣量之差。地层损失率以地层损失量占盾构理论出渣量的百分比(V_s,%)来表示。

地层损失量的计算公式为

$$V = V_\text{实} - V_0 \tag{2-1}$$

式中　$V_\text{实}$——实际出渣量;

　　　V_0——圆形盾构理论出渣量。

圆形盾构理论出渣量计算公式为

$$V_0 = \pi r_0^2 L \tag{2-2}$$

式中　r_0——开挖半径;

　　　L——推进长度。

地层损失率的计算公式为

$$V_s = \frac{V}{V_0} \tag{2-3}$$

2) 固结沉降

由于盾构推进过程中的挤压、超挖和尾盾注浆作用,对地层产生扰动,使隧道周围地层产生正、负超空隙水压力,从而引起地层沉降,称为固结沉降。固结沉降可分为主固结沉降和次固结沉降。

(1) 主固结沉降。指超空隙水压力消散引起的土层压密,与土层厚度有着密切的关系。土层越厚,主固结沉降占总沉降的比例越大。因此,在隧道埋深较大的工程中,施工沉降虽然很小,但主固结沉降的作用决不可忽视。

(2) 次固结沉降。指由于土层骨架蠕动引起的剪切变形沉降。在空隙率和灵敏度较大的软塑和流塑性土层中,次固结沉降往往要持续几个月,有的甚至要几年以上。其所占总沉降的比例可高达35%以上。

从理论上讲,盾构施工引起隧道周围地表沉降是指地层损失造成的施工沉降、主固结沉降及次固结沉降三者之和。如果不考虑次固结沉降,总沉降应等于地层损失造成的施工沉降和由于地层扰动引起的主固结沉降之和。固结沉降是由于施工引起地层空隙水压消散造成,不同地层固结沉降值占总沉降比例相差迥异,而次固结沉降是由于地层土体原有结构破坏引起的蠕变沉降,除流塑性软黏土地层外通常都较小,一般都不考虑。

2.3.2 地层隆沉过程分析

盾构掘进引起的地面沉降,按地表沉降变化规律可分为初期沉降、开挖面沉降或隆起、尾部沉降、尾部空隙沉降和固结沉降五个阶段,详见表2-1。

表2-1 盾构施工引起位移的原因和机理

沉降类型	主要原因	应力扰动	变形机理
初期沉降	土体受挤压而压密	空隙水压减小,有效应力增加	空隙率减小,固结
开挖面沉降或隆起	工作面处施压,过大隆起,过小沉降	空隙水压增大,总应力增加	土体压缩产生弹塑性变形
尾部沉降	施工扰动,盾构与土体间剪切错动,出渣	应力释放	弹塑性变形
尾盾空隙沉降	土体失去盾构支撑,管片背后注浆不及时	应力释放	弹塑性变形
固结沉降	土体后续时效变形	应力松弛	蠕变压缩

1) 初期沉降

初期沉降是在盾构开挖面前方一定范围内产生的沉降。因初期沉降的量较小,而且不是所有的盾构施工工程都会发生,所以一般不被觉察。据部分实测资料分析断定,初期沉降是由于固结沉降所引起的,其中包括盾构施工所引起的地下水或空隙水的下降。

2) 开挖面沉降或隆起

在盾构掘进过程中发生的地面沉降或隆起,由于开挖面支护压力设置过大或过小,以及掘进速度、推力等掘进参数的影响,引起开挖面区域土层的土压增加或应力释放。

3) 尾部沉降

盾构通过时产生的地面沉降,主要是盾构对土体的扰动所致。

4）尾盾空隙沉降

在盾构尾部通过之后，引起沉降的原因是盾构尾部建筑空隙和隧道周围土层被扰动。这些"建筑空隙"如不及时地填充，就会被周围土体填充，最终引起地面沉降。

5）固结沉降

盾构通过后在相当长一段时间内仍延续着沉降。黏土地基的长期延续沉降明显大于砂质地基。因此，这类沉降归结于地层的塑性变形。该阶段的沉降起因是土层本身的性质和隧道周围土体受扰动。它的滞后时间与盾构的种类、地质条件、施工质量等因素有关。

2.3.3 地面隆沉的影响因素

1）掘进参数设置不合理

分为以下两种情况：

（1）当支护压力小于开挖面土体所需压力时，可能出现开挖面局部坍塌，引起地面沉降；当支护压力过大时，会引起地面隆起。

（2）掘进速度与出渣量不匹配，出渣量大于理论出渣量，引起超挖。

2）注浆工艺不合理

由于注浆量不足、注浆压力过大或过小、注浆材料固结收缩率大等原因，均会引起地层损失，导致地面隆沉。

3）盾构姿态变化

在推进过程中，盾构"姿态"的纠偏对沉降的影响是不容忽视的。盾构纠偏就意味着盾构轴线与隧道轴线产生一个偏角。当盾构以"仰头"或"磕头"方式推进时必然在其轨迹上留下一个空隙，引起地面扰动。

4）螺旋输送机喷涌（仅指土压平衡盾构）

螺旋输送机喷涌导致开挖面土体流失、压力波动，引起地面沉降。

5）尾盾密封失效

尾盾密封失效后，地层中的渣土通过尾盾密封区域流入盾构内部，导致地层土体损失，进而引起地面沉降。

2.3.4 盾构开挖面稳定机理

2.3.4.1 泥水平衡盾构开挖面稳定机理

泥水平衡盾构泥浆的作用之一是保证开挖面的稳定，不管是在掘进过程中还是停机状态下，泥水平衡盾构开挖面稳定的关键是泥浆在地层中渗透并形成泥膜。

1）泥膜形成过程

当泥水压力大于地下水压力，且两者之间的压力差保持稳定，泥水将按达西定律渗入开挖面土体中,在土壤间隙形成一定比例的悬浮颗粒,这些颗粒随泥水渗入土体颗粒间的空隙中,形成一层泥膜。随着时间推移,泥膜的厚度不断增加,渗透抵抗力逐渐增强,当泥膜渗透抵抗力大于正面土压力时,施加一定压力的泥水产生平衡效果。在开挖面无论是掘进阶段还是拼装阶段始终保持着一层泥膜,当刀盘刀具将泥膜包裹的土体切削后,新的泥膜很快形成,周而复始,即这层泥膜始终保持着开挖面的平衡。

2) 泥膜生成条件

泥膜的形成既与泥浆质量有关,也与地层特性有关。泥浆质量包括泥浆最大粒径、泥浆配比、泥浆黏度、泥浆压力等,而地层特性包括土体类型、土体颗粒粒径和土体渗透性等。所以,泥膜的形成是泥浆质量与土层特性相互作用的结果,要形成泥膜必须满足以下四项基本条件:

(1) 泥浆的最大颗粒粒径的选取与地层渗透系数、颗粒之间相互匹配,有利于泥膜的形成。

(2) 泥浆配比对泥膜的形成也有较大的影响,最佳的泥浆配比需通过大量试验来确定。

(3) 泥浆密度与泥浆配比密不可分。在黏性土中泥浆密度可小些,在砂性土(砂或砂砾等土层)中泥水密度则大些。掘进过程中泥浆密度不宜过高或过低,前者影响泥水的输送能力,后者影响开挖面的稳定。

(4) 泥浆压力。选择最佳的泥浆压力对开挖面的稳定性至关重要。泥浆压力过小,开挖面在围岩土压力、水压力的作用下就会发生破坏;而泥浆压力过大时,泥浆会通过地层间隙逃逸到地层中,甚至造成地面冒浆。

2.3.4.2 土压平衡盾构开挖面稳定机理

开挖面稳定控制技术是盾构施工的关键技术之一。土压平衡盾构开挖面稳定是依靠开挖面稳定机构和控制系统保持土压舱的压力来实现的,稳定机构和控制系统包括刀盘、推进系统、渣土改良系统、搅拌机构、螺旋输送机、土压传感器和土压控制系统等。在盾构掘进过程中,通过控制盾构机的掘进速度和螺旋输送机的出渣量,可使土压舱保持一定的土压。

1) 土压设定

在土压平衡盾构施工中,合理设置土压力对控制地表沉降意义重大。土压设定应以维持刀盘前方围岩稳定为原则,若土仓内压力小于开挖面的水土压力,会使开挖面严重超挖,使土体松弛进而塌落,引起地表下沉;若土仓内压力大于开挖面的水土压力,会引起开挖面上部地层的隆起。盾构掘进过程中,需根据理论计算设定合适的土仓压力值,并根据现场施工监测数据随时调整其掘进参数。

2) 土压平衡控制

土压平衡盾构施工时,为实现土压仓内压力稳定,切削下来的渣土应具有一定的塑性和流动性,如果渣土塑性和流动性较差,需添加膨润土泥浆、泡沫剂等润滑材料进行渣土改良。

在土仓内通过刀盘旋转和搅拌臂将刀盘切削下来的土、砂及润滑材料混合,使其形成具有一定塑性、流动性及低透水性的渣土,这些经过改良后的渣土充满土仓和螺旋输送机内以保持与开挖面的土压力相平衡。

2.4 上软下硬复合地层盾构掘进技术

2.4.1 主要技术措施

针对上软下硬复合地层的特点和难点,需采用以下施工措施:

(1) 加强地质补勘,摸清复合地层的地层特性以及岩石分界线;对周围建(构)筑物进行详细调查和鉴定,若有必要可采取注浆加固或基础托换等措施。

(2) 在工程施工前,应根据工程地质情况,在隧道沿线具备条件或加固后具备条件的地段预先设置盾构停机检修点,待盾构掘进至停机点时进行刀具检查和维修,同时进行盾构检查、修复。

(3) 破岩刀具应采用全盘滚刀,在周边磨损严重的区域适当配置贝壳式撕裂刀,与滚刀形成立体切削,并对滚刀刀箱进行保护。

(4) 在掘进过程中,当掘进速度、刀盘扭矩等主要参数发生突变或不在正常范围时,应立即停机分析原因,检查刀具情况,不可盲目掘进。

(5) 应合理设置盾构掘进参数,减少对地层的扰动,避免造成上部软弱地层沉降塌陷。

(6) 做好施工监测工作,及时反馈监测信息。并根据地表沉降和建(构)筑物沉降的监测数据,结合地质特性,及时调整土仓压力、推进速度等施工参数。

(7) 当需进行带压开仓作业时,参照本书第6章"盾构带压开仓技术"相关内容,及时进行带压开仓检查和更换刀具作业。

2.4.2 主要参数设置

1) 掘进模式选择

(1) 土压平衡盾构。具有土压平衡模式、半敞开式、敞开式三种掘进模式。土压平衡模式适用于地层自稳性差、地表有建(构)筑物,以及地表沉降要求严格的区域;半敞开式适用于具有一定自稳能力的地层;敞开式适用于地层稳定性好,具备完全自稳能力的地层。

盾构在上软下硬地层施工过程中,因隧道穿越区域存在软弱不稳定地层,为保证开挖面稳定,需采取土压平衡模式掘进。

(2) 泥水平衡盾构。根据对泥浆压力控制方式的不同,泥水平衡盾构又分为直接控制型和间接控制型两大类。直接控制型泥水平衡盾构的泥水仓压力,可通过调节进排浆泵转速或调节控制阀的开关来实现;间接控制型泥水平衡盾构通过配置气压仓等压气设备,通过保持气压仓压力与开挖面周围的静水压力及土压力平衡,维持开挖仓内的压力来保证开挖面的稳定。与直接控制型相比,间接控制型其操作控制更为简化,泥水仓压力波动小,控制精度高,对开挖面土层支护更为稳定,对地表变形控制也更为有利。因此,上软下硬复合地层宜采用间接控制型泥水平衡盾构进行掘进施工。

2) 压力设置

盾构在上软下硬复合地层条件下施工时,不仅要考虑硬岩地层对刀盘的影响,而且必须重视软岩地层的稳定性,避免造成超挖现象和地表沉降。一般情况下,压力设定值应为理论计算值的105%～115%,并根据地面沉降监测信息与盾构掘进诸要素进行对比分析,不断进行参数优化。

3) 掘进参数设置

盾构在上软下硬地层掘进时,刀盘扭矩随着刀盘转速的增加而增大,推进速度随刀盘转速和推力的增加也相应增大,而推进速度增加时刀盘扭矩也相应增大。为了避免刀具损坏,减少刀盘与刀具磨损,降低刀具与硬岩接触时的瞬时冲击力,掘进参数设置应遵循"低速度、低转速、低扭矩、小推力、低贯入"的原则。

2.4.3 盾构姿态控制

2.4.3.1 盾构姿态的影响因素

1) 地质变化

由于隧道穿越的地层复杂多变,各层土层的特性和物理指标有较大差异,盾构姿态必定受到各土层物理性质的制约和影响,产生不均匀位移。当盾构在软硬不均地层掘进时,推力和扭矩变化较大,盾构主机有着向地层较软一侧偏移的惯性,易出现盾构姿态偏差。应根据隧道地层分布状况以及其地层分界面的变化情况,合理进行掘进参数设置,并根据掘进参数变化情况及时优化调整。

2) 掘进操作因素

盾构操作是影响盾构姿态的重要因素之一。在盾构掘进操作过程中,需根据盾构姿态的变化,通过合理控制推进系统各区域推进油缸的使用数量、推进油压及速度,正确选择刀盘正、反转模式等手段来调整盾构姿态。

2.4.3.2 姿态控制和调整

盾构采用隧道自动导向系统和人工测量辅助进行盾构姿态监测。该系统配置了导向、自动定位、掘进程序软件和显示器等,能够全天候在盾构主控室动态显示盾构当前位置与隧道设计轴线的偏差以及趋势。

随着盾构推进导向系统后视基准点需要调整位置,必须通过人工测量来进行精确定位。为保证推进方向的准确性和可靠性,根据掘进里程和姿态变化情况,及时进行人工测量,以校核自动导向系统的测量数据并复核盾构的位置、姿态,确保盾构掘进方向的正确。

1)姿态调整

通过分区操作盾构的推进油缸来控制掘进方向。上坡段掘进时,适当加大盾构下部油缸的推力;在下坡段掘进时则适当加大上部油缸的推力;在左转弯曲线段掘进时,适当加大右部油缸推力;在右转弯曲线掘进时,适当加大左部油缸的推力;在直线平坡段掘进时,尽量使所有油缸的推力保持一致。

在相对均一地层掘进时,推进油缸的推力应基本保持一致;在软硬不均地层中掘进时,应根据不同地层在断面的具体分布情况,遵循硬岩地层一侧推进油缸的推力适当加大、软岩地层一侧油缸的推力适当减小的原则来操作。

2)滚动纠偏

刀盘切削土体的扭矩主要是由盾构壳体与洞壁之间形成的摩擦力矩来平衡,当摩擦力矩无法平衡刀盘切削土体产生的扭矩时将引起盾构本体的滚动。盾构滚动偏差可通过转换刀盘旋转方向来实现。

盾构允许滚动偏差≤1.5°,当超过 1.5°时,盾构操作系统报警,提示操纵者必须切换刀盘旋转方向,进行纠偏。

3)竖直方向纠偏

当盾构姿态出现下俯时,可加大下侧推进油缸的推力;当盾构姿态出现上仰时,可加大上侧推进油缸的推力来进行纠偏。同时考虑到刀盘前面地质因素的影响综合调节,从而达到一个比较理想的控制效果。

4)水平方向纠偏

与竖直方向纠偏的原理一样,左偏时加大左侧推进油缸的推进压力,右偏时加大右侧推进油缸的推进压力,并兼顾地质因素。

2.4.3.3 纠偏注意事项

(1) 在切换刀盘转动方向时,保留适当的时间间隔,避免切换速度过快造成管片受力状态突变而使管片损坏。

(2) 根据掌子面地层情况及时调整掘进参数,调整掘进方向时设置警戒值与限制值。当盾构姿态达到警戒值时则实行纠偏程序。

(3) 同步注浆的质量、盾构自重以及掘进速度大小等因素,也是影响盾构姿态发生偏移的重要原因。当掘进方向发生较大偏移时,要遵循"少纠、勤纠"的原则,必要时可利用盾构的超挖刀和中盾与尾盾的铰接油缸来纠正盾构姿态,避免纠偏过猛,引起盾构蛇形前进,造成刀具磨损和管片拼装困难。

(4) 加强对推进油缸油压的调整控制,否则可能造成管片局部破损甚至开裂。

(5) 正确进行管片选型,确保拼装质量与精度,以使管片端面尽可能与掘进方向垂直。

(6) 盾构始发、到达时的方向控制极其重要,按照始发、到达掘进的有关技术要求,做好测量定位工作。

(7) 管片拼装时,要确保成环管片环面的平整度,使成环管片的轴线与隧道轴线重合,以免影响盾构姿态。

2.4.4 渣土改良

2.4.4.1 目的

(1) 使渣土具有较好的土压平衡效果,利于稳定开挖面,控制地表沉降。

(2) 使渣土具有较好的止水性,以防止地下水流失。

(3) 提高渣土的塑性和流动性,便于螺旋输送机顺利排出。

(4) 可有效防止渣土黏结刀盘而产生泥饼。

(5) 可防止或减轻螺旋输送机排渣时的喷涌。

(6) 可有效降低刀盘扭矩及螺旋输送机扭矩,降低对刀具和螺旋输送机的磨损,提高盾构机掘进效率。

2.4.4.2 主要外加剂及其作用

1) 泡沫剂

盾构用泡沫剂是由多种表面活性剂、稳定剂、强化剂和渗透剂等复配而成,载体为水。在工作过程中,泡沫剂与水混合后通过泡沫发生装置,经压缩空气作用,发出无数不同直径的气泡,通过管路注入刀盘仓,对渣土进行改良,提高渣土的塑性和流动性。

泡沫剂中90%为空气,另外10%中的90%～99%是水分,剩下的才是发泡剂。经过数小时后,渣土中泡沫里的大部分空气就会逃逸而恢复原来的黏结状态,以便运输。

(1) 泡沫剂的适用范围。泡沫剂一般用于土压平衡盾构开挖过程中的渣土改良,在颗粒级配相对良好的砂土层,以及其他细颗粒地层的改良效果相对较好。

(2) 泡沫剂的作用。具有良好的润滑作用和一定的强度,可降低土体的内摩擦力,提高渣土的流动性;可以防止可重塑的黏土形成泥饼,其原理是在黏土块外面形成薄膜,从而阻止块与块之间的黏结;泡沫能置换土颗粒间隙中的水,在工作面上形成一个不透水层,提高开挖面的止水性和稳定性,防止"喷涌"现象的发生。

(3) 泡沫剂的用量。根据泡沫剂厂家提供的经验计算值,并结合特定的地质条件通过试验确定。

2) 膨润土

膨润土的主要成分是蒙脱石,由于其含钾、钙、钠元素的不同,其性质也略有不同。蒙脱石具有层状结构,易吸水膨胀,并具有润滑性。一般用于地层中细颗粒含量较少的土体改良,如粗砂层、砂砾层、卵石地层等。

在工程实际应用时,常用活性指数来区分不同的黏土矿物。活性指数是塑性指数(用百分比表示)与黏土含量(用百分比表示)的比值。比如,高岭土的活性指数为0.5,伊利石的活性指数为0.5~1.0,膨润土的活性指数为1.0~7.0。

膨润土的功能为:

(1) 可以在工作面上形成低渗透性的泥膜,这样有利于给工作面传递密封仓的压力,以便平衡更大的水土压力;

(2) 可以提高仓内渣土的和易性、级配性,从而可以提高其止水性,以便于出渣,减少喷涌;

(3) 盾壳周边充满膨润土,可以减小盾构与地层间的摩擦力,提高有效推力,同时能降低扭矩,节约能耗。

3) 聚合物

聚合物是一种长链分子的有机化合物。它可单独使用,也可以与膨润土及泡沫剂混合使用。当它与渣土混合时,其分子就会附着在渣土颗粒的表面,当这些渣土颗粒相互碰在一起时,聚合物分子就将渣土颗粒黏结在一起,减轻或防止喷涌。

2.4.5 同步注浆

同步注浆是在盾构向前推进的同时向管片背部建筑空隙注入注浆材料的一种注浆方法,其可及时有效填充管片与围岩之间空隙,保持一定的压力,从而使地面沉降控制在最小范围内。

1) 原则

同步注浆遵循"同步注入,快速凝结,信息反馈,适当补充"的原则。

2) 目的

在盾构掘进过程中,通过注浆系统将具有适当的早期及最终强度的材料注入管片背部建筑空隙内。其目的是:

(1) 尽早填充地层,减少地表沉陷量,有效控制地表沉降;

(2) 确保管片衬砌的早期稳定性和间隙的密实性;

(3) 作为衬砌防水的第一道防线,具有长期、均质、稳定的防水功能;

(4) 作为隧道衬砌结构的加强层,使其具有耐久性和一定的强度。

同步注浆是通过同步注浆系统及尾盾的注浆管,在盾构向前推进、管片背部建筑空隙形成的同时进行,浆液在空隙形成的瞬间及时填充,从而使周围土体及时获得支撑。其可有效地防止岩土的坍塌,控制地表的沉降。

3) 注浆材料及配比选择

同步注浆材料应考虑隧道地质条件和盾构形式等条件,具有不离析、不沉淀、不堵管、易压送、早强等特点。

根据国内复合地层的施工经验,浆液配比及性能指标建议值见表2-2、表2-3。

表2-2 同步注浆材料配比(每立方米浆液材料含量)

水泥(kg)	砂(kg)	粉煤灰(kg)	水(kg)	膨润土(kg)	缓凝剂(%)
180	700	440	400	40	5

表2-3 同步注浆浆液性能指标

凝结时间(h)	1 d抗压强度(MPa)	7 d抗压强度(MPa)	28 d抗压强度(MPa)
<10	>0.5	>2	>6

4)施工工艺流程

同步注浆施工工艺流程如图2-1所示。

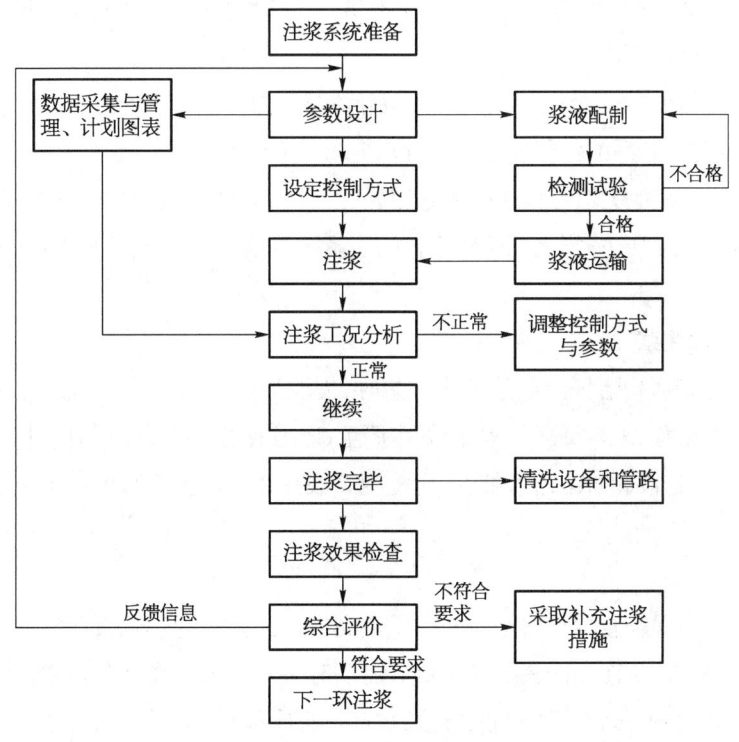

图2-1 同步注浆施工工艺流程图

5)注浆参数选择

(1)注浆压力是注浆施工主要的控制指标。一般情况下,对于自稳性差的地层,注浆压力略大于注浆点的静止水土压力即可。

注浆压力应根据国内外成功案例积累的经验和理论的静水压力确定,在实际掘进中将不断调整,如果注浆压力过大,会导致地面隆起和管片变形,还易漏浆。一般注浆压力取

1.1~1.2倍的静止水压力。

(2) 理论注浆量根据盾构开挖直径、管片外径等参数进行计算,结合不同地层适当选择注浆填充系数。同时,在施工过程中注浆量可根据地表隆陷监测情况随时进行调整和动态管理。

6) 质量保证措施

(1) 在施工前制定详细的注浆作业指导书,并进行详细的浆液材料配比试验,选定合适的注浆材料及浆液配比。

(2) 严格按照注浆施工工艺流程进行控制,及时分析注浆速度与掘进速度的关系,评价注浆效果,反馈指导后续注浆。

(3) 根据洞内管片衬砌变形和地面及周围建(构)筑物变形监测结果,及时进行信息反馈,修改注浆参数和施工工艺,发现情况及时解决。

(4) 做好注浆设备的维修保养和注浆材料供应,定时对注浆管路及设备进行清洗,保证注浆作业顺利、连续、不中断进行。

(5) 按照均匀布置的注浆孔同步压注,做好注浆压力和注浆量的监控,发现问题及时进行处理,保证对管片背后的注浆操作是对称均匀的。

(6) 同步注浆在地层均匀和盾构姿态较好时,应均衡注入;盾构姿态较差时,应根据管片间隙调整各孔注浆压力,增大间隙较小侧的注浆压力,同时减小间隙较大侧的注浆压力。

2.4.6 二次注浆

二次注浆是指盾构同步注浆效果不理想时,需要通过二次注浆对前期注浆进行补充。一般在隧道发生偏移、地表沉降异常、渗漏水严重、盾尾漏浆严重或喷涌时使用,一些特殊地段如盾构始发、到达段和联络通道附近,也需要二次注浆。二次注浆可以反复进行,即多次注浆。

1) 原则

二次注浆一般是在管片与岩壁间的空隙填充密实性差,致使地表沉降得不到有效控制或管片衬砌出现较严重渗漏的情况下实施。施工时采用地表沉降监测信息反馈,结合洞内超声波探测管片衬砌背后有无空洞的方法,综合判断是否需要进行二次注浆。

2) 注浆材料及配比选择

(1) 注浆材料与设备。注浆材料采用普通硅酸盐水泥和水玻璃组成的双液浆。注浆设备为双液注浆泵。双液浆是由水泥砂浆等搅拌成的A液与由水玻璃等组成的B液混合而成的浆液。

(2) 浆液配比。结合工程地质、周边施工环境以及施工经验,确定合理的浆液配比,详见表2-4。

表 2-4 双液浆浆液配比

浆液名称	水泥浆(A液)	水玻璃(B液)	A、B液混合体积比
双液浆	0.4～1.0	35°Bé	1:1～1:0.8

注：① 在施工过程中,将根据具体的地质特点和施工对浆液配比进行优化调整。
② °Bé表示溶液的浓度,下同。

3）施工工艺流程

二次注浆施工工艺流程如图2-2所示。

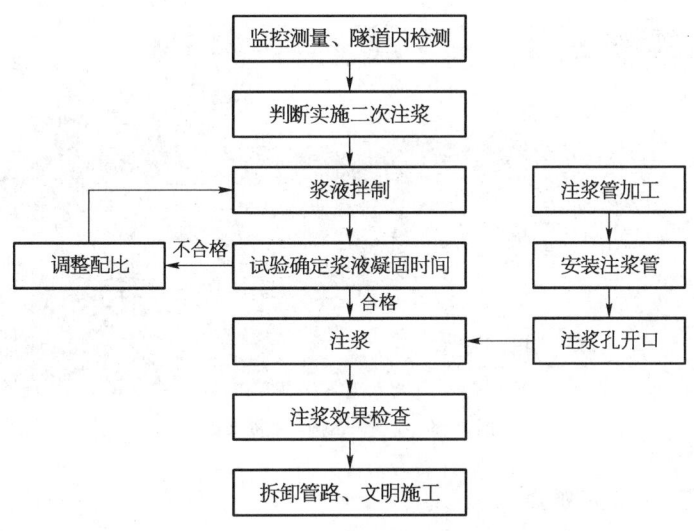

图 2-2 二次注浆工艺流程图

4）二次注浆效果评价

二次注浆一般情况下以压力控制,达到设计注浆压力则结束注浆,并结合地表监测数据,判断是否需再次进行注浆。

2.5 典型案例

2.5.1 南京地铁3号线

本节结合南京地铁3号线土建工程D3-TA03标泰冯路站—京新村站区间（以下简称"泰—京区间"）盾构法隧道工程,对上软下硬复合地层盾构选型和适应性设计、掘进参数设置进行分析和总结。

2.5.1.1 工程概况

南京地铁3号线泰—京区间盾构从泰冯路站始发,到达京新村站后掉头反向推进至泰冯路站。区间下穿起重机械厂、汤庄、天华路、天润城十二街区等。区间隧道左线长1 212 m,右线全长 1 072 m。纵断面坡度 19‰,隧道埋深 10.0~15.6 m。

区间隧道穿越地层主要为②-2b4 淤泥质粉质黏土、②-2c2-3 粉土、②-3b3-4 软塑-流塑状粉质黏土、②-4b3 软塑状粉质黏土、③-1b2 可塑状粉质黏土、④-1b1-2 硬塑-可塑状粉质黏土、K2p-1 层强风化岩、K2p-2 层中风化岩。根据地质勘察资料显示,区间隧道穿越岩层强度为 4.2~63.3 MPa,局部地段岩层强度高达 98.1 MPa,地质条件复杂。区间地质断面图如图 2-3 所示。

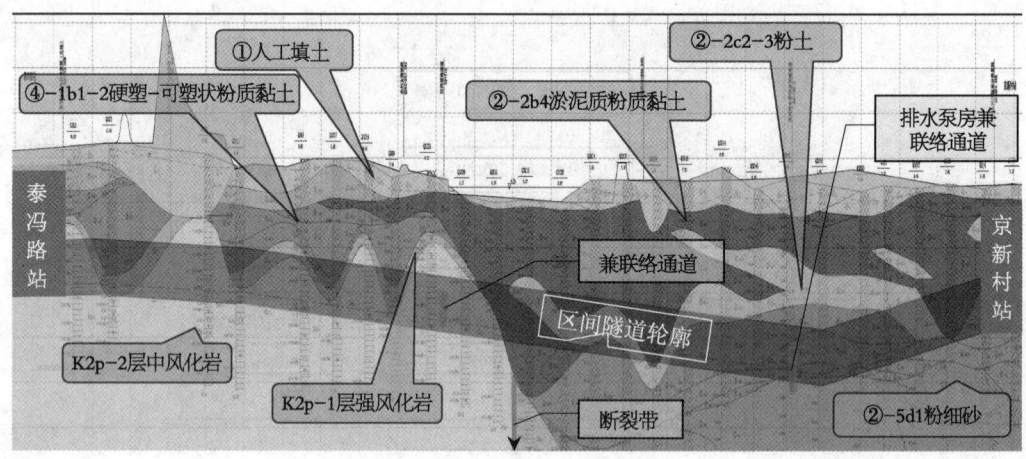

图 2-3　泰—京区间地质断面图

2.5.1.2　工程重点和难点

(1) 上软下硬复合地层掘进控制是重点,本区间存在粉质黏土与岩层、风化强度不等的岩层、全断面泥岩或砂岩、泥岩与砂岩等四种类型。

(2) 地层软硬不均,对刀具磨损大,合理设置掘进参数、合理配置刀具等尤为重要。进行合理的刀具配置,防止刀具发生非正常磨损;设定合理的掘进参数,减少刀盘及刀具磨损,保证盾构顺利掘进是施工重点。

2.5.1.3　设备选型

根据本工程地质特性以及公司盾构现状,采用海瑞克 S217 土压平衡盾构进行施工。为满足盾构在上软下硬复合地层、泥岩或砂岩等地层的地质适应性,对盾构刀盘结构和刀具配置、主驱动系统进行了适应性改造,以保证工程施工顺利。

1) **刀盘及刀具配置**

原盾构刀盘设计适用于软土地层施工,未配置滚刀、撕裂刀等破岩刀具,以及周边保护刀,且开口率偏小,不能满足上软下硬复合地层的施工需求。因此,需对刀盘结构与刀具配置进行适应性改造。

刀盘结构由原来的"辐条+辐板形式"调整为"4 主辐条+4 副辐条结构设计",在保证刀盘结构强度的基础上,为滚刀安装提供了足够的空间。

刀具配置增加了中心双联滚刀 5 把、正滚刀 22 把、边滚刀 10 把、焊接撕裂刀 35 把、大圆环保护刀 12 把,并将刀盘开口率由 28% 调整为 33%,提高上软下硬复合地层和泥岩地层适应性。

盾构改造前后主要技术参数见表 2-5。

表 2-5 盾构改造前后主要技术参数

序号	项目	内容	改造前	改造后
1	刀盘	刀盘重量(t)	45	58
		开挖直径(mm)	6 400	6 420
		脱困扭矩(kN·m)	5 225	5 225
		额定扭矩(kN·m)	4 377	4 377
		转速(正反转)(r/min)	0~3.05	0~4.5
		开口率	约 28%	32.5%~34%
		中心鱼尾刀/双联滚刀(数量/高度)	1 把	5 把/165 mm
		切刀(数量/高度)	120 把	34 把/120 mm
		周边刮刀(数量/高度)	16 把	16 把/120 mm
		单刃正滚刀(数量/高度)		22 把/165 mm
		单刃边滚刀(数量/高度)		10 把/165 mm
		焊接撕裂刀(数量/高度)		35 把/145 mm
		周边保径刀(把)		8
		超挖刀(把)	1	1
		大圆环保护刀(把)		12
2	主驱动	驱动功率(kW)	630	945
		补油泵功率(kW)	37	55
3	变压器	容量(kV·A)	1 600	2 000

注:滚刀刀箱可以安装滚刀或撕裂刀,具有可互换性。在软土地层施工时可采用撕裂刀进行破岩,在上软下硬复合地层施工时,采用滚刀破岩。

2) 主驱动系统

盾构在泰一京区间右线全断面风化岩地层掘进过程中,经常出现刀盘异常停止,影响盾构正常掘进施工。经过对盾构全面检查和测试,确定引起刀盘停止的主要原因是主驱动系统配置功率偏低。为解决刀盘异常停机的问题,在原主驱动系统的基础上增加一套 315 kW 刀盘主驱动泵,并将补油泵由 37 kW 提高至 55 kW,保证了后续盾构正常掘进施工,提高了地质适应性。

3) 供电系统

为满足主驱动系统的扩容需求,盾构配套变压器由 1 600 kV·A 调整为 2 000 kV·A。

2.5.1.4 掘进参数设置与分析

盾构在上软下硬复合地层掘进时,需严格控制掘进参数,保证施工安全。

1) 右线掘进参数设置

泰—京区间右线隧道总长为 1 072 m,盾构隧道主要穿越淤泥质粉质黏土、中风化砂岩,岩层最大单轴抗压强度为 54.9 MPa。刀盘配置边滚刀 10 把、焊接撕裂刀 35 把、切刀 34 把、中心撕裂刀 3 把。盾构在 520～530 环上软下硬段掘进参数统计见表 2-6。

表 2-6 右线区间上软下硬段盾构掘进参数统计

掘进环编号	掘进速度 (mm/min)	总推力 (kN)	铰接油缸拉力 (kN)	刀盘扭矩 (kN·m)	刀盘转速 (r/min)	中部土仓压力 (MPa)
520	3.53	14 010	4 430	1 890	1.4	0.236
521	3.74	15 120	4 820	1 750	1.3	0.219
522	3.42	14 600	4 610	1 768	1.4	0.224
523	3.53	16 260	5 080	1 680	1.4	0.225
524	3.38	18 180	5 430	1 925	1.4	0.212
525	4.21	15 760	4 780	1 453	1.4	0.223
526	3.64	14 830	4 810	1 225	1.4	0.212
527	2.75	15 080	4 660	1 120	1.4	0.215
528	3.11	15 490	5 310	1 053	1.3	0.238
529	2.82	16 470	5 130	1 768	1.3	0.226
530	2.61	15 270	5 050	1 873	1.3	0.201

2) 左线掘进参数设置

泰—京区间左线隧道总长为 1 212 m,盾构隧道主要穿越淤泥质粉质黏土、中风化泥岩,岩层最大单轴抗压强度为 31.6 MPa。刀具配置正滚刀 22 把、边滚刀 10 把、中心双联滚刀 5 把、切刀 34 把。盾构在 541～551 环上软下硬段掘进参数统计见表 2-7。

表 2-7 左线软硬不均地层掘进参数统计

掘进环编号	掘进速度 (mm/min)	总推力 (kN)	铰接油缸拉力 (kN)	刀盘扭矩 (kN·m)	刀盘转速 (r/min)	中部土仓压力 (MPa)
541	7.8	12 450	3 840	2 013	1.7	0.222
542	8.4	13 070	3 970	2 158	1.7	0.233
543	8.7	15 590	3 960	2 393	1.7	0.212
544	9.1	16 780	4 020	2 433	1.7	0.239

(续表)

掘进环编号	掘进速度(mm/min)	总推力(kN)	铰接油缸拉力(kN)	刀盘扭矩(kN·m)	刀盘转速(r/min)	中部土仓压力(MPa)
545	9.3	16 820	4 190	2 311	1.7	0.235
546	12.2	18 400	4 130	2 608	1.8	0.229
547	8.8	15 400	3 880	2 328	1.8	0.226
548	10.1	16 320	3 930	2 503	1.8	0.213
549	9.5	13 870	4 220	2 468	1.9	0.239
550	10.7	15 980	4 110	2 939	1.9	0.238
551	11.5	16 570	3 810	3 309	1.9	0.229

3) 右线与左线软硬不均掘进分析

(1) 根据表2-6、表2-7泰—京区间掘进参数统计分析,当上软下硬地层岩层单轴抗压强度在30 MPa以上时,撕裂刀破岩效率低于滚刀破岩效率,应以滚刀破岩为主。

(2) 盾构在含有泥岩的复合地层掘进时,刀盘易结泥饼,引起扭矩升高。因此,必须重视渣土改良工作,提高渣土流动性,降低刀盘结泥饼概率。

(3) 盾构在上软下硬复合地层掘进时,掘进速度非常慢,出渣量与掘进速度控制难度大,必须严格控制土压力和出渣量,防止出现超挖所引起的地层沉降。

2.5.2 南昌轨道交通2号线

本节结合南昌轨道交通2号线一期工程土建04标盾构法隧道工程项目,对上软下硬复合地层盾构施工主要技术措施、盾构选型、掘进参数设置等方面进行分析和总结。

2.5.2.1 工程概况

南昌轨道交通2号线一期工程土建04标段路线起于地铁大厦站(不含),止于阳明公园站(不含),含两站四区间及一座中间风井。包含地铁大厦站—雅苑路站盾构区间、雅苑路站、雅苑路站—红谷中大道站盾构区间、红谷中大道站、红谷中大道站—中间风井盾构区间、中间风井以及中间风井—阳明公园站盾构区间工程,区间隧道下穿赣江,区间示意图如图2-4、图2-5所示。

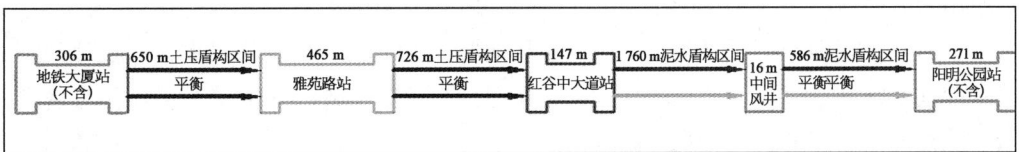

图2-4 区间示意图

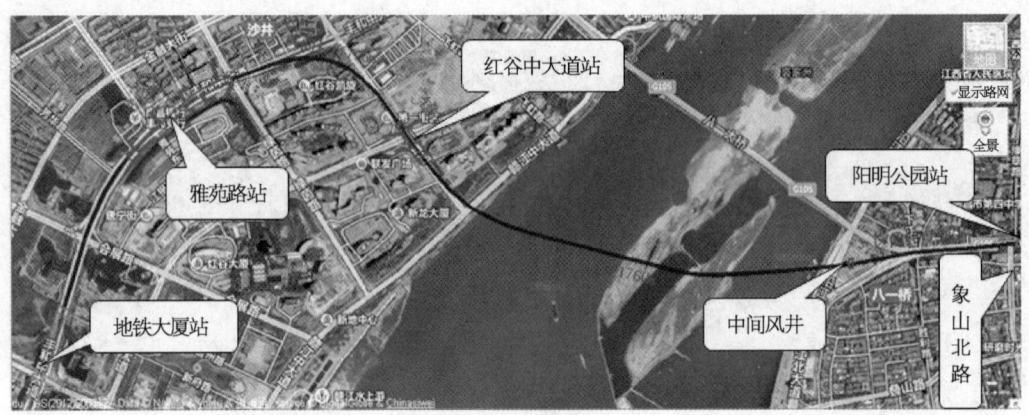

图 2-5 区间整体图

2.5.2.2 工程重点和难点

1) 土压平衡盾构穿越上软下硬地层,施工风险高

隧道区间穿越富水砂层、砂砾岩及城市繁华道路下方,周边环境复杂,管线较多,如何防止砂层喷涌、刀具磨损严重、地表与管线及建(构)筑物的沉降过大甚至破坏是重点和难点。

2) 泥水平衡盾构下穿赣江,难度大、风险高

盾构隧道区间下穿赣江,隧道覆土浅,水压大,顶部无隔水层,还穿越断层破碎带和上软下硬地层,如何防止江底击穿、江水涌入隧道、卡盾、管片上浮、刀具磨损严重、带压换刀等问题;同时,盾构穿越江底泥质粉砂岩及泥岩,黏性土细颗粒含量高,不易分离,如何防止刀盘结"泥饼"和泥浆分离是重点和难点。

2.5.2.3 主要技术措施

(1) 依据工程特性,做好盾构选型设计以及适应性改造工作,提高上软下硬复合地层盾构适应性。

(2) 根据同类工程施工经验,在盾构掘进过程中,合理控制盾构姿态,预设上浮量,保证成型隧道质量。

(3) 采用复合式刀盘,结构设计具有足够的刚度和强度,刀具采用大块合金,并堆焊耐磨层,防止在上软下硬复合地层刀具快速磨损。

(4) 土压平衡盾构:为防止螺旋输送机出现喷涌现象,螺旋输送机采用轴式结构,出土闸门为双闸门;泡沫注入系统采用单管单泵设计,每路泡沫均可独立工作,不受土仓压力和管道阻力的影响,采用成熟的防堵塞设计,保证渣土改良效果。

(5) 泥水平衡盾构:盾构在上软下硬泥岩地层掘进时,为防止刀盘结泥饼、泥浆密度上升快等问题,盾构配置了泥浆离心处理设备和刀盘全断面冲刷系统,可有效控制泥浆密度,保证刀盘冲刷效果,防止刀盘形成泥饼。

(6) 根据实测管片上浮数据,合理选择同步注浆浆液配比及注浆量,防止由于浆液初凝

时间过长及注浆量不足而造成的管片上浮,将盾构轴心控制在隧道实际轴心线以下掘进。

2.5.2.4 设备选型

参照本书第1章1.3节"盾构选型设计"相关内容,结合工程特性和同类地质工程施工经验,本工程地铁大厦站—雅苑路站、雅苑路站—红谷中大道站盾构区间采用中铁5号土压平衡盾构进行施工;红谷中大道站—阳明公园站盾构区间采用中铁160号和中铁161号泥水平衡盾构进行施工。

1) 土压平衡盾构

为了提高土压平衡盾构在上软下硬复合地层的适应性,对主驱动、刀盘与刀具配置、螺旋输送机、铰接系统等进行了适应性改造,改造前后主要技术规格参数见表2-8。

表2-8 中铁5号主要技术规格参数

序号	项目		改造前参数	改造后参数
1	主驱动	主驱动组数量(组)	5	6
		功率(kW)	550	660
		额定扭矩(kN·m)	4 600	5 520
		脱困扭矩(kN·m)	5 700	6 900
2	刀盘与刀具	滚刀(把)	5	9
		焊接撕裂刀(把)	30	48
3	螺旋输送机	螺旋轴形式	带式	轴式
		出土闸门	单闸门	双闸门
4	铰接系统	铰接油缸(缸径/杆径-行程)	160/(80-150)mm	180/(80-150)mm
		总拉力(kN)	7 300	10 000

2) 泥水平衡盾构

结合本工程地质特性,泥水平衡盾构在刀盘结构、刀具配置、冲刷系统、泥浆处理系统等方面进行针对性设计,具体内容如下:

(1) 刀盘结构为复合式刀盘,采用"4主梁+4副梁"结构,可安装一定数量的滚刀,同时又具有较大的开口率,开口率可达到40%。开口在整个盘面均匀分布,保证刀盘掘进过程中渣土顺利进入泥水仓。

(2) 刀盘耐磨设计:刀盘面板焊接复合钢板和堆焊耐磨网格,刀盘外圈梁采用复合钢板全覆盖,以提高刀盘耐磨性,并配置多处油压磨损检测装置。

(3) 防泥饼措施:刀盘设计全轨迹冲刷系统,保证刀盘背部所有开口区域均有喷头覆盖,冲刷泵实现变频控制,出口压力可调。

(4) 破碎机与泥浆门区域均设计有冲刷装置,防止渣土堆积。

(5) 尾盾设置4道加强型密封刷,提高尾盾密封性能。

(6) 泥浆处理系统增加配置离心处理设备,提高泥浆分离能力,有效控制泥浆密度,降低泥浆循环系统负荷,防止刀盘结泥饼。

泥水平衡盾构主要技术规格参数见表 2-9。

表 2-9 泥水平衡盾构主要技术规格参数

序号	项 目		参 数 列 表
1	整机	型号	CTS6270H-0630
		开挖直径(mm)	6 300
		刀盘转速(r/min)	0~4.5
		最大推进速度(mm/min)	60
		最大推力(kN)	39 910
		装机功率(kW)	1 718
2	主驱动	主驱动组数量(组)	8
		功率(kW)	630
		最大转速(r/min)	4.5
		额定扭矩(kN·m)	4 500
		脱困扭矩(kN·m)	5 500
3	刀盘与刀具	中心双联滚刀(把)	6
		双刃滚刀(把)	14
		切刀(把)	44
		边刮刀(把)	8
		保径刀(把)	8
		圆环保护刀(把)	8+8+16
		超挖刀(把)	1
4	推进系统	油缸规格(缸径/杆径)(mm)	220/180
		推进行程(mm)	2 150
		油缸数量(根)	30
5	铰接系统	铰接油缸(缸径/杆径-行程)	180/(80-150)mm
		总拉力(kN)	12 000
6	尾盾	密封刷(排)	4

2.5.2.5 掘进参数设置与分析

1)土压平衡盾构掘进参数设置

雅苑路站—红谷中大道站区间 56~219 环、476~619 环为上软下硬复合地层,土压平衡盾构主要穿越地层为上部砂层、下部中风化砂砾岩层,掘进参数设置见表 2-10。

表 2-10 土压平衡盾构掘进参数设置

序号	掘进参数	设定值	备 注
1	土仓压力	根据埋深调整	地面载荷 20 kN/m², 系数取 1.1~1.3;压力波动范围控制在 0.01 MPa 之内
2	刀盘转速	1.2 r/min	

(续表)

序号	掘进参数	设定值	备注
3	刀盘扭矩	3 800～4 300 kN·m	掘进过程严格控制扭矩波动
4	掘进速度	10～15 mm/min	
5	推力	16 000～20 000 kN	
6	螺旋输送机转速	5～6 r/min	严格控制出渣量,出渣速度与推进速度匹配
7	螺旋输送机扭矩	26 N·m	

2）泥水平衡盾构掘进参数设置

红谷中大道站—阳明公园站区间 1～197 环、1 640～1 948 环为上软下硬复合地层,主要穿越地层为上部砂层、下部中风化泥质粉砂岩层。泥水平衡盾构上软下硬复合地层掘进参数设置见表 2-11。

表 2-11 泥水平衡盾构掘进参数设置

序号	掘进参数	设定值	备注
1	泥水仓压力	根据埋深调整	地面载荷 20 kN/m²,系数取 1.1～1.3;压力波动范围控制在 0.01 MPa 之内
2	刀盘转速	1.0～1.2 r/min	
3	刀盘扭矩	2 000～2 500 kN·m	掘进过程严格控制扭矩波动
4	掘进速度	15～25 mm/min	
5	推力	10 000～15 000 kN	
6	进浆相对密度	1.08～1.11	
7	进浆黏度	20～22 s	

2.5.2.6 掘进参数分析

1）土压平衡盾构

(1) 土压平衡盾构在上软下硬复合地层掘进时,刀盘转速调整为 1.2 r/min,推进速度小于 15 mm/min,推力控制在 20 000 kN 以内,并不断观察刀盘扭矩变化情况,根据掘进参数变化不断进行调整。

(2) 在土压平衡盾构掘进过程中,严格控制渣土改良材料的注入量,保证渣土改良的效果,降低刀盘和刀具的磨损,提高渣土流塑性和止水性。

2）泥水平衡盾构

泥水平衡盾构在上软下硬地层掘进时,应严格控制掘进参数,保证施工安全。其掘进参数设置如下：

(1) 刀盘转速设定为 1.1 r/min,并根据刀盘扭矩变化适当调整,当刀盘扭矩增加时,适当提高刀盘转速,降低贯入度。

(2) 刀盘扭矩随着掘进距离的增加而逐渐增大,主要原因是刀具磨损或冲刷系统在上软下硬段停止使用。当扭矩增大时,需降低掘进速度以保证刀盘扭矩小于 2 500 kN·m。

(3) 掘进速度小于 25 mm/min,根据刀盘转速和扭矩变化情况及时调整,严格控制泥浆循环系统进排浆流量,防止出现超挖,引起地面沉降。

(4) 掘进过程中,推力一般控制在 15 000 kN 以内,控制油缸分区推力,避免局部受力过大引起管片破损。

(5) 泥浆相对密度设置为 1.10,黏度为 21 s,在掘进过程中刀盘无结泥饼现象,且出渣正常,掘进参数正常,在可控范围内。

第3章

孤石地层盾构处理技术

在广州、深圳、东莞、厦门、台山等城市地铁或水下隧道修建过程中，经常遇到软硬不均、硬岩、孤石、断裂破碎带和浅覆土层等影响工程进程和安全的复杂地层，尤其是孤石地层，因其尺寸大小不一、分布位置随机性强、强度高，若采用盾构直接掘进通过的方法，则给刀盘及刀具带来严重破坏，遇到自稳能力差、不具备带压和常压开仓条件时，将面临极大的施工风险，也是盾构施工中遇到的最大难题之一。

本章结合地层特性与施工难点以及施工案例，重点对孤石探测与处理技术、盾构适应性选型设计、盾构开挖面稳定控制技术，以及盾构在孤石地层掘进技术等方面进行分析和总结。

3.1 地层特性与施工难点

3.1.1 地层特性

3.1.1.1 孤石形成机理及影响因素

岩浆岩形成时，由于冷却，致使熔体收缩并产生张力，使岩体破裂形成一些冷缩节理（原生节理）。节理面与收缩方向垂直，收缩方向则与冷凝面的位置和冷凝速度有关。侵入岩中常可见与接触面近平行或垂直的节理，如花岗岩中就常有三向相互正交的原生节理发育，而且这些节理和岩石中的矿物分布方向有密切的关系。其中与流线平行的节理称作纵节理，与流线垂直的节理称作横节理，而水平方向的节理称作水平节理，另外还有斜交节理。有时节理面不一定很平整，这些节理系统常是地下水的通道，也是岩石中工程性能薄弱的地带。

花岗岩孤石的形成与它的三组相互正交的原生节理直接相关。这些节理把岩体分割成许多长方形或近似正方形的岩块。由于化学风化，特别集中在三组节理相交汇的棱角部位，当经过一段时间之后，棱角就逐步圆化，方形岩块逐渐变成球形岩块。随后，经过层层风化剥离，球状岩块变小、变少，同时被大量风化碎屑所包围，这个过程就是花岗岩孤石的形成过程。如果这些风化产物被流水强烈侵蚀搬运，地面上就残留下或大或小的球形石块，有的散铺在地面，有的相互堆叠在一起，形成地表出露的孤石。如果这些风化产物沉积下来，就形成埋藏在地下的孤石，如图3-1、图3-2所示。

图3-1 刀盘前方的孤石

图3-2 打捞出的孤石

孤石的产生主要是由于岩石受到外动力地质作用,岩石的外层易发生成层裂开和鳞片状剥落的缘故,加之岩石内常有相互交错的裂缝,沿裂缝风化最深,棱角最容易风化使岩石变成圆球状。孤石是花岗岩中普遍存在的一个现象,是其差异风化的一种表现形式。孤石的形成受到地形、气候以及花岗岩的特征如矿物组成、结构、构造等因素的影响。国内外学者普遍认为在花岗岩孤石形成过程中,岩性特征是控制风化作用进行的内因,而节理、气候、地形条件等则是风化作用得以进行的外因,花岗岩原生的三组相互正交的节理则是造成球形外观的重要原因。

3.1.1.2 孤石形成过程

孤石的形成过程大体上可分为以下三个阶段:

(1) 高温的花岗岩岩浆从地球深处侵入地壳表层。

(2) 地壳表层的花岗岩浆冷却结晶,岩体的浅部因极大的温差,收缩成三维的网状裂痕。

(3) 浅部的花岗岩体受到风化作用,形成残积层、全风化层和强风化层。

由于岩体的裂隙部分比岩体内部在同样的地质年代过程中风化的程度更高,就导致在残积层和全、强风化花岗岩中存在非风化的岩体,即为花岗岩孤石。形成过程如图3-3所示。

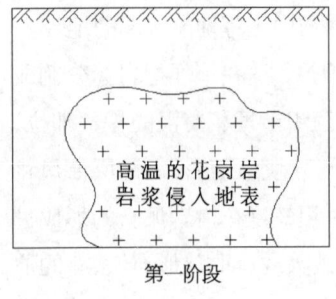
第一阶段

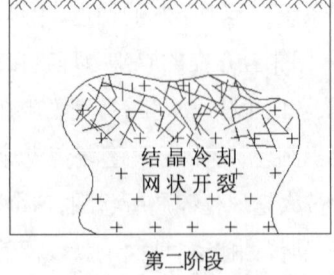
第二阶段

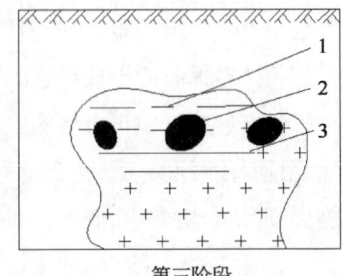
第三阶段

图3-3 花岗岩孤石的形成过程

1—残积层;2—全风化强风化层;3—花岗岩孤石

3.1.1.3 孤石区域地球物理特征

1) 孤石区域密度特征

地壳内不同地质体之间的密度差异是进行重力勘察的地质-地球物理前提条件,有关的密度资料是对重力观测资料进行校正和对重力异常做出合理解释的极为重要的参数。孤石相对于周边介质为高密度体,其密度较大,相对周边介质有一定的质量盈余。

2) 孤石区域电性特征

一般情况下研究目标(或介质)与其周围介质的电性差异愈大,其周围空间产生的电(磁)场变化愈明显。当人们利用专门的电测仪器观测地壳周围电(磁)场的变化并研究电(磁)场分布规律时,便可以推断引起电(磁)场变化的地下目标体(地质构造、有用矿产或其他目标体)的电性特征和赋存状态。孤石电阻率较大,相对于周边介质为高阻异常体,其量级是不一样的。孤石会引起地下电(磁)场的变化,从而可以推断孤石的赋存状态。

3) 孤石区域弹性波速度特征

岩石弹性波速度(一般指纵波速度)与岩石的受力状态及结构性质关系密切,岩体应力状态的变化势必引起岩体声速的变化。一般说来,不同岩性的岩石声速不同,即使是同一岩性的岩石,由于其结构状态的变化,波长也会发生相应变化。孤石与周边介质的弹性波速度截然不同,因此,可采用弹性波速度特征推断孤石的赋存状态。

3.1.1.4 孤石的特点及分布规律

孤石分布具有离散性、空间特性不规律、形状各异、大小不一等特征,岩石单轴抗压强度大多可以达到 120 MPa 以上。相对于孤石的强度,周边风化土层强度小得多,且容易遇水软化崩解,甚至泥化,盾构推进过程中,经常出现孤石不能被滚刀破碎,在刀盘前滚动,严重损坏刀具和刀盘的现象。同时孤石通常存在于自稳能力不好的残积层,洞内基本上无条件直接进行处理及更换刀具。孤石分布具有如下规律:

(1) 主要分布于残积土、全风化和强风化带中。

(2) 在垂直剖面上随着深度的增加,密度虽减少但体积增大,即存在"上多下少、上小下大"的总体规律特征。

(3) 孤石的大小随着风化程度增强而减小,而数量却随着风化程度的增强而增加,这一特征正好与上述第(2)点相吻合。

(4) 在全风化带中也可能存在较大的孤石,在强风化带中,也有可能出现较小直径的孤石,这说明孤石的大小受到局部岩性条件和地质条件等因素的影响。

3.1.2 施工难点

孤石埋藏分布随机、形状大小各异,很难通过探测手段准确掌握其分布情况,由此给盾构掘进带来极大的安全隐患。其难点主要表现为：

(1) 孤石不易被钻探全部发现,存在"遗漏"的问题,需经常停机对其进行专门处理,且需频繁带压进仓换刀及检修,施工风险大。

(2) 在掘进过程中,刀具贯入度极低,掘进效率低下,掘进过程对周边土体扰动大,地表沉降控制难度大,甚至危及周边建(构)筑物安全。

(3) 由于孤石周围强风化和全风化地层的稳定性差,遇水极易软化崩解,且其渗透性因风化程度的差异极不均匀,掌子面的稳定性难以控制,带压进仓进行换刀作业风险极大。

(4) 盾构施工组织管理难度大、施工进度慢、经济效益差,甚至出现盾构被迫停机的现象。

(5) 盾构掘进时,孤石在地层内随机滚动,极易造成刀盘偏载,刀盘、刀具磨损严重(图3-4、图3-5),盾构掘进偏离隧道轴线,甚至发生盾构被卡等风险。

图 3-4　滚刀偏磨　　　　　　　　图 3-5　滚刀刀圈崩裂

3.2　孤石探测与处理技术

3.2.1　孤石探测技术

孤石的探测已是多个城市地铁建设中所面临的问题,钻探和物探是探测孤石的重要手段,由于钻探手段的直观性,可直观地揭露地层。对孤石进行采样,无疑是最为精准的点位探测方法。然而,相对于地铁工程详勘阶段40～50 m的钻孔间距而言,孤石尺寸要小得多,该方法仅能了解钻孔位置的地质情况,往往是"一孔之见",因此,通过详勘钻探所揭露的孤石十分有限,即使通过加密钻孔可提高揭露孤石的概率,但受成本、场地条件等限制难以实施。

物探作为利用地下地质体之间的物性差异来间接区分地下地质体及构造特征等的勘察方法,相对于钻探,能够便捷、间接地推断出地质体空间分布情况及位置,可大大降低探测成本和提高探测效率,具有方便快捷、全覆盖等特点。采用物探法探测孤石的方法有多种多样且各有所长,如高密度电法、瑞利波法、地质雷达、浅层地震反射波法、跨孔层析成像等都在孤石探测中有所应用,应针对不同环境条件,采用不同的孤石探测方法,同时结合钻孔对物探成果进行验证,最大限度地将隧道沿线孤石分布情况探测清楚。本节对孤石探测的物探和处理方法进行总结,以期为今后孤石探测和处理方法的选择提供参考与借鉴。

3.2.1.1 重力探测

重力探测是以研究对象与围岩存在密度差异为前提条件进行探测的,其利用地下地质体质量亏损或盈余,在地表观测其所引起的重力异常,根据异常推断地质体的分布范围、粒径大小等。孤石密度较大形成质量盈余,会引起重力异常。利用高密度、高精度微重力测量和适当的资料处理解释方法在面积上控制孤石范围。采用数字地形多剖分体高精度地改方法及三维解释方法,以提高解释的准确性,但是,在利用重力勘探方法进行孤石探测时,只有当孤石粒径较大,引起较大的质量盈余时,才能在探测中有所反映,对于粒径较小的孤石,重力勘探方法还无法探测。

3.2.1.2 电法探测

1) 电阻率成像法

电阻率成像法是通过对地下半空间中传导电流分布规律进行研究,以获得地下介质的视电阻率,从而进行勘探。该方法探测的物性基础是探测目标与周围介质在视电阻率上的差异。有学者利用高密度电法在四川自贡大山铺研究恐龙化石群的分布情况,给发掘工作提供了方向。该方法对孤石探测的定位是准确和可行的,在最终的电阻率成像二维测量成果图中基本都是高阻异常封闭圈。

2) 跨孔超高密度电阻率法

(1) 工作原理。跨孔超高密度电阻率法是在两钻孔中分别放入一定数量的电极,观测两孔间电流、电压数据,通过反演获得两井间电阻率分布断面图,分析不同岩土介质与电阻率之间的对应关系,进行地质信息解译,进而达到工程勘探目的。参与采集的电极数和电极距由勘探精度和目标体发育规模设定,电极通过多芯电缆连接至地面仪器,并连续编码,两孔电极形成孔间电极阵,如图3-6所示。

数据采集时把电极阵分成偶数组和奇数组,供电电极奇-偶配对全组合,测量电极任意组合,电极变换过程(图3-7)如下:

① 确定供电电极AB:选定A为奇数组(1#、3#、5#、…、39#),B为偶数组(2#、4#、6#、…、40#)。

② 固定电极A为1#电极,在偶数组变换B电极,顺序按2#、4#、6#、…、40#,当B电极选定后,在AB附近(最好在AB间的中部)选定一个接地条件良好电极作为M极,剩余电极作为N极,组成多个MN测量电极同时进行数据采集。

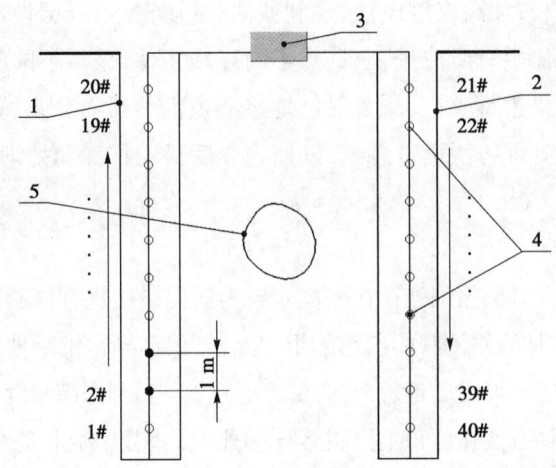

图 3-6 跨孔超高密度电阻率法工作示意图
1—勘探孔 1；2—勘探孔 2；3—仪器；4—电极；5—孤石

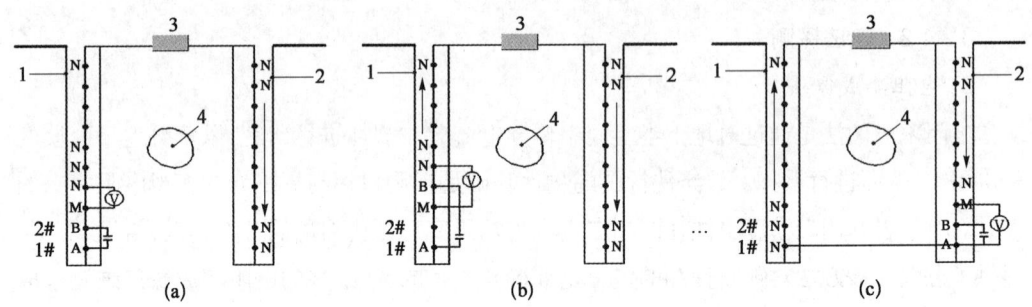

图 3-7 跨孔超高密度电阻率法数据采集电极变换过程
1—勘探孔 1；2—勘探孔 2；3—仪器；4—孤石

③ 变换 A 为 3#电极，电极 B 和测量电极 MN 选定方式同②。

④ 继续在奇数组递增 A 极，直至奇数组最大，每次变换后按照第②步测量。

超高密度电阻率法系统在数据采集和处理方面本质上优于常规高密度电阻率法，采集过程自动化程度高，仪器自动选定 ABM 三电极，记录 AB 电场数据同时测量剩余电极 N 与 M 组合的电压、电流值；由于采用多通道技术，一次能采集 61 组数据，每分钟采集上千条数据，采集速度非常快，极大地丰富了对目标体观测数据，结合成熟的电法反演技术，无疑提高了电法勘探对异常体的分辨能力。目前广泛应用于溶洞、裂隙、埋藏物和岩层破碎带勘探。

(2) 理论模型。随着电子计算机发展和勘探技术不断进步，正演和反演已成为一种必不可少的地球物理数据处理技术。已知电阻率的空间分布求电场分布的过程称为正演，反之已知电场分布求地下电阻率分布的过程则称为反演；反演方法在地球物理勘探中发挥着越来越重要的作用,其结果可以直接反映地下介质间物理特性(电阻率)差异。从国内外电法勘探发展的趋势来看,超高密度电阻率法数据处理过程大致包括数据检查、数据预处理、网格剖分、正演、反演、反演结果成图和地质成果解译。

① 2.5维电法正演基本方程式:

$$\nabla \cdot (\sigma \nabla U) = -I\delta(r - r_c) \quad (r, r_c \in \Omega) \tag{3-1}$$

式中　δ——电导率(电阻率的倒数);

　　　I——电场强度;

　　　r_c——电流极的位置。

通过解上述方程可得到当一个电流极在 r_c 处时的电场强度分布状况。

② 电法反演基本方程式:

$$\frac{\partial \Phi(m)}{\partial m} = \frac{\partial \Phi_d(m)}{\partial m} + \lambda \frac{\partial \Phi_m(m)}{\partial m} = 0 \tag{3-2}$$

式中　$\Phi_d(m) = \|W_d(d_0 - d(m))\|^2$;

　　　$\Phi_m(m) = \|W_m(m - m_0)\|^2$;

　　　m——电阻率;

　　　λ——平衡因子;

　　　$d(m)$——正演推算电场数据;

　　　d_0——实际测量电场数据;

　　　m_0——反演初始模型;

　　　W_d 和 W_m——加权因子,加权因子控制迭代过程中对模型的修正量,依实测数据信噪比高低取值,如信噪比较高时因子取0.1,较低时取0.02,一般取值范围为 0.005~0.2。

超高密度电阻率法数据反演时,首先设定一个电阻率分布理论模型(和实际地下电阻率分布情况有些差异);其次用理论模型做正演推算,得出理论电阻率数值;再次计算实测电阻率数据与理论数据之间的差值;然后按照一定的算法把各个差值归算到剖分的网格中去,以此校正设定的理论电阻率模型,得出一个新的理论电阻率分布模型;用新得出的理论模型再做正演推算。重复上述步骤,连续迭代直到理论模型统计校正值足够小时停止,此时理论模型与实际电阻率分布已很接近,把这时的理论电阻率分布模型当作最终反演结果。

3) 三维电阻率跨孔层析成像(CT)法

三维电阻率跨孔CT法是通过在3个或3个以上平行钻孔中布设电极阵列以孔孔对穿的方式获取电位梯度数据,通过反演解译方法对孔间区域进行三维电阻率成像,来实现对隐伏于岩体中的不良地质体的三维定位和识别。在地铁盾构区间孤石探测的工程实践中，三维电阻率跨孔CT典型的观测模式如图3-8所示，是一种4个平行钻孔的孔孔"透视对穿"的观测模式，其中，P_1、P_2、P_3、P_4为4个垂直地层打入的钻孔。

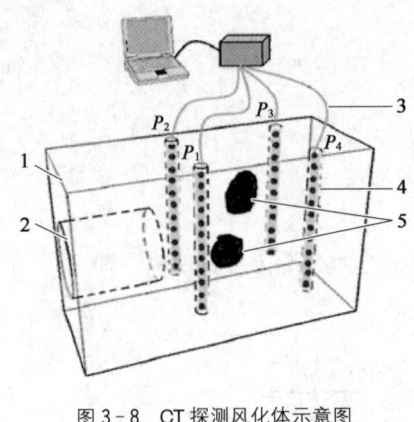
图3-8 CT探测风化体示意图
1—地面；2—隧道；3—CT电缆；
4—钻孔；5—孤石

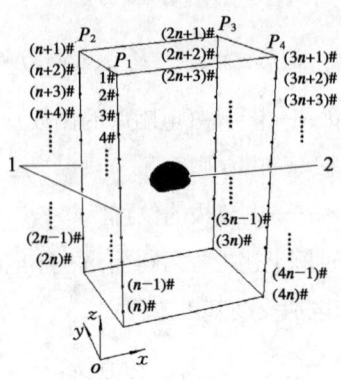
图3-9 CT探测工作原理示意图
1—电极；2—孤石

三维电阻率跨孔CT探测工作原理如图3-9所示，通过在4个钻孔中放入CT电缆，实现探测电极在空间中的立体化分布，利用钻孔相互约束、加密采样数据的方式，能够更全面地获取孔间地质异常的三维信息，通过反演成像方法可以获得孔间地层的三维电阻率分布图，这与常规二维电阻率跨孔CT探测具有本质的区别。如图3-9所示，每个孔中均布置有n个电极，电极编号从1#~(4n)#，通过控制供电电极和测量电极阵列，既可实现单孔数据采集，也可实现跨孔数据采集。

能够获取大量丰富的电位梯度信息是三维电阻率跨孔CT方法一个重要的属性，为高分辨率精细化探测提供了丰富的数据信息基础，对于压制反演的多解性起到了一定的作用，其成像效果和空间分辨率要优于普通的地面电阻率探测方法，其空间定位精度则优于常规二维电阻率跨孔CT方法。

4) 瞬变电磁法

瞬变电磁法是利用不接地回线或接地线源向地下发射一次脉冲磁场，在一次脉冲磁场间歇期间利用线圈或接地电极观测地下介质中引起的二次感应涡流场，从而探测介质电阻率的一种方法。其基本工作方法是在地面或空中设置一定波形电流的发射线圈，从而在其周围空间产生一次电磁场，并在地下地质体中产生感应电流；断电后，感应电流由于热损耗而随时间衰减；根据二次感应涡流场的变化，可以判断地质体的分布范围、规模和形状等，间接解决孤石、采空区等的地质问题。瞬变电磁法具有分辨能力强、工作效率高、受地形影响小、能穿透高阻覆盖层等优势，在孤石探测中的应用发展空间较大，但是，由于孤石粒径相对较小,该方法在孤石探测中存在精度不高、定位较差的缺点。

5) 甚低频电磁法

甚低频电磁法是一种被动源电探方法。它利用频率为 15~25 kHz 超长波通讯电台所发射的电磁波为场源,通过在地表、空中或地下探测场的参数变化从而探测地下地质体。当电磁波在传播过程中遇到地质体时,使地质体极化而产生二次电流,从而引起感应二次场。一般情况下二次场和一次场合成后的总场与一次场的振幅方向、相位均不相同,即引起了一次场的畸变。使用专门的仪器通过测量某些参数的畸变可发现地质体的存在,然而该方法在探测粒径在几十厘米至几米之间的孤石时,产生的异常较小,导致探测精度不高。因此,该方法在孤石探测中仍需进一步研究。

6) 探地雷达法

探地雷达作为一种先进的高频电磁波勘探技术,具有对探测对象不造成任何损伤、抗干扰能力强、测量结果直观准确和高效率等特点。从近些年探地雷达的发展来看,其在工程检测和岩土工程勘察中的应用日趋广泛。介电常数上存在差异是探地雷达探测和探测成果解释的基础,由于孤石和周边地层在介电常数上存在差异,这为探地雷达探测孤石提供了可行性条件。

探地雷达由天线、发射机、接收机、信号处理器和终端设备等几部分组成,其基本工作原理是利用一个天线向地下发射高频宽频脉冲电磁波,当电磁波在地下介质中传播时,其传播路径、电磁场强度和波形将随着所通过介质的电性和几何形态的变化而变化;另一个天线接收来自地下介质界面的反射波,利用专用数据和图像处理软件对其处理,根据探地雷达反射波组的波形与强度特征,通过同相轴等的追踪,推断地下目标体的空间位置、结构、几何形态等情况,从而达到对地下孤石目标体探测的目的。图 3-10 为探地雷达工作原理示意图。

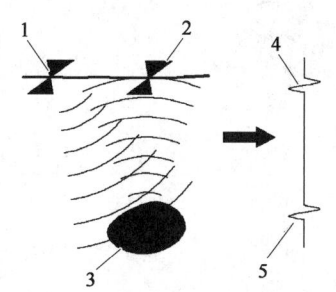

图 3-10 探地雷达工作原理示意图
1—发射天线;2—接收天线;3—目标体;
4—直达波;5—目标体反射波

探地雷达可以更换不同频率的天线,因此探测深度可控,但总体上适用于探测埋藏深度较浅的地质体。探地雷达利用地下介质的电性差异来查明地下地质体的分布范围、粒径大小等。探地雷达具有分辨率高、操作简便等优点,但其探测受介质水的影响较大,从而严重影响其探测深度,在城市的复杂电磁环境中存在天线屏蔽问题。因此,探地雷达在孤石探测工作中的应用被限制。

7) 孔中雷达法

孔中雷达法的探测原理如图 3-11 所示。将雷达天线放入钻孔中,雷达脉冲发射到周围介质中,电磁波信号向四周传播遇到有介电差异的物体,如破碎带、岩性改变区域或空洞等,电磁波的一部分能量反射回来,被接收机接收,其他能量传输到更深的土壤中,以 0.1~1 m 的采样间隔沿钻孔向上或向下移动天线,形成雷达剖面。探测的半径取决于天线的频率和介质的电导率。孔中雷达法探测精度分析如下。

设反射界面埋深为 H,发射、接收天线的距离远远小于 H 时,探测分辨率按下式计算:

$$R_\mathrm{f}=\sqrt{\frac{\lambda H}{2}} \qquad (3-3)$$

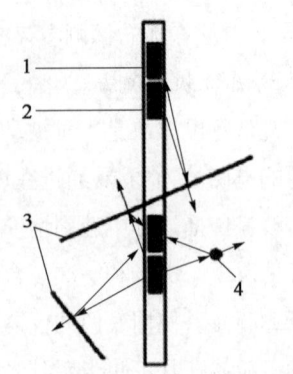

图 3-11 孔中雷达法探测原理示意图
1—接收天线;2—发射天线;
3—断层;4—空洞

式中　R_f——理论计算精度;
　　　H——目标体深度;
　　　λ——天线中心频率的波长。

根据式(3-3),可计算出孤石地层场地介质中,不同频率雷达天线在不同深度的水平分辨率,计算结果见表 3-1。

表 3-1　不同天线频率雷达探测的水平分辨率

天线频率	探测深度(m)								
(MHz)	1	3	5	10	15	20	25	30	35
40	1.12	1.94	2.50	3.54	4.33	5.00	5.59	6.12	6.61
80	0.79	1.37	1.77	2.50	3.06	3.54	3.95	4.33	4.68
100	0.71	1.22	1.58	2.24	2.74	3.16	3.54	3.87	4.18
150	0.58	1.29	1.83	2.24	2.58	2.89	3.16	3.42	1.00
200	0.50	1.00	1.12	1.58	1.94	2.24	2.50	2.74	2.96

由表 3-1 可绘出探测深度与水平分辨率的关系曲线,如图 3-12 所示。

由上述分析可知:① 随着雷达天线频率的提高,其探测深度逐步降低,但雷达天线的探测频率越高,其探测精度越高;② 对于多层地层场地条件,采用地面雷达探测手段,无法满足深度 15~20 m、精度 1~2 m 的探测任务要求;③ 采用孔中雷达法,配置 100~200 MHz 孔中天线,能探测出测孔周围 3~5 m、粒径在 0.7 m 以上的孤石。

8) 跨孔雷达法

跨孔测量是将发射天线和接收天线分别置于不同的钻孔之中,在一口井中固定发射天线,然后在另一口井中将发射天线自井口向井底以一定的步长移动,每到一个位置接收一次信号,扫描需要探测的区域,得到一个钻孔雷达剖面。然后再以一定的步长移动发射天线,

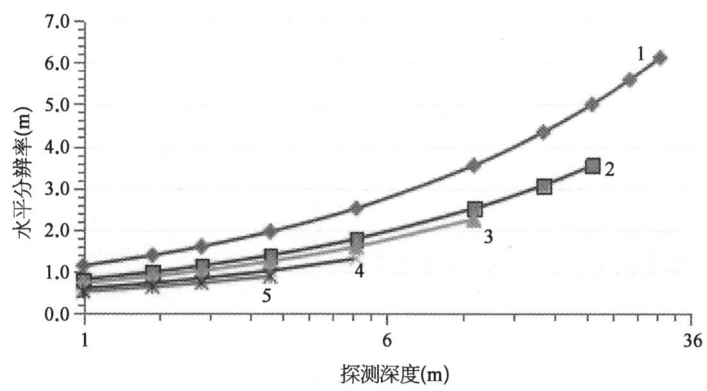

图 3-12 探测深度与水平分辨率的关系曲线

1—40 MHz；2—80 MHz；3—100 MHz；4—150 MHz；5—200 MHz

接收天线从上至下重新扫描就完成了另一次扫描；继续移动发射天线进行扫描，直到射线覆盖整个探测区域，如图 3-13 所示。雷达波速度层析成像原理介绍如下。

如图 3-14 所示，左右两侧分别是两口井，左侧的井内按一定的步长布置发射天线，右侧的井内按照一定的步长布置接收天线。发射天线每发射一次，就会产生 N（N 为接收天线的数量）条射线穿透介质并被右侧的接收天线接收。假设所有的射线均为直射线，则对于每一条射线，都满足

$$l = vt \tag{3-4}$$

式中 l——射线的路径长度；

v——雷达波速；

t——雷达波的旅行时。

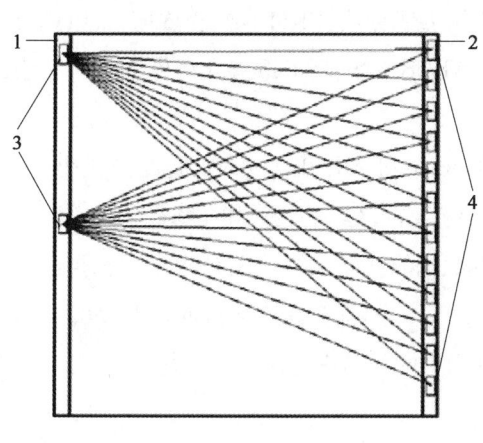

图 3-13 跨孔雷达测量方式

1—井 1；2—井 2；3—发射天线；4—接收天线

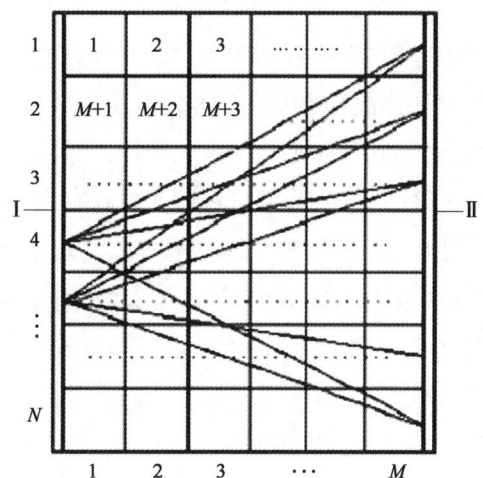

图 3-14 钻孔雷达探测区域垂直剖面图

Ⅰ—发射天线；Ⅱ—接收天线

则有

$$s = 1/v \tag{3-5}$$

式中 s——雷达波速的倒数,称为慢度。则式(3-4)可以转换为

$$t = ls \tag{3-6}$$

对整个探测区域进行网格剖分,在水平和垂直方向上被剖分成 $M \times N$ 个网格,则式(3-6)可以写成

$$\sum_{j=1}^{M \times N} l_{ij} s_j = pt_i \tag{3-7}$$

式中 i——射线的编号;

j——网格编号。

则有

$$T = LS \tag{3-8}$$

在速度层析成像中,需求解

$$S = L^{-1} T \tag{3-9}$$

层析成像的结果就是关于慢度的矩阵,并以图像的形式表现出来。层析成像的关键问题就是如何解方程组(3-9),求得地下介质的雷达波速度分布。在平直射线层析成像中,很容易求出基本方程组(3-9)的系数矩阵,并且其系数矩阵也是固定的。可用迭代的方法求解其慢度向量。

(1) 钻孔雷达层析成像法反演算法。用雷达波反演成像的系数矩阵通常是大型稀疏矩阵。因此要求反演算法必须具有稳定、节省内存、效率高等特点。目前,有多种适用的算法,其中基本的算法有代数重建算法(ART)、联合迭代重建算法(SIRT)、共轭梯度方法(CG)、极小残量法(GMRES)、双稳定共轭梯度法(BICGSTAB)等。以下重点介绍代数重建算法、联合迭代重建算法。

(2) 代数重建算法(ART)。1970 年,GT. Henmen 等人提出了 ART,这是迭代重建法中经典的方法。迭代类算法的基本思想是,首先给出反演区域的初始模型参数 $x^{(0)}$,算出其正演数据 $b^{(0)}$,进而可以计算正演数据与实际观测数据的误差。如果这个误差不在可接受范围之内,则求出模型修改量 Δx,得到新的模型参数 $x^{(1)}$,再计算其正演数据 $b^{(0)}$ 与实际观测数据的误差,如此往复,直到计算数据与实际观测数据的误差满足迭代停止条件。

ART 的迭代公式如下:

$$x^{(k+1)} = x^{(k)} + \lambda \Delta x = x^{(k)} + \lambda \frac{b_i - b_i^{(k)}}{\| a_i \|^2} a_i \tag{3-10}$$

式中 $a_i=(a_{i1}, a_{i2}, a_{i3}, \cdots, a_{in})$ ——第 i 条射线的路径；

$b_i^{(k)}=\sum\limits_{j=1}^{N}a_{ij}x_j^{(k)}$ ——第 i 条射线的计算数据；

b_i ——第 i 条射线的实际观测数据；

λ ——松弛因子($0<\lambda<2$)，增加松弛因子的目的是为了增加计算的稳定性和收敛的速度。

(3) 联合迭代重建算法(SIRT)。1972 年，Gilbert 提出 SIRT，它是对 ART 的一种改进。ART 在每一射线计算之后都会对模型进行修改，而 SIRT 采用的是并行迭代，即仅当所有的射线都计算完后，再用它们的平均修正值来修改模型，可以消除一些因素的干扰，而且计算结果和射线的编号次序无关。

SIRT 的迭代公式如下：

$$x_j^{(k+1)}=x_j^{(k)}+\frac{1}{w_j}\sum_{i=1}^{M}\frac{(b_i-b_i^{(k)})}{\|a_i\|^2}a_{ij} \qquad (3-11)$$

式中 w_j ——通过第 j 个网格的射线数量。

9) 其他几种电磁探测法

Stratagim™ EH-4 电导率成像系统(简称 EH-4)由美国 EMI 和 Geometrics 公司联合生产，以地壳上部(0～2 km)为主要探测和研究正交的两个电场分量(E_x, E_y)和两个磁场分量(H_x, H_y)。利用上述观测的参数可求得两个不同方向上的视电阻率，进而计算张量阻抗，获取地层的电阻率值。

可控源音频大地电磁测深法(简称 CSAMT 法)是以有限长接地电偶极子为场源，在距偶极中心一定距离处同时观测电、磁场参数的一种电磁测深方法。

电磁排列剖面法(简称 EMAP 法)是在大地电磁法(简称 MT 法)和 CSAMT 法的基础上发展起来的，既具有 MT 法的轻便灵活，又具有 CSAMT 法的稳定性。

CSAMT 法具有勘探深度大、数据采集自动化程度高、受地形影响相对小等优点，但是对于埋藏深度较浅、发育规模较小的孤石，在电阻率剖面上反映不太明显，探测效果不太理想，无法发挥其探测优势。同样，EH-4 法和 EMAP 法亦是对大片低值电磁异常有明显反应，对于孤石等引起较小的电磁异常反应不明显。以上几种电磁法探测一般用于探测深部构造，探测孤石未见到工程实例。

3.2.1.3 地震勘探

地震勘探是利用地下介质弹性差异，通过观测和分析大地对人工激发地震波的响应，推断地下地质体的性质和形态的地球物理勘探方法。地震波在向地下传播时，遇到介质性质不同的弹性分界面将发生反射、折射和透射，在地表或井中用检波器接收不同的地震波，便是不同的地震勘探方法。通过对地震波记录进行处理和解释，可推断地下地质体的性质和形态。以下分类介绍各种地震方法在孤石探测中的应用。

1) 地震映射法

地震映射法即地震共偏移距法,是以相同的小偏移距逐步移动测点接收地震信号,在地面或水面对地下地层或地下目的物进行连续扫描,利用多种地震波信息来探测地下介质变化的浅层地震勘探方法,其前提是地下介质密度、速度、泊松比具有差异。根据地震法的反射系数和发射波振幅可以分析出岩层界面波阻抗大小,还可以根据反射波中是否包含有其他干涉、绕射波,确定出下伏岩层是否为软弱层或有无孤石存在。

地震映射法可以利用反射波、折射波等多种弹性波作为有效波来进行孤石等地质体综合探测;根据探测目的要求,也可以仅采用某一种特定的地震波作为有效波探测某一深度特定的地质体。地震映射法采用自激发和自接收方式,炮间距小,激发点和接收点之间的反射波基本垂直,测量点设在激发和接收距离的中点,数据信号的信噪比较其他方法有较大的提高。地震映射法由于测量点设在激发和接收距离的中点,每个记录通道偏移距相同,地震记录在时间上的变化主要为地下地质体的反映,地震时间剖面即为地下界面形态的反映。地震映射法采用单炮激发、单道接收,通道偏移距相同,信号不需要进行校正和叠加等处理,没有浅层反射波的拉伸、畸变影响,没有处理误差,可直接对资料进行数字分析。

2) 地震面波法

地震面波勘探常指利用瑞利波进行勘探。瑞利波应用多集中于近地表勘探领域,在工程地质勘察、地质灾害检测与评价等领域中常以有效信号被拾取。与体波不同的是,瑞利波是一种面波,沿自由界面传播,在垂直于自由界面方向上呈指数衰减。非均匀介质中瑞利波是频散波,均匀介质中它以略小于横波速度的速度传播且不发生频散。可用面波进行勘探是因为它具有两个明显的特征:① 层状介质中面波具有频散特性,即相速度随着频率(或波长)的不同而改变,且不同频率反映不同深度范围内介质的性质。② 面波相速度与横波速度具有很好的相关性。故而地震面波勘探的直接成果是瑞利波频散曲线,为获取可靠的频散信息,地震面波探测需要一条不少于12道的记录剖面。而后通过带阻尼的广义线性迭代反演方法结合最少的假设可求得一维近地表横波速度剖面。其中横波速度与地下介质的刚度系数直接相关,故可以利用地震面波探测来获得探测区域内地下的强度分层信息,从而对不同地层进行划分。

地震面波探测技术具有以下特点:

(1) 震源具有便携式、可重复使用的性质,并可产生有效能量为宽频带的 2~100 Hz 瑞利面波;

(2) 用来提取、分析一维瑞利波频散曲线的处理程序具有稳定、灵活、好用和准确的特点;

(3) 利用广义线性迭代反演方法结合最少的假设求得的一维近地表横波速度剖面,具有算法稳定、灵活等特点;

(4) 构建了一个二维横波速度场；

(5) 野外数据采集与共深度点叠加反射地震观测系统相同，只是勘探深度主要取决于观测用的检波器频率。

地震面波法野外采集和浅层地震反射相似，具体见图 3-15 所示的工作流程图。这种方法探测的最小尺度与道间距、数据质量、炮点距、地下目标介质与周围介质的横波速度差异大小、目标深度等有关。表现为：道间距越小，数据质量越高；炮点距越小，差异越大；目标深度越浅，能探测的最小尺度值越小。当然还同所使用的地震波频率有关：频率越高，分辨率越高，探测深度却越浅。

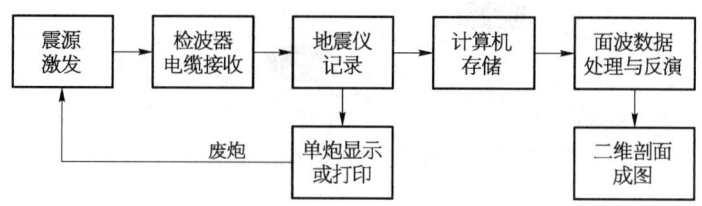

图 3-15　地震面波法野外作业数据采集工作流程图

图 3-16 为地震面波数据处理的流程图，其主要包括：① 数据预处理：格式转换、自动增益处理、体波切除、带通/带阻滤波/二维滤波等。② 频散曲线提取：在频率-相速度域提取面波基阶频散曲线。③ 频散曲线反演：根据测线布设处地质信息设置反演初始模型，进行近地表一维横波速度反演，求取检波器排列下方介质的横波速度与分层厚度信息。④ 横波速度剖面及滤波处理：将不同测点处反演所得的横波速度值绘成沿该测线的二维横波速度剖面图；对剖面上由于个别测点数据质量较差引起的异常，采用平滑滤波处理。

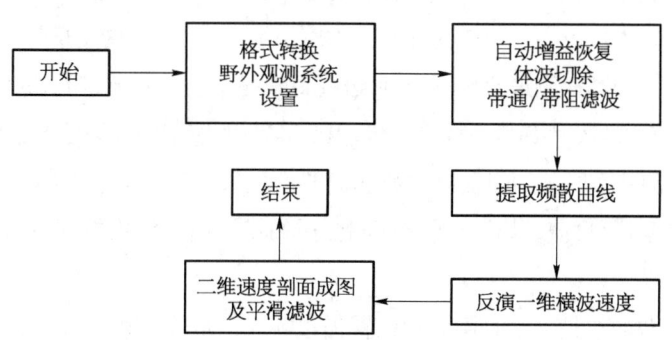

图 3-16　地震面波数据处理流程

3) 地震反射法

地震勘探的主要原理是利用地下介质弹性和密度的差异，通过观测和分析地下介质对人工激发地震波的响应，包括时间、振幅、相位等信息，推断地下岩层的性质和形态。在花岗岩风化残留体探测中，由于花岗岩风化残留体与周围介质存在着明显的速度、密度差异，地震波在传播至孤石位置时会发生反射、散射等现象,使得地面检波器接收到的反射波产生时间变化,通过检波器对产生的不同响应的分析,可以推断出地下是否存在花岗岩风化残留体异常,以及其具体位置、大小等。其原理如图3-17所示。

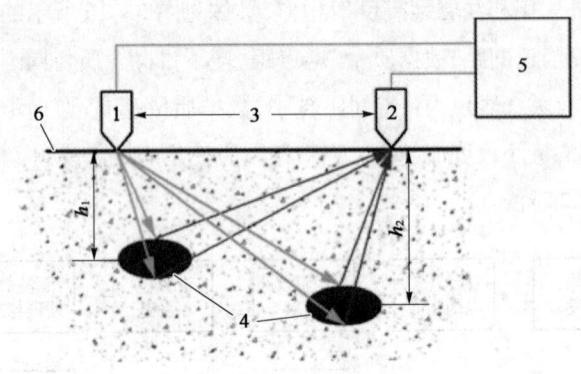

图3-17 地震反射法探测孤石工作原理
1—发射器;2—接收器;3—检波器;4—孤石;5—探测仪;6—路面

4) 微动探测法

微动是地球表面日常微小的颤动,微动的振幅为 $10^{-4} \sim 10^{-2}$ mm,频率变化范围为 $0.3 \sim 5.0$ Hz。它由体波和面波组成,并且面波的能量占信号总能量的70%以上,微动勘探正是利用微动信号中的面波。微动信号在一定时空范围内具有统计稳定性。微动探测方法是以平稳随机过程理论为依据,从微动信号中提取面波频散曲线,通过对频散曲线的反演,获得地下介质横波速度结构,从而达到探测目的。采用空间自相关法从微动信号中提取瑞利波频散曲线时,频散特性与介质结构有关,通过频散特性可获得介质结构信息。如深圳地铁7号线车公庙—上沙段区间将微动探测技术应用于地铁工程勘察,取得了一定的成果,减少了钻探工程量。微动探测适合于城市环境的探测,是一种较有前景的物探方法,在交通繁忙、钻探无法实施的地段具有其独特的优势,但是其精度仍需进一步提高。

(1) 微动探测基本原理。即发射体波和面波产生振动后,通过提取微动信号的频散曲线,并对频散曲线进行反演,以获得所需探测介质的横波速度结构特征,该特征能够有效反映介质的物理属性。

微动信号频散曲线是关于时间 t 和位置矢量 $\eta(x, y)$ 的函数,可以表示为 $X[t, \eta(x, y)]$,其频散曲线方程为

$$X[t, \eta(x, y)] = \oiint \exp(i\omega t + iH\eta) dZ'(w, H) \tag{3-12}$$

式中 ω——角频率,$\omega = 2\pi f$;
H——波数矢量,$H = (hx, hy)$;

Z——平稳随机过程。

获取了频散曲线后,再计算横波(S波)速度,即可解译被探测介质。

(2) 微动探测基本步骤。微动探测是一种基于微动台阵探测的地球物理探测方法,又称为"类空间自相关法"(spatial autocorrelation method,SPAC 法),该方法的基本步骤是从微动台阵记录中提取瑞利波频散曲线,计算视 S 波速度 V_x,再经插值光滑计算获得二维视 S 波速度剖面,视 S 波速度剖面能够直观地反映地层岩性变化,是地质解释的基本依据,获取视 S 波速度基本流程如图 3-18 所示。

图 3-18　获取视 S 波速度基本流程

对视 S 波速度剖面进行地质解译后,再获取台阵平均 H/V 曲线,H/V 曲线通过水平分量和垂直分量的频谱比值得到,是各分量进行傅里叶变换所得到的频谱,其获取流程如图 3-19 所示,它反映的是地层的波阻抗界面,是寻找土层分界面的依据之一。

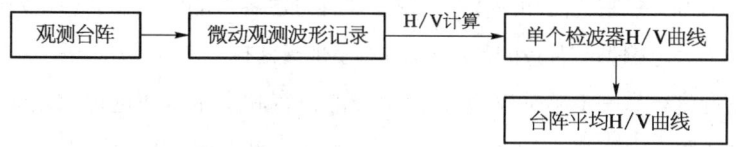

图 3-19　获取 H/V 曲线基本流程

微动探测的观测系统主要采用正五边形圆形阵列,每个圆形阵列由放置于正五边形顶点和中心点的 6 个摆和数据采集系统组成,正五边形顶点到中心点的距离称为观测半径 R。根据现场场地条件的不同,分别采用了不同半径的台阵进行观测,按 5 m 测点间距逐点进行,以形成二维剖面观测,如图 3-20 所示。

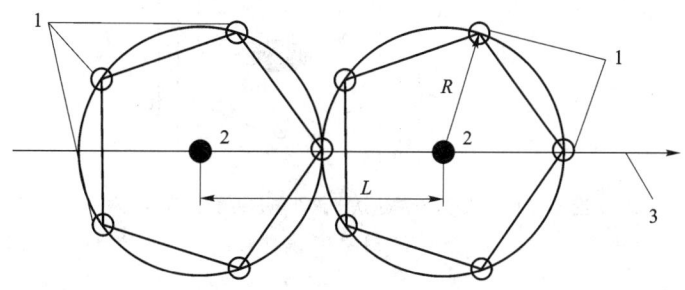

图 3-20　探测台阵布置示意图

1—测点;2—中心点;3—测线;L—测点间距;R—观测半径

3.2.1.4 综合物探方法

重力探测法一般用于深度异常情况,对于能否探测到浅部的孤石未见工程实例。探地雷达的探测深度与天线频率及地下水密切相关,还有在城市复杂电磁环境中的天线屏蔽问题,因此,探地雷达在孤石探测工作中的应用被限制。地震反射波共反射点(CDP)叠加技术在台山核电海域花岗岩孤石探测中得到了成功应用,但该方法不适宜推广到陆地。多道瞬态瑞利波法在城市马路中有噪声干扰大的问题,传感器与地面的耦合也不容易克服。大地电磁测深法一般用于探测深部构造,探测孤石未见工程实例,各类孔间/孔中 CT 方法受到钻孔间距的影响。微动或天然源面波利用城市中车辆等的噪声作为振动源,提取的频散曲线可变换为地层的视 S 波速度。由于 S 波速度与介质的密度有良好的相关性、特别适合城市环境,是一种很有前景的物探探测方法。

近年来,物探方法先后在重大工程建设领域得到了成功应用,取得了显著的社会效益和经济效益,未来物探方法将更多地应用于工程建设当中。然而,利用物探的某一种探测方法难以满足所有的探测需求,一般需要两种以上的物探方法互相对比验证,以克服物探解译的多解性,使得到的结果更加接近于实际情况,同时,还需结合现场钻孔资料对探测结果进行验证,以提高解译的准确度。

例如,结合地震法、雷达法和跨孔电阻率法 3 种方法各自的特点及其适用范围,选择地震法和雷达法作为大范围孤石普查的基本方法,对于地震法探测的异常区域采用电阻率 CT 法,并结合地质钻孔进行进一步精确探测,锁定孤石的位置和大小以便进行预处理。即采用"地震法+雷达法+跨孔电阻率法"进行联合探测,3 种方法测点布置及相对关系示意如图 3-21 所示。

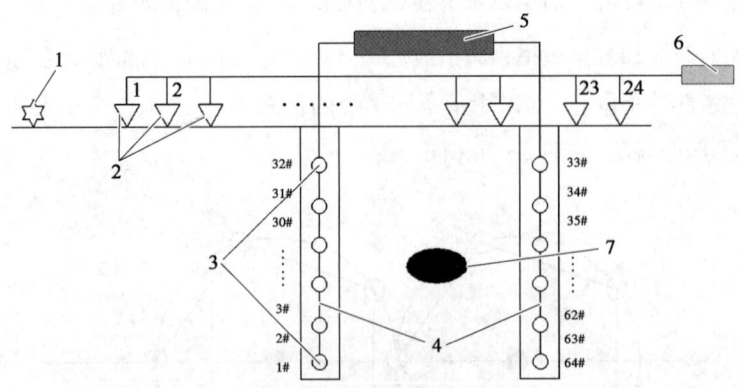

图 3-21 地震法+雷达法+跨孔电法联合探测示意图

1—震源;2—检波器;3—电极;4—测线;5—跨孔电法仪;6—地震仪;7—孤石

各种物探方法探测花岗岩风化残留体的优缺点及分析见表 3-2。实际施工中,应结合工程概况、工期、成本等因素,选择一种最佳的孤石探测方法。

表 3-2 花岗岩风化残留体的物探探测方法汇总

方法	分类	应用条件	优缺点	综合评价	应用情况
重力探测	重力法	探测目标与周围介质存在密度差异	优点：在深部构造研究上具有其他方法不可比拟的优势 缺点：受地形影响大，干扰因素较多	受地形影响很大，且复杂的地表施工条件对探测设备的校准和数据质量的保证十分不利	应用极少
电磁法探测	电阻率成像法	探测目标与周边介质存在电性差异	优点：灵活性高，能够精确描述地下介质的电性差异 缺点：探测深度有限，不利于深部构造的探测	能克服地表泥泞的恶劣环境，能高效反映地下视电阻率的变化，进而对孤石赋存情况进行评估	应用较少，在城区探测限制较多
	跨孔高密度电阻率法		优点：采集数据量丰富，探测精度高 缺点：需要钻设钻孔放置探测探头	建议将该方法与工程钻孔勘查相结合，可最大限度发挥其优势	推荐采用
	瞬变电磁法		优点：分辨能力较强，工作效率高，受地形影响小，能穿透高阻覆盖层 缺点：城市管线等外界干扰因素对其影响很大，定位精度较差	探测设备对施工环境要求十分苛刻，从施工效率上来讲不可取，且不能提供深度信息	应用较少
	甚低频电磁法		优点：工作效率高，受地形影响小 缺点：分辨能力较低，受城市电磁干扰影响	城市多种电磁信号对其影响严重，不适合于城区探测	应用极少
	探地雷达法		优点：工作效率高，探测深度可控，分辨率高，操作简便 缺点：探测受到介质水的影响较大，严重影响其探测深度	建议将该方法与工程钻孔勘查相结合，可最大限度发挥其优势	采用多，推荐采用
地震法探测	浅层地震反射波法	探测目标与周围介质存在地震波阻抗差异	优点：对于探测地层分层界线效果较好 缺点：探测速度较慢，外界振动对其干扰大，后期数据处理麻烦	该方法用于探测地层分层界线时效果明显，对于孤石探测效果较差	应用较多，可探测基岩面
	瑞利波法		优点：能获得地下介质的强度信息 缺点：受外界环境如地形、施工噪声影响大	对于地表条件要求较高	应用一般
	地震波CT法		优点：探测精度高，采集数据量丰富 缺点：需钻设钻孔放置探头，采集速度较慢，采集过程麻烦	探测效率低下，且受外界干扰影响较大	应用一般
	微动探测法		优点：外界干扰因素对其影响极小 缺点：该方法尚处于理论研究阶段，且探测精度较低	在钻探实施困难地段具有其独特优势，但是其精度仍需进一步提高	应用较少

3.2.2 孤石处理技术

根据孤石形状、大小、所处地理位置，结合周边环境的实际情况，并综合考虑技术、成本、工期、安全等因素，将孤石处理技术分为直接掘进通过、地表处理和洞内处理三种。

3.2.2.1 直接掘进通过

当盾构区间所需处理孤石地段周围没有管线、桩基础及地下建筑物，并且工期较紧、施工对地表的变形要求较低时,可不采取辅助方法,在盾构到达孤石段前,及时检查更换刀具,采用"小推力、低转速、低扭矩、低贯入"方法掘进。当刀盘与孤石接触时,凭借刀盘的冲击力破碎孤石。掘进过程中增加泡沫注入量,并做好同步注浆、二次注浆及地表沉降监测。此方法适合处理较大型孤石。

3.2.2.2 地表处理

1) 地表注浆加固后掘进通过

在确定孤石形状、大小、位置后,当地面具备地层加固的条件时,可在地面对孤石周围一定范围,采用袖阀管注浆工艺进行注浆加固,加固范围为孤石位置前方2～3 m,孤石后方2～3 m,左、右方加固范围可根据孤石位置与隧道中轴线之间的关系确定,注浆孔采用梅花形布置方式,加固顺序为先外侧后内测。浆液凝固后,将孤石与周围地层紧密固结在一起,如图3-22所示。待盾构抵达孤石加固区时,孤石不会随刀盘在掌子面发生转动而带来对周围地层的扰动,而是受到刀盘正面的切削作用,进而发生破碎。

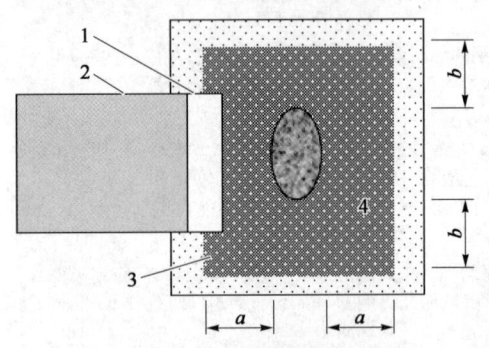

图3-22 地表加固范围示意图

a—孤石前、后方加固范围,*a*=2～3 m;
b—孤石上、下方加固范围,*b*=2 m
1—刀盘;2—盾体;3—加固范围;4—孤石

2) 钻孔爆破

当地表具备处理条件,且施工时间比较宽裕的情况下,可根据已查明孤石的形状、大小、埋深等参数确定炮孔的数量、间距及装药量。利用地质钻机在地表垂直钻孔,一般情况下,爆破孔采用矩形或梅花形布置,根据孤石大小及场地的实际情况,结合相关技术规范,炮孔行排距为80～120 cm,炸药单耗按照瑞典经验公式进行计算,装药结构可根据孤石厚度确定,当孤石厚度小于2 m时,采用径向集中装药结构,而厚度大于2 m则采用间隔装药。爆破网络如图3-23所示,爆破孔布置如图3-24所示,爆破示意图如图3-25所示,装药参数见表3-3。

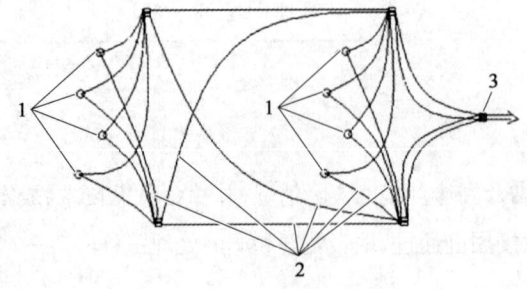

图3-23 爆破网络示意图

1—炮孔;2—导爆管雷管;3—电雷管

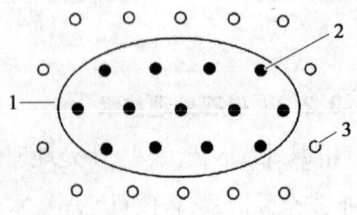

图3-24 孤石爆破孔布置平面示意图

1—孤石;2—炮孔;3—空孔

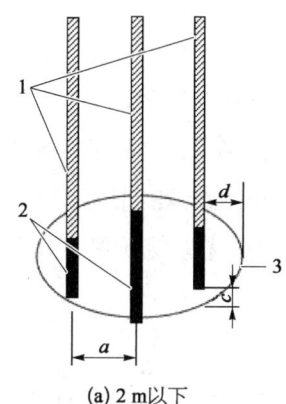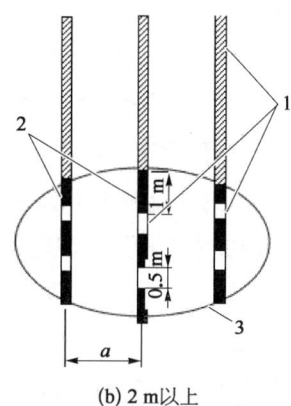

(a) 2 m以下　　　　　　　　(b) 2 m以上

图 3-25　爆破示意图

(a) 行距 a＝排距,a＝0.8～1.0 m,c＝0.1～0.2 m,d＝0.3～0.6 m
(b) 行距 a＝排距,a＝1.0～1.2 m,药卷间堵塞长度为 0.5 m
1—堵塞；2—炸药；3—孤石

表 3-3　不同体积孤石的装药参数

孤石体积(m^3)	0.8	1.0	1.5	2	3	4	5
装药量(kg)	2.4	3.0	3.6	4.8	7.2	9.6	10.8

运用爆破过程中的爆破振动测试及爆破后钻孔取芯验证相结合的方法,反馈优化爆破设计,以确保孤石破碎的最大粒径小于 30 cm(便于盾构顺利出渣)。

3) 冲孔桩破碎

冲击破碎法是指确定孤石的位置、大小和形状后,在地表采用十字冲击锤冲击破碎孤石的施工方法。根据孤石大小确定冲击钻机锤头大小、钻孔间距和数量,钻孔前首先探明有无地下管线或其他建(构)筑物,若钻孔位置下方有管线等市政管道,则需要将钻孔位置旁移一段距离,待孔内孤石破碎完成后,及时采用原土对钻孔层回填夯实,并进行土体压密注浆,直至将整个孤石区域处理完毕。

4) 全回旋钻机清除

采用全回旋套管钻机清除孤石主要工艺为：地质钻探明孤石→全回旋套管钻机定位→同步进行全套管设备场地布置与机械、电力系统、后台作业指挥系统定位→作业平台就位→吊装设备就位→套管回旋压入→回旋偏心切削→全断面回旋切断→清除障碍物→障碍物装卸处理→分段清除至作业深度→起拔套管→同步回填混凝土作业→主机台定位销撤除→转场施工重复上述步骤循环至全部施工完毕→端头加固→盾构推进。

(1) 钻机定位。在开钻之前,将钻机固定在准确位置上,并把其依次安装在桩芯位置。安装和检查完钻机设备后,使其进入工作状态,然后定位钻机。全回旋钻机的质量直接取决于钻机定位的准确度。

(2) 清理上层土体。开钻之前,采用反复旋转套管清理干净上层土体,在挖掘套管土体时,可使用冲抓斗,从而将上层土体完全清除干净,促进钻进工作顺利进行。

(3) 孤石砸碎及清理。在实际施工过程中,当出现孤石时,将最坚硬的钻头安装在前端,并在回旋切削的同时用落锤将切削下来的岩石泥块砸碎,最后清理碎石。

(4) 回填 C15 混凝土。将 C15 混凝土灌满钻进的孔道内,为确保施工质量,必须保证灌注的饱满度。

5) 人工挖孔桩

与竖井开挖方法类似,对于单个较大直径孤石,在地表对孤石位置准确定位之后,人工利用铲、镐或锹对上方土层开挖,直至孤石上界面。对于小直径孤石,人工借助风镐可直接破除;而对于大直径孤石,利用风枪在孤石上进行垂直打孔,通常情况下,孔间距为 40~60 cm,钻孔深度为 60~90 cm。钻孔完成后,在孔中插入岩石劈裂枪将岩石分裂。如周围区域对噪声无特殊要求,则可采用爆破的方法将孤石破碎。

整个开挖过程中,采用吊桶将碎石垂直吊出,为防止孔壁失稳而引起坍塌,每一循环结束后,应及时施作混凝土护壁。渗水量较大时,可在竖井一侧挖集水坑,然后将其排出,必要时,需采用超前注浆、超前支护等处理措施。岩石碎块清理完毕后及时对挖孔桩进行分层回填,回填完成后对挖孔区域进行注浆加固。

6) 海域环境下孤石处理

施工步骤:依据探测情况设计爆破钻孔施工方案→潜孔跟管钻机与地质钻机配合成孔→跟管钻机在回填层中预先引孔→下套管→地质钻机在跟管钻机套管内下套管至基岩顶面→再钻至设计标高→装药爆破→注浆加固。

(1) 船定位控制。钻孔船到达施工区域后,根据测量指挥定位,钻孔船采用左右四门八字锚及前后两门主锚共计六门锚控制船舶前后左右移动,左右边锚控制船舶横向移动,前后主锚钢丝缆控制船舶纵向移动。对正孔位的工作,都由设在岸上控制点的经纬仪或全站仪进行指挥,如图 3-26 所示。

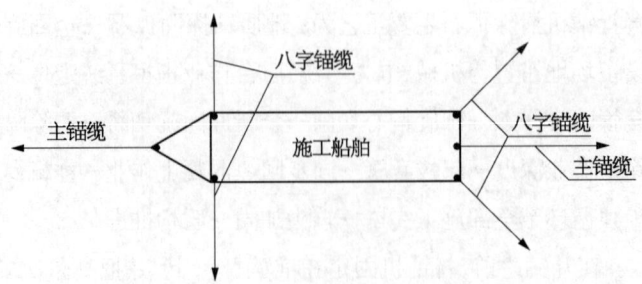

图 3-26 施工船舶锚缆设置示意图

(2) 钻孔定位及成孔控制。

① 套管作业。在钻机平台上安装有直径 140 mm 的导向管、直径 110 mm 的钢套管。其中钢套管采用钻机锤锤击打入,如能顺利打入,则直接打至基岩面,钻机再进行基岩开孔作业;如不能顺利打入,则等钻机钻入一定深度后,再打入钢套管,直至基岩面,如图 3-27 所示。

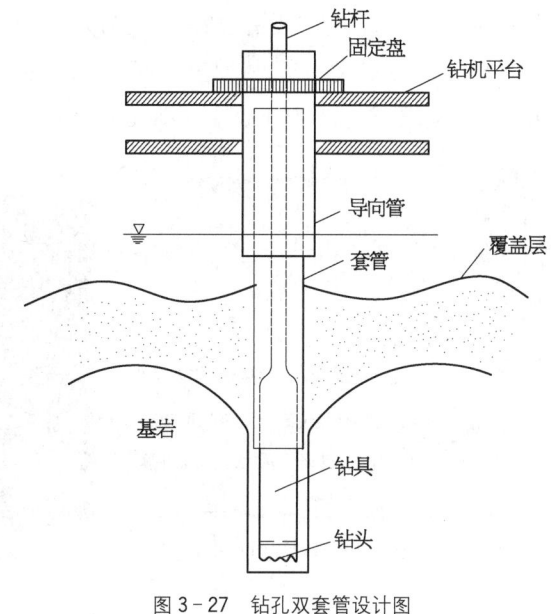

图 3-27 钻孔双套管设计图

② 开孔作业。开孔位置必须准确,一般采用硬合金钻头,并采取导正措施,防止钻具滑离原孔位,钻进 0.5~1.0 m 后,打入钢套管,钢套管必须牢固竖立在基岩内 0.5~1.0 m 处。并改用 90 mm 钻头继续钻进,钻孔深度应达到设计超深位置。

③ 安装护孔套管。钻孔达到设计位置并取出岩芯后,为防止淤泥及流砂堵塞孔位,采用直径为 90 mm 的 PVC 管作为护孔套管。

(3) 爆破及注浆施工。参照本章节钻孔爆破相关内容,并根据孤石直径、强度等参数,结合相关施工案例,合理设计爆破施工参数。爆破完成后,对爆破区域进行注浆加固。

3.2.2.3 洞内处理

1) 洞内超前注浆后掘进通过

当地表不具备注浆加固或孤石处理的条件时,在洞内对孤石位置准确定位之后,待盾构刀盘抵达孤石区域后停机,通过盾构前方预留的注浆孔,将准备好的钢花管(在直径 80 mm 的钢管上布置梅花形孔,孔径 8 mm,纵向间距为 10 cm)插入刀盘前方的土体中,并使超前注浆孔的延伸方向与盾构掘进的中轴线方向存在一定角度。注浆加固范围为孤石前方 2~3 m,后方 2 m,隧道轮廓线外(上、下轮廓线及左右边界)各 2~3 m。浆液可根据需要,采用水泥单液浆或水泥-水玻璃双液浆均可。注浆结束后,可通过调整盾构掘进参数,借助刀盘对加固地层切削、破碎孤石,而后顺利通过孤石段。

2) 洞内人工处理

当掌子面前方地质比较稳定时可直接开仓,而地质稳定性较差时需提前对地层加固,进行带压进仓处理。对于小直径孤石而言,人工可直接破除,强度高、直径大的孤石需借助风枪及岩石分裂机等设备凿除,凿除后通过带压进仓打捞方式进行处理。

气垫仓底部打捞作业流程为:首先将气垫仓液位降低,为保证打捞人员安全,气垫仓的液位稍高于泥浆门即可,保证掌子面压力平衡;其次,作业人员加压进仓,在气垫仓底部清理和打捞孤石,当此区域打捞完成后,人员撤出气垫仓底部,进入人员仓休息。然后,在确保人员安全后,开始转动刀盘,将刀盘辐条开口、四周由于挤压产生悬空的孤石转动至仓底部,以此方法循环打捞。详见图3-28~图3-30。

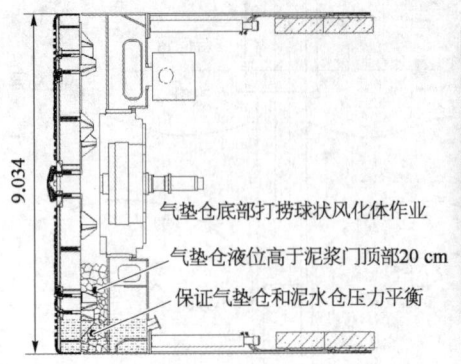

图3-28 带压进仓孤石打捞方式示意图

图3-29 卡在辐条开口处孤石

(a)

(b)

图3-30 仓内打捞出仓孤石

3) 洞内人工爆破

地面不具备处理条件时,在洞内超前注浆加固刀盘前方土体,确保掌子面稳定的基础上,开仓对孤石进行人工爆破处理。该处理方法的原则是:通过打孔装药的弱爆方式,将孤石以大化小,并通过螺旋输送机排出。为尽量减小爆破对刀盘的影响,采用转动刀盘的方法,将孤石对准刀盘开口位置。

为降低爆破所产生的振动对洞内盾构及地表建筑物、临近管线的扰动,洞内弱爆技术应严格遵循"浅孔、密眼、小药量、间隔装药"原则,对于大体积孤石,可分排、按顺序依次处理。爆破后及时通风,检查确认安全后方可清渣。

4) 静态破碎技术

当孤石所在盾构区间地处居民区或重要建筑设施(电力、通信、天然气管道等),地表不具备处理条件,并且对振动、飞石、有害气体等要求比较严格时,岩石静态破碎技术具有独特的优势。岩石静态破碎技术是运用静态破碎剂与水发生反应后产生巨大的径向压力,当压力在孔壁切向的拉应力大于岩石的抗拉强度时,岩石就被拉裂破碎。

在对洞内地层加固后,根据孤石的力学性能参数选择合适的静态破碎剂。孤石上垂直钻孔的直径是决定破碎效果的重要因素,钻孔直径一般为30～50 mm,钻孔深度为破碎孤石厚度的80%～90%,结合孤石岩体的强度及破碎效果设计钻孔的行、排间距,一般为20～50 cm。钻孔由临空面外侧向内逐步布设,以利用前排破碎后为后排提供的临空面。钻孔完成后及时清孔,将配置好的破碎剂浆液倒入孔内,待反应完成后将破碎石块清除。例如,深圳地铁2222标安托山站—侨香站区间,为保护距竖井开挖边线仅50 cm的雨水箱涵,采用HSCA-Ⅰ型高效无声破碎剂对中、微风化花岗岩进行开挖,其布孔及装药参数见表3-4。

表3-4 静态破碎法布孔间距及装药量

岩石坚固性系数 F	孔深(m)	行距(cm)	排距(cm)	孔径(mm)	装药量(kg/m³)
2～4	1.5	40	30	40	10～15

综上所述,孤石处理技术各有千秋,施工中应结合工程实际情况,从工期、成本、风险、处理效果等方面进行综合考虑。在现场处理过程中,当隧道上方地面具备冲孔、挖孔条件时,建议以地表处理方法为主、洞内处理为辅,在权衡各项利弊的基础上,因地制宜,找出既安全又能降低成本、保证工期的最佳处理方法,为保证盾构的顺利通过奠定基础。不同孤石处理技术比较见表3-5。

表3-5 不同孤石处理技术比较

孤石处理技术	适应地层	孤石大小	环境影响	施工风险	效果	工期	成本
盾构掘进破除	较好	较大	较大	较大	差	较短	较低
加固后,盾构掘进破除	较差	均可	较小	较小	中等	较短	较高
钻孔爆破	较好	较小	较小	较小	较好	较短	较低
全回旋钻机清除	均可	较小	较大	较小	较好	较短	中等
人工挖孔	均可	较大	中等	中等	较好	较长	较高
冲孔破碎	较好	较大	较大	较大	较好	较长	中等
洞内超前注浆	较好	均可	较小	中等	较差	较短	较低
洞内人工爆破	均可	较小	较小	较大	中等	中等	中等
岩石分裂机破碎	较好	较小	较小	较大	较好	中等	较高
静态破碎	均可	均可	较小	较大	中等	中等	较低

3.3 盾构适应性选型设计

3.3.1 选型原则和依据

(1) 具备开挖面稳定、掌子面压力精确调整和控制功能。

(2) 具有在孤石地层直接掘进通过的能力,应充分考虑刀盘、主驱动、螺旋输送机/泥浆循环系统能力储备。

(3) 应充分考虑地层中孤石直径大小和数量,这将直接影响刀盘及刀具磨损、开挖时对地层的扰动范围、刀盘开口率、对孤石破碎方式及排出方式。

(4) 应根据孤石强度及分布情况,确定刀具的形状、材质和配置。

(5) 参照本书第1章1.3.1节"选型原则和依据"相关内容。

3.3.2 孤石地层适应性设计

盾构选型时必须考虑孤石、岩层、黏土等地层条件,综合考虑各种因素,并参照本书第2章适应性设计相关内容,选择适宜的盾构机型、刀盘刀具形式以及配备相应的辅助工法。确保盾构在孤石地层掘进平稳、安全。

3.3.2.1 主要功能配置

1) 泥水平衡盾构基本功能配置

泥水平衡盾构由掘进系统、同步注浆系统、泥水循环系统、综合管理系统、泥水分离系统五大系统组成;具有泥水压力平衡功能、泥水输送及管路延伸功能、自动控制及故障显示功能、测量导向系统、数据采集处理和分析功能、管片安装功能、同步注浆功能、泥水分离等基本功能。

2) 土压平衡盾构基本功能配置

土压平衡盾构应具有开挖系统、出渣系统、渣土改良系统(加泥系统)、铰接系统、人闸气压装置、管片安装系统、注浆系统、推力系统、控制系统、测量导向系统等基本功能。

3.3.2.2 适应性设计

1) 刀盘驱动及结构设计

盾构刀盘驱动设计应具有足够的能力储备,在孤石地层提供低速大扭矩掘进模式,满足在恶劣工况下刀盘脱困能力;刀盘结构建议采用"辐条+面板"结构形式,设计有足够的强度、刚度和耐磨性,可安装足够数量的滚刀刀具;配置高耐磨性能的周边保护刀和合金耐磨环。

2) 刀盘开口率设计

刀盘开口率是表征盾构地质适应性的一个重要参数。开口率不仅对土仓压力和刀盘扭矩有明显的影响,还影响渣土从刀盘进入土仓/泥水仓的流动性。

如果刀盘开口率较低,渣土中黏粒含量较高且流动性差,渣土不能及时进入土仓中,在高温、高压的作用下,渣土中的细颗粒压实固结而形成泥饼。刀盘结泥饼后,不仅会造成刀盘的扭矩和推力增加、掘进速度降低,还会加速刀盘和刀具的磨损,导致地面沉降过大或者隆起。

在孤石复合地层刀盘应具有较大的开口率,刀盘开口率建议设置为33%～45%。

3) 刀具配置

盾构刀具必须与岩土类型相适应,否则会带来刀具异常磨损、掘进困难的后果。另外,所选刀具应与岩土的强度相适应,保证正常的破岩能力。虽然滚刀在孤石等软硬不均地层易发生偏磨,但鉴于其他先行刀无法破碎孤石以及硬岩地层,应配置足够数量的滚刀。

同时,结合地层特性,应合理配置滚刀、切刀、边刮刀、先行刀和周边保护刀等刀具,以具有较高的破岩能力、耐磨性能和抗冲击性能。详见表3-6。

表3-6　刀具适应性设计

序号	项目	适 应 性 设 计
1	滚刀	滚刀密封设计应具有耐高压、耐高温、耐高冲击等特性;启动扭矩设置合理,具有较高的破岩能力和整体耐磨性
2	切刀、边刮刀	宜采用大块合金结构设计,耐磨和冲击性能好
3	先行刀	在刀盘面板和周边弧形区域宜设置适当数量的先行刀,起到保护滚刀刀箱、边刮刀和刀盘面板的功能,并与滚刀形成立体切削;结构设计宜采用大块合金,具有较好的耐抗冲击、耐磨性等特性
4	周边保护刀	周边保护刀宜采用大块合金结构设计,适当增加配置数量

4) 辅助功能

盾构需配置环向和水平超前注浆系统,具备在特殊地层超前注浆功能;泥水平衡盾构气垫仓/土压平衡盾构土仓应设置液压系统接口,满足带压或常压进仓采用液压岩石分裂机处理孤石的功能。

5) 泥水平衡盾构

(1) 破碎机。在含孤石的复合地层施工过程中,由于地质条件复杂,破碎机经常出现颚板、颚齿及盖板磨损,以及破碎机油缸磨损、连接螺栓断裂等问题,导致破碎不彻底或破碎能力下降。针对孤石强度高、不易破碎等特点,通过对破碎机进行针对性设计,可降低破碎机损坏概率,提高使用寿命。一般采取如下主要措施:① 对破碎机主要部件的材质进行合理选择和优化,鄂板及主要构件采用锻件代替焊接件,增强破碎机的结构强度和耐磨性;② 油缸采用倒装式,油道置于活塞杆内部,减少油缸和油管接头的磨损;③ 优化结构设计,降低螺栓剪切受力,防止螺栓异常断裂。

(2) 泥水循环系统。应具有较强的调制浆、泥水循环、泥浆处理等功能。整个系统均应具有较高的耐磨性,如泥浆泵站、泥浆管路、破碎机及格栅,同时格栅还应设计足够的强度,防止孤石破碎过程中受到挤压而变形;盾体排浆口、排浆泵入口区域应合理设计检查口,便于排浆口管路及排浆泵堵塞时进行检查和处理。

(3) 泥浆冲刷系统。盾构应合理配置冲刷系统,配置参数应与盾构泥浆循环系统相匹配,防止刀盘结泥饼、排浆口滞排。冲刷泵及管路均应具有较高的抗磨损性能。

6) 土压平衡盾构

(1) 螺旋输送机系统。盾构螺旋输送机出土口设置双闸门,且预留膨润土和高分子聚合物注入接口;合理设置检查孔,以便孤石卡螺旋输送机时进行检查或处理。

提高整体耐磨性能,以适应盾构在高强度孤石地层掘进时的出渣需求,在螺旋轴最前端叶片上加装复合耐磨合金块;同时,螺旋输送机第一节筒体上设计有可更换的耐磨块,当筒体磨损后,可以在洞内快速更换,提高筒体使用寿命。

(2) 渣土改良系统。在盾构施工过程中,需要根据开挖地层的土体性质进行渣土改良,改良的最终效果是:压力仓内的混合土体能达到理想的"流塑性状态",以降低刀盘的推力,避免渣土在土仓内发生"闭塞""泥饼",避免在螺旋出口发生"喷涌"和开挖面失稳等工程事故。

土压平衡盾构还配置有泡沫注入系统、膨润土注入系统。为提高渣土改良的效果,泡沫系统采用单管单泵的方式,每路泡沫均可独立工作,不受土仓压力和管道阻力的影响,采用成熟的防堵塞设计。且渣土改良注入口采用整体背装式结构,便于洞内维修或更换。

3.4 盾构开挖面稳定控制技术

3.4.1 泥水平衡盾构开挖面稳定技术

3.4.1.1 泥水平衡盾构工作方式

泥水平衡盾构利用循环悬浮液的体积对泥浆压力进行调节和控制,采用膨润土悬浮液(俗称泥浆)作为支护材料,开挖面的稳定是将泥浆送入泥水仓内,在开挖面上用泥浆形成不透水的泥膜,通过该泥膜的张力保持水压力,以平衡作用于开挖面的土压力和水压力。盾构推进时由旋转刀盘切削下来的土砂经搅拌装置与输送进来的泥浆搅拌后,形成高浓度泥浆,用泥浆泵通过管路输送方式送到地面的泥水处理系统(包括泥水分离和泥水调制),待渣土、泥浆分离后,再把地面滤除掘削土砂后且经过调整符合质量要求的泥浆,用泥浆泵通过管路输送方式重新压送回盾构的泥水仓。如此不断循环,完成掘削、排土、推进。

根据对泥浆压力控制方式的不同,泥水平衡盾构分为直接控制型和间接控制型。

1) **直接控制型泥水平衡盾构**

直接控制型泥水平衡盾构掘进模式采用泥水平衡模式,其泥水循环系统的工作流程如下:进浆泵从地面泥浆调整池将新鲜泥浆输入盾构泥水仓,与开挖泥土进行混合,形成稠泥浆,然后由排浆泵输送到地面泥水分离处理站,经分离后排除土渣,而稀泥浆流向调整池,再对泥浆密度和浓度进行调整后,重新输入盾构循环使用。直接控制型泥水平衡盾构泥水仓中的泥浆压力,可通过调节进浆泵转速或调节控制阀的开度来进行。进浆泵安装在地面,控制距离长而产生延迟效应不便于控制泥浆压力,因此常用调节控制阀的开度来调节泥浆压力。

2) **间接控制型泥水平衡盾构**

间接控制型泥水平衡盾构掘进模式采用气压模式。其泥水系统由泥浆和空气双重回路组成。在盾构的泥水仓内插装一道半隔板,在半隔板前充以压力泥浆,在半隔板后面盾构轴心线以上部分充以压缩空气,形成空气缓冲层,气压作用在隔板后面与泥浆接触面上,由于接触面上气、液具有相同压力,因此只要调节空气压力,就可以确定和保持在开挖面上相应的泥浆支护压力。当盾构掘进时,有时由于泥浆的流失或推进速度的变化,进、排泥浆量将会失去平衡,气液接触面就会出现上下波动现象。通过液位传感器,根据液位的高低变化来操纵进浆泵转速,使液位恢复到设定位置,以保持开挖面支护液压的稳定。也就是说,进浆泵输出量随液位下降而增加,随液位上升而减小,另外在液位最高和最低处设有限位器,当液位达到最高位时,停止进浆泵,当液位降低到最低位时,则停止排浆泵。由于空气缓冲层的弹性作用,当液位波动时,对支护泥浆压力变化无明显影响。间接控制型泥水平衡盾构通过配置气压仓等压气设备,通过气压仓压力与工作面周围的静水压力及土压力平衡,维持切削仓内的压力来保证开挖面的稳定。与直接控制型相比,其操作控制更为简化,泥水压力波动小,控制精度高,对开挖面土层支护更为稳定,对地表变形控制也更为有利。

3.4.1.2 泥水平衡盾构开挖面稳定机理

泥水平衡盾构开挖面稳定依靠密封仓压力泥浆来实现,当泥浆渗入地层中,形成渗透性非常小的一层泥膜,泥浆压力通过泥膜有效地作用于开挖面,从而可防止开挖面的变形和崩塌,确保开挖面的稳定。

利用泥浆稳定掘削面的想法源于地下连续墙的泥浆护壁原理,其基本原理是通过在支撑环前面装置隔板的密封仓中,注入适当压力的泥浆,使其在开挖面形成泥膜,支撑正面土体,并由安装在正面的刀盘切削土体表层泥膜,与泥浆混合后,形成高密度泥浆。泥膜形成示意图如图 3-31 所示。

泥浆与掘削面接触后,在压力的作用下可迅速地在掘削面的表面形成隔水泥膜。图 3-32 所示为掘削面上泥膜的生成过程。在泥浆与掘削地层接触时,由于作用在掘削面上的泥浆压大于掘削地层的间隙水压(即地下水压),泥浆中的细粒成分及水通过地层间隙流入掘削地层。其中,细粒成分填充地层间隙,使地层的渗透系数变小。而泥浆中的水通过间隙流入

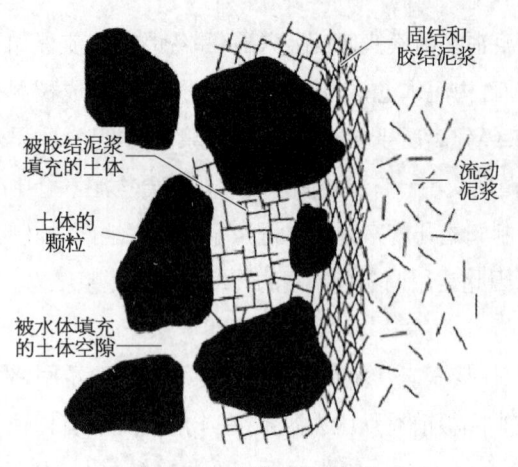
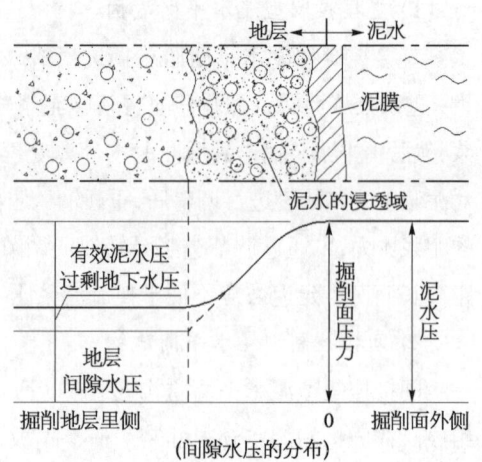

图 3-31 泥膜形成示意图　　　　图 3-32 泥膜及附近的压力分布状况

地层,这部分流入地层的水称为过滤水,对应的水量称为滤水量(也称脱水量)。滤水的出现使地层的间隙水压上升,该地层间隙水压的升高部分称作过剩地下间隙水压(简称过剩地下水压)。

在泥水平衡的理论中,泥膜的形成是至关重要的。当泥浆压力大于地下水压力时,泥浆按达西定律渗入土壤,形成与土壤间隙成一定比例的悬浮颗粒,其被捕获并积聚于土壤与泥水的接触表面,泥膜就此形成。随着时间的推移,泥膜的厚度不断增加,渗透抵抗力逐渐增强。当泥膜抵抗力远大于正面土压时,产生泥水平衡效果。

泥水平衡盾构是通过在支撑环前面装置隔板的密封仓中,注入适当压力的泥浆,使其在开挖面形成泥膜,支撑正面土体,并由安装在正面的大刀盘切削上体表层泥膜,与泥浆混合后,形成高密度泥浆,然后由排浆泵及管道把泥浆输送到地面处理。整个过程由通过建立在地面中央控制室内的泥水平衡自动控制系统统一管理。

3.4.1.3 泥浆的基本性能要求

泥浆必须具备物理稳定性好、化学稳定性好,密度和黏度适中、流动性好,成膜性好等特性。

1) 物理稳定性

物理稳定性是指泥浆经长时间静置,泥浆中黏土颗粒始终保持浮游散悬物理状态的能力。通常用界面高度判定泥浆稳定性的优劣。界面高度变化越小,说明泥浆的物理稳定性越好;界面高度变化越大,说明泥浆的物理稳定性越差。

2) 化学稳定性

化学稳定性是指泥浆中混入带正离子的杂质[水泥(Ca^{2+})或海水(Na^+、Mg^{2+})]时,泥浆成膜功能减退的化学劣化现象,其原因是黏土颗粒带负离子,当遇到 Ca^{2+} 等正离子时,黏土颗粒就从散悬状态变为凝聚状态,使泥浆的黏性增加。泥浆中浮游散悬态的黏土颗粒的数量锐减,导致泥膜生成困难。

研究发现,泥浆未遭受正离子污染劣化时pH值的分布范围为7~10,呈弱碱性;当泥浆遭受正离子杂质污染劣化后,pH值远超过10。可利用pH值增加的现象,判定正离子造成的劣化程度,即可鉴别泥浆的化学稳定性。

3) 密度

为保持开挖面的稳定,即把开挖面的变形控制到最小限度,泥浆密度应根据地层特性适当调整,从理论上讲,泥浆密度提高能使泥浆屈服值升高,同时能使泥膜的稳定性增强。试验证明,高密度的泥浆可以产生高质量的泥膜,泥浆密度最好能达到开挖土体的密度,但是,高密度的泥浆会引起进排浆泵超负荷运转以及泥浆处理困难;而低密度的泥浆虽可减轻泥浆泵的负荷,但因泥粒渗走量增加,泥膜形成慢,对开挖面稳定不利。因此,在选定泥浆密度时,必须充分考虑土体的地层结构,在保证开挖面稳定的同时也要考虑设备能力。

4) 黏度

泥浆必须具有适当的黏度,以起到以下效果:

(1) 防止泥浆中的黏土、砂粒在泥水仓底部沉积,保持开挖面稳定;

(2) 提高黏性,增大阻力防止泥浆逃逸;

(3) 使开挖下来的弃土以流体输送,经泥水处理设备将泥浆分离。

5) 脱水量

脱水量是指泥浆中的水通过地层间隙流入地层的数量,脱水量大,致使地层中的过剩地下水压增加,即泥浆的有效泥浆压减小,可以通过检测脱水量大小,来判定泥浆稳定掘削面的有效性。

6) 渗透成膜状态

泥浆在掘削面上的渗透形态可分为以下三种:

(1) 类型1。地层的有效间隙$L<D_{min}$(泥水最小粒径)的情形。当泥浆与掘削开始接触后,泥浆中的水渗入地层,而颗粒成分吸附聚积在掘削面表面,经过一段时间(即成膜时间)后,掘削面上形成一层泥膜。成膜后脱水量、过剩地下水压停止增加。这种情形多发生在黏性土、粉粒土及细砂土等土层。

(2) 类型2。地层的有效间隙$L>3D_{min}$情形。全部泥浆可经过地层间隙流走,无法形成泥膜,渗流速度大、脱水量大、过剩地下水压大,无法稳定掘削面。这种情形多发生在粗砂、砂砾等地层。其解决措施是增大泥浆的粒径,即在泥浆中添加砂粒。

(3) 类型3。$D_{min}<L<3D_{min}$的情形。该类型的特点是泥浆中的颗粒成分向地层间隙渗透、填充,最后成膜。因膜厚取决于渗透深度,所以该膜较类型1的吸附聚集膜要厚。这种情形多发生于中、细砂地层。

7) 可渗比

可渗比用以表征泥浆是否能在掘削面形成泥膜的条件,用地层空隙直径 L 与泥浆有效直径 G 的比值 n 表示。$n=L/G<2$ 时,泥浆颗粒无法渗入地层;$n=2\sim4$ 时,泥浆颗粒可以渗入地层;$n>4$ 时,泥浆颗粒通过地层空隙流走。

3.4.1.4 泥浆参数设置

泥水平衡盾构开挖面稳定性是一个非常复杂的问题,在实际施工中,除控制好泥浆性能形成有效的泥膜,使支撑有效地作用在开挖面上以外,土仓压力的控制和流量平衡、推力和刀盘转速的配合也至关重要。

孤石地层造浆能力差,要稳定开挖断面内上部软弱地层并确保泥浆的携渣能力,需要浓度较高的优质泥浆,另外泥水平衡盾构掘进过程中多种因素致使泥水质量劣化,偏离原定最佳值,因此应不断调整泥水的质量,主要靠向泥水中添加添加剂,使其质量始终保持在最佳状态,此外还需要根据地质情况事先储备较高浓度的泥浆进行备用。

1) 泥浆材料组成

泥浆的配制材料包括水、颗粒材料、添加剂。颗粒材料多以黏土、膨润土、陶土、石粉、粉砂、细砂为主。添加剂多以化学试剂为主。泥浆材料需根据掘削地层的土质条件确定,其使用要求如下:

(1) 胶化黏土。成本低,效果好,是配制泥水的主要用料,应最大限度地使用排放泥浆中的回收黏土。

(2) 膨润土。泥水主材黏土的补充材料,膨润土通常是以蒙脱石为主要成分的黏土矿物,其相对密度为 2.4~2.9,液限为 330%~600%,遇水体积膨胀 10~15 倍;另外,其颗粒表面带负电,易与带正电的地层结合形成优质泥膜。

(3) CMC。木材、树皮经化学处理后的高分子糊,溶于水时呈现极高的黏性,故多用来作增黏剂。

(4) 纯碱。碳酸钠(Na_2CO_3)又称苏打,俗名纯碱,外观为白色粉末或细粒结晶,味涩,相对密度(25 ℃)2.532,易溶于水,在 35.4 ℃其溶解度最大,每 100 g 水中可溶解 49.7 g 碳酸钠(0 ℃时为 7.0 g,100 ℃为 45.5 g),其水溶液水解呈碱性,有一定的腐蚀性,能与酸进行中和反应,生成相应的盐并放出二氧化碳。纯碱的作用是增加泥水的活性,以降低泥水的密度和黏度,可根据泥水实测黏度和密度情况掺入。

(5) 水。在使用地下水和江河水的场合下,事先应进行水质检查和泥浆调和试验,必须除去不纯物质和调整 pH 值。

(6) 砂。盾构在上软下硬地层掘进时,有可能遇到一定的孤石,因地层的有效空隙直径较大,故需在泥浆中添加一定的砂,以便填充掘削地层的空隙。此时,根据 $n=14\sim16$ 的条件确认砂的粒径。

2）泥水配比确定

(1) 根据地质勘探粒度试验结果，通过计算得出掘进地层的 D15（D15 为地层粒径累加曲线 15％的粒径）。

(2) 选定使用的膨润土，求出该膨润土的粒度级配累加曲线。

(3) 选定 2～3 种与膨润土混合后，对掘削地层具有 n 值为 14～16 粒度分布的颗粒添加剂。

(4) 向选定膨润土和泥浆添加剂的混合液中加入增黏剂和分散剂，按相对密度为 1.2、漏斗黏度 25～30 s，n 值为 14～16 的标准质量确认。

3.4.2　土压平衡盾构开挖面稳定技术

3.4.2.1　土压平衡盾构掘进模式

土压平衡盾构一般具有敞开式（OPEN）、半敞开式（SEMI-OPEN）和土压平衡式（EPB）三种掘进模式，每一种掘进模式具有不同的特点和适用条件，见表 3-7。

表 3-7　掘进模式及适应条件

有关事项	掘进模式		
	敞开式	半敞开式	土压平衡式
适应地层	掘削地层完全可以自立，且地下水少，即使有少量地下涌水，也完全可以控制，多数为硬岩层	掘削地层的地下水压力为 0.1～0.2 MPa，且地下水丰富。具体地层多为硬岩层，局部强风化岩层或全风化岩层、软岩层	掘削地层为不能自立的土层，地下水压较大（超过 0.2 MPa），且地下水丰富，具体指隧道全断面或上部处于不稳定地层和强风化岩层、全断面处于断裂构造带及地层涌水量大的地层
系统参数设定	土仓内无须建立压力（超过大气压的压力）。螺旋输送机的转速可据出土状况设定	向土仓内压注压缩空气，气压 ＜0.2 MPa。土仓内掘削土可顺利压往螺旋输送机入口	可根据具体情况随时改变螺旋输送机的转速，从而调节土仓内压，可适当加大泥浆（或泥水）的注入压力
添加材料的使用状况	掘削土体黏度较大时，可向土仓内注入适量的水	需往掘削面上的土仓内添加发泡剂	需往掘削面上和土仓内添加发泡剂，有时也添加膨润土等添加材料
掘进速度	8～12 cm/min	5～8 cm/min	2～5 cm/min
注意事项	注意观察渣土状况，一旦发现涌水或出土量不正常，应立即建立土压或气压	掘进结束后，土仓内应保持一定的渣土，以防止下次打开螺旋输送机时土仓发生喷涌	控制好螺旋输送机的出土速度及盾构的推进速度，使土仓内的压力保持在设定值

1）敞开式

该掘进模式类似于 TBM 掘进，盾构切削下来的渣土进入土仓内即刻被螺旋输送机排出，土仓内仅有极少量的渣土，基本处于清空状态，掘进中刀盘和螺旋输送机所受反扭力较小。由于土仓内压力为大气压，故不能支撑开挖面地层和防止地下水渗入。该模式适用于能够自稳、地下水少的地层。

2) 半敞开式

半敞开式有的又称作局部气压模式。掘进过程中土仓内下半部是岩渣,上半部是压缩空气(气压<0.2 MPa),靠该气压对抗掘削面上的土压和地下水压,防止掘削面的土体坍塌及地下水的涌入。

该掘进模式适用于具有一定自稳能力和地下水压力不太高的地层,其防止地下水渗入的效果主要取决于压缩空气的压力。

3) 土压平衡式

土压平衡式就是将刀盘切削下来的渣土充满土仓,并通过推进操作产生与土压力和水压力相平衡的土仓压力来稳定开挖面地层和防止地下水的渗入。该掘进模式适用于不能稳定的软土和富水地层。土压平衡式是目前应用最为广泛的一种。

三种掘进模式下的掘进原理如图3-33所示。

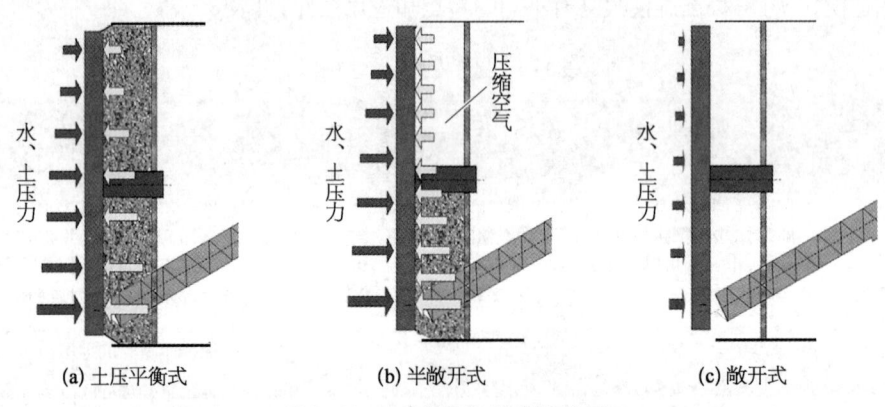

图3-33 三种掘进模式原理示意图

3.4.2.2 开挖面稳定机构组成

土压平衡盾构开挖面稳定机构组成如图3-34所示。通过刀盘4的旋转和盾构主机6的推进,由安装在刀盘面板前部的各种刀具将前方土体切削下来,切削下来的土体通过刀盘面板上的空隙进入土仓内,再通过螺旋输送机7和渣土输送设备8将切削土体排出到隧道外的渣土坑。刀盘后部面板和盾构主机隔板上分别分布有一定数量的搅拌棒5,用以对土仓内渣土进行强制搅拌;同时,通过添加剂输入管道10向土仓内注入泡沫、水或膨润土等添加剂,用以改善土仓内渣土的流动性和止水性;盾构主机隔板上分布有土压传感器,可以实时测量土仓压力的大小。通过调节刀盘转速、推进速度、螺旋输送机的排土速度来控制土仓压力大小,最终达到开挖面土压力1和水压力2与土仓压力3的值基本保持平衡,实现开挖面的稳定。

1) 刀盘

刀盘作为转动的盘状掘削器,由刀具、面板、出土口、驱动机构、轴承机构等构成。刀盘

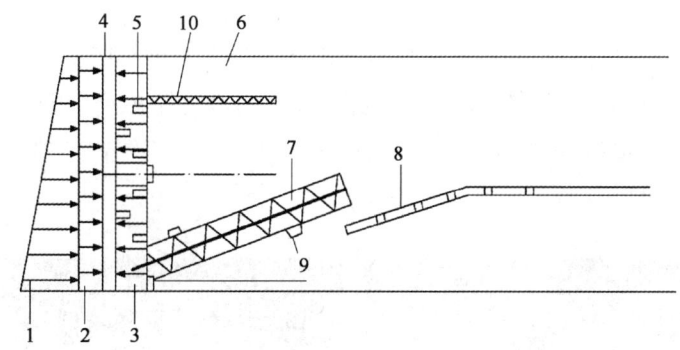

图 3-34 盾构开挖面稳定机构组成示意图
1—开挖面土压力;2—水压力;3—土仓压力;4—刀盘;5—搅拌棒;6—盾构主机;
7—螺旋输送机;8—渣土输送设备;9—土压传感器;10—添加剂输入管道

设置在盾构的最前方,其功能是既能掘削地层土体,又能对掘削面起一定支撑作用从而保证掘削面的稳定。

(1) 刀盘结构设计与刀具配置。在孤石地层掘进施工时,建议选用面板式刀盘或复合式刀盘。刀盘与刀具配置参照本书第 1 章 1.3.2 节相关内容。

(2) 刀盘开口率。盾构在孤石地层掘进时,刀盘开口率的大小和位置取决于以下因素:

① 保证切削面切削下的块状孤石能够穿过开口进入土仓,否则被切削的石块在掌子面随刀盘转动,将对刀盘产生损害。

② 进入土仓的石块必须与螺旋输送机的最大通过粒径能力相适应,确保进入土仓的石块能被螺旋输送机顺利排出,即符合"吃得进、排得出"原则。一般采取在开口部位焊接隔板的方法控制进入土仓的孤石的粒径。

2) 螺旋输送机

螺旋输送机是土压平衡盾构的重要组成部分,是土压平衡盾构排土和建立土压平衡的主要设备,安装于前盾的底部和管片安装机之间。由刀盘切削下来的土体进入土仓,经改良后成为流塑状,流塑状土体充满土仓。螺旋输送机工作时,深入土仓内的螺杆和螺旋叶片在液压马达的驱动下旋转,渣土在叶片和螺旋机筒体的共同作用下,沿一定角度的螺旋线进行输送提升,至出土口处排出。在保持刀盘转速及推进速度不变的情况下,通过对仓内土压力的实时反馈来控制螺旋输送机转速,可将其土压力控制在设定的范围内,使得开挖面基本稳定,达到控制地表沉降的目的。

(1) 螺旋输送机的主要功能。

① 从有压力的密封土仓内将渣土排出。

② 渣土在螺旋输送机内形成密封土塞,保持土仓内压力稳定。

③ 改变螺旋输送机的转速,调节排土速度,即调节土仓内的压力值,使其与掌子面水土

压力保持动态平衡。

（2）螺旋输送机的分类。按照螺旋轴的形式不同可以分为轴式螺旋输送机（图 3-35）和带式螺旋输送机（图 3-36），轴式螺旋输送机是将螺旋叶片焊接至一根圆形钢管上制作而成；带式螺旋轴是由单独的螺旋叶片焊接而成，中心轴位置是一个空腔，带式叶片通常是由铸造完成，叶片厚度较厚。

图 3-35 轴式螺旋输送机

图 3-36 带式螺旋输送机

两种螺旋输送机能够输送的最大颗粒粒径为：

① $H \leqslant 0.35D$（针对轴式螺旋输送机）；

② $H \leqslant 0.60D$（针对带式螺旋输送机）。

根据孤石地层的特性，一般情况下选用轴式螺旋输送机。

（3）轴式螺旋输送机的特征。

① 轴式螺旋输送机内部为一个带轴的螺杆，螺杆上分布有螺旋叶片，螺杆能够沿着螺旋输送机中心轴线前后伸缩，可以有效防止螺杆被卡；同时，每两个螺旋叶片之间能够形成土塞，保持土仓压力的连续性和稳定性。盾构在孤石地层掘进时，由于仓内堆积的石块较多，随着刀盘的转动，驱赶着堆积起来的石块一起运动，易造成搅拌棒、螺旋输送机轴断裂等问题，故在掘进过程中，螺旋输送机适当收回，确保盾构正常出渣。

② 调节轴式螺旋输送机的出土速度（即螺杆转速）是控制土仓压力的重要方法之一。螺旋输送机通过液压马达驱动，其转速范围可以在 0～22 r/min 内无级调速，从而可以很好地控制排土量。

③ 为了提高渣土的流动性，轴式螺旋输送机圆周设计有渣土改良添加剂注入口，减小渣土输送阻力。

④ 轴式螺旋输送机上安装有土压传感器，和盾构主机前隔板上土压传感器一起构成土仓压力测量系统，以便更好地实时反馈土仓压力的变化情况。

3）添加剂注入机构

在上软下硬孤石地层中掘进时，一般采取向盾构隧道开挖面、土仓或螺旋输送机内注入添加剂进行渣土改良，这样不仅可以对上部软弱地层起到一个泥模的作用，使土仓内的高压空气不易逸出，阻止地下水的涌入，有效防止上面软土地层的坍塌，而且可以降低渣土的内摩擦角从而降低刀盘的扭矩，增加渣土的流动性，降低渣土的透水性，从而达到堵水、减摩、降扭及保压的效果，对平衡、维持开挖面的稳定性有重要作用。添加剂的种类主要有泡沫、膨润土和水。

（1）刀盘前面板上的注入口，可以改善土体的切削性能，减少刀盘刀具的磨损。

（2）土仓隔板上注入口，可以提高土仓内渣土的流动性，降低刀盘转动阻力，改善螺旋输送机进料效果，提高土压传感器测量精度。

（3）螺旋输送机的注入口，改善螺旋输送机的排土效果，减少螺杆和螺旋叶片的磨损，提高渣土在螺旋输送机壳体内的密封效果。

3.5 孤石地层盾构掘进控制技术

3.5.1 总体思路

总体思路是"优化刀具、限制转速、调整泥浆／渣土改良、控制姿态、带压进仓、仓内打捞"。宜遵循"慢"和"稳"的原则，刀具贯入度不宜过大，推力、扭矩及刀盘转速应避免较大波动。

通过实验段拟定盾构掘进参数，实行超前管理，制定严格的参数预警值；当盾构掘进的各项参数达到预警值时，及时采取措施，优化掘进参数；合理组织开仓检查，及时更换刀具，防止刀盘、刀具出现异常磨损现象。

3.5.2 施工控制要点和技术措施

盾构通过孤石地层时，盾构掘进参数会发生变化，且会出现异常情况，如掘进振动大、推力和扭矩变化大、刀盘仓有异响等。盾构司机必须时刻警惕掘进参数变化，发现异常情况时应立即上报，并采取相应措施，严禁盲目掘进。

1）控制要点

（1）根据地层情况保持一定的泥水仓／土仓压力。泥水平衡盾构做好泥浆调制，合理控制泥浆参数；土压平衡盾构根据地质条件向刀盘仓注入泡沫及膨润土改良渣土，做好渣土改良工作；降低刀盘温度，减少刀具磨损，减小刀盘扭矩。

（2）采用小推力、低扭矩、低转速、低速度平稳掘进，并严格控制掘进贯入度，防止滚刀不旋转造成偏磨或滚刀过载损坏。

（3）泥水平衡盾构合理控制刀盘仓顶部压力和泥浆循环系统；土压平衡盾构采用土压

平衡模式掘进；控制出土量，防止超挖，并加强地面监测，做好注浆加固的应急准备。

(4) 掘进过程中，确保同步注浆量与掘进速度匹配，合理设置浆液配比和注浆参数，并及时进行二次补充注浆。

(5) 严格控制推力、扭矩、姿态等各项参数，减少对土层的扰动，并通过注意盾体区域声音、观察渣样、分析参数等方法来判断掘进异常情况，及时检查更换刀具，使盾构保持平稳掘进。

2) 技术措施

(1) 加密补充地质勘探，掌握孤石分布情况。提前做好准备工作，如地面预加固进行孤石破除和更换刀具。

(2) 孤石段掘进不比正常掘进，盾构犹如逆水行舟，举步维艰，在此过程中盾构司机要随时注意参数变化，发现异常立刻停机汇报，待找到原因后方可恢复推进，以免造成不必要的损失。

(3) 遇到未探明孤石时，首先要从盾构掘进参数上去判断是否遇到孤石，一般遇到孤石时，盾构掘进参数总推力增大、扭矩波动大、速度减慢，刀盘前面有异常响声，可通过出渣情况和掘进参数判断孤石大小，调整盾构施工掘进参数。

(4) 遇到孤石后，以"低速度、低转速、低扭矩、小推力、低贯入"的思路进行掘进参数选择。应如实记录掘进参数，并进行分析，发现异常情况，应立即停机检查。

(5) 盾构掘进参数异常时，应遵循"主动检查、积极处理、禁止盲推和强推"的原则，主动带压检查和更换刀具，积极采取措施处理孤石，坚决杜绝盲目掘进。

(6) 应勤检查、勤换刀，有计划地组织带压进仓作业，把带压进仓作为一项常规工序进行管理和执行，作业过程参照本书第6章"盾构带压开仓技术"相关内容。

(7) 必须对出渣量进行动态监控，严格控制出渣量，减少对开挖面扰动影响范围，以确保开挖面的稳定。

(8) 盾构穿越孤石地层技术难度及施工风险极大，当遇到大型孤石群和大直径孤石时，盾构很难正常通过，应遵循"预先探明、提前处理"的原则。

(9) 在施工过程中，做好地面巡视、监测和盾构风险管控信息化管理，提前做好各种施工风险应急预案，发现问题及时处理和解决，防止事态扩大。

(10) 盾构施工应严格执行标准化、程序化管理，确保掘进参数指令、设备保养等各项措施执行到位，避免管理缺陷造成事故后被动的局面。

3.5.3 掘进参数设置与分析

盾构到达含孤石段前，应及时检查更换刀具，根据地层埋深合理设置掌子面压力，采用"低速度、低转速、低扭矩、小推力、低贯入"方法掘进。盾构穿越孤石段复杂地层过程时，对地层的扰动较大，通过合理选取盾构掘进参数，可以从很大程度上减小这种扰动，避免长时间停机,保证盾构安全通过。

3.5.3.1 始发段掘进参数设置

以台山核电引水隧洞工程为例,采用泥水平衡盾构施工,开挖直径9 000 mm。始发段经过钻孔和爆破,洞身以及隧洞上部和周边围岩原有的自稳性被破坏,岩层间裂隙和孔洞较多,在一定程度上增加了渗水、冒气、冒浆甚至小范围地层沉陷风险,而且强度高的花岗岩和孤石在刀盘转速过快时对刀具的破坏程度较大。

为了更好地规避施工风险,使盾构掘进施工顺利,减小刀盘转动对掌子面的扰动和出渣顺畅,采取"推力适中、低转速、低速度"的原则进行施工。始发段掘进参数设置见表3-8。

表3-8 盾构始发段掘进参数设置

序号	掘进参数	设 定 值	备 注
1	泥水仓顶部压力	根据埋深调整	地面载荷20 kN/m², 系数取1.1~1.3;压力波动范围控制在0.01 MPa之内
2	进浆相对密度/进浆黏度	1.15~1.20/23 s	始发段处于中风化花岗岩地层中,隧道顶部出现少量淤泥和粉质黏土,且含有孤石
3	掘进速度	0~15 mm/min	在孤石预爆破段掘进速度控制在15 mm以内
4	进排泥浆流量差	与掘进速度相匹配	避免大的超挖
5	总推力	10 000~15 000 kN	根据情况确定,保证推进速度小于15 mm/min
6	转速	1.0~1.3 r/min	

3.5.3.2 正常段参数设置

1) 泥水平衡盾构穿越孤石预处理段主要参数设置

以台山核电引水隧洞工程为例,采用泥水平衡盾构施工,开挖直径9 000 mm。如DK0+390~DK0+450孤石段,采用"中转速、低贯入度"掘进。盾构掘进参数指标见表3-9。

表3-9 主要参数指标(一)

序号	掘进参数	设 定 值	备 注
1	掌子面压力	根据埋深调整	依据地层埋深进行切口水压计算
2	掘进速度	8~15 mm/min	
3	进排泥浆流量差	与掘进速度相匹配	保证进排浆流量差不大于300 m³/h
4	总推力	18 000~23 000 kN	推进速度小于15 mm/min
5	扭矩	2 000~3 000 kN·m	扭矩大于3 000 kN·m时禁止掘进
6	转速	1.6~2.0 r/min	保证贯入度不大于15 mm/(r/min)
7	注浆	10~13 m³/环	保证管片壁后填充密实

2) 土压平衡盾构穿越孤石段主要参数设置

以深圳地铁 11 号线工程为例,采用土压平衡盾构施工,开挖直径 6 950 mm。土压平衡盾构穿越孤石段地层时,合理设置掘进参数,控制螺旋输送机转速,避免长时间停机。

(1) 盾构直接掘进主要参数设置。盾构遇到未探明孤石时,应主动检查,积极处理,禁止盲推和强推。根据出渣情况和掘进参数变化判断孤石大小,合理调整盾构施工掘进参数。例如深圳地铁 11 号线某区间,主要参数指标见表 3-10。

表 3-10 主要参数指标(二)

序号	掘进参数	设定值	备注
1	土仓压力	根据埋深调整	
2	掘进速度	0~20 mm/min	
3	总推力	根据扭矩控制推力	
4	扭矩	800~2 000 kN·m	盾构穿越孤石段
5	转速	0.8~1.0 r/min	
6	渣土改良	根据地质变化调整	

(2) 盾构穿越预处理段参数设置。深圳地铁 11 号线某区间隧道穿越地质主要为砾质黏性土、全风化粗粒花岗岩,岩层天然抗压强度为 37.3~126.1 MPa,平均值为 81.7 MPa。区间隧道范围内的孤石提前采用爆破或破碎处理。主要参数指标见表 3-11。

表 3-11 主要参数指标(三)

序号	掘进参数	设定值	备注
1	土仓压力	根据埋深调整	
2	掘进速度	0~30 mm/min	
3	总推力	小于 20 000 kN	
4	扭矩	800~2 000 kN·m	盾构穿越孤石段
5	转速	1.0~1.5 r/min	
6	渣土改良	根据地质变化调整	

3.5.3.3 到达段掘进参数设置

以深圳 11 号线车公庙站—红树湾站土压平衡盾构为例,盾构开挖直径 6 950 mm。在盾构刀盘距离到达段连续墙 20 m 左右时,通过地表沉降监测参数优化盾构掘进参数,逐渐降低掘进速度和推力,确保到达端墙体的稳定和防止地层坍塌,主要参数设置见表 3-12。

当盾构进入加固区时,主要以控制参数"推力、姿态、刀盘转速"为主,尽量减少对接收井结构的影响,确保盾构姿态在可控范围内。同时,安排专人密切观察掘进参数、洞门变形情况,提高信息反馈和处理速度,发现异常情况立即停止掘进,并采取相应措施。主要参数指标见表 3-13。

表 3-12 主要参数指标(四)

序号	掘进参数	设定值	备注
1	土仓压力	根据埋深调整	
2	掘进速度	0~25 mm/min	逐渐减小
3	总推力	8 000 kN 左右	
4	转速	1.0~1.5 r/min	

表 3-13 主要参数指标(五)

序号	掘进参数	设定值	备注
1	土仓压力	逐渐降低土压力至 0 MPa	
2	掘进速度	10~15 mm/min	
3	总推力	小于 6 000 kN	
4	转速	1.0~1.2 r/min	
5	注浆压力	0.08~0.1 MPa	
6	垂直方向姿态	−10~+20 mm	
7	水平方向姿态	−10~+10 mm	
8	地面隆陷	+10~−30 mm	

3.5.3.4 掘进参数分析

1) 土仓/泥水仓压力

土仓/泥水仓压力主要根据地层埋深进行设定,掘进过程中尽量控制好压力波动,防止地面沉降,压力波动控制在±0.02 MPa。

土压平衡盾构可将螺旋输送机转速控制在 1 r/min,以螺旋输送机仓门开启程度控制出土,遇到孤石后难免会出现喷涌,严禁螺旋输送机长时间停机,为减少喷涌可适当注入聚合物以缓解喷涌。

泥水平衡盾构应合理操作泥浆循环系统,当掌子面压力波动超过 0.02 MPa,应及时停止推进,通过排浆泵吸口压力、破碎机或泥浆门的开闭程度判断是否出现滞排或堵仓,并加强破碎机区域泥浆循环和冲刷,避免堵仓和滞排引起掌子面压力波动。同时,严禁停止掘进即停止泥浆循环系统,根据地质特点合理控制泥水循环时间,避免停机时间过长引起排浆口区域渣土沉淀。

2) 刀盘转速

刀盘转速的控制直接影响到孤石的磨损周期,转速越快,扭矩越大,孤石磨损周期缩短,但存在滚刀刀刃崩裂、刀箱变形、盾构扭转等风险。刀盘转速过慢,孤石磨损周期加长,推进速度缓慢。合理地选择刀盘转速直接影响到盾构掘进孤石段的安全及功效。

3) 刀盘扭矩

刀盘扭矩的变化主要由孤石的大小、硬度和嵌入刀盘的方式决定,应根据盾构掘进试验段掘进参数设定,合理地设置扭矩上限值是保证掘进安全的前提。当扭矩过大时可适当注入聚合物(有一定的润滑作用,且可以防止喷涌),可大大降低扭矩(注意:聚合物和膨润土不能同时使用,若同时聚集在土仓内极易形成泥饼)。

4) 推力

在孤石段掘进推力控制难度较大,推力过小盾构无法掘进,推力过大易造成刀盘扭矩大且盾构抖动较大,只能根据刀盘扭矩变化控制推力,即只能根据"扭矩控制推力法"。

5) 推进速度

孤石段掘进与正常掘进截然不同,由于地质原因盾构不能正常发挥其功能,各项参数波动频繁,设备负载波动频繁,在此期间要严格控制推进速度,禁止盲目掘进。并根据孤石的抗压强度适当将上限值调低。

3.5.4 掘进异常情况分析

盾构在孤石地层中掘进,应遵守"勤检查、勤换刀"的方针,尤其是在掘进过程中出现异常时要及时检查换刀,不能盲目掘进。掘进异常情况可通过以下方式进行判断:

(1) 掘进时通过盾体区域的声音判断刀具使用情况。如听到刀盘仓内有硬物滚动的异响,则可能有孤石或部分刀具损坏滚落仓内。

(2) 通过掘进参数判断刀具的状态。掘进过程中如出现以下情况则可能刀具已部分损坏:① 推力大,但扭矩小、速度小;② 扭矩大,但速度小;③ 扭矩、速度波动明显较平常大。

(3) 观察泥水处理系统渣土/螺旋输送机排出的渣样判断刀具的磨损情况。正常低速均匀掘进时,一般排出的渣土比较均匀,当排出渣土中的碎石大小不一、异于平常时,则可能部分刀具已损坏。

(4) 通过泥水循环不畅、破碎机关闭异常,或螺旋输送机出渣不畅等现象,判断是否存在刀具或孤石掉落堵仓,并及时停机检查和处理。

3.5.5 同步注浆

盾构穿越孤石段施工时,因掘进速度较慢,孤石对周边层扰动大造成土体流失,出渣量难于控制,可能存在超挖现象,必须保证同步注浆量。

1) 施工工艺流程

施工工艺流程及质量保证措施参照本书第2章2.4.5节"同步注浆"相关内容。

2) 浆液性能指标

结合孤石地质特性,通过调研国内相关工程施工案例的注浆浆液配比及施工情况,确定同步注浆浆液的性能指标。

(1) 胶凝时间。具有良好的稳定性及流动性,初凝结时间控制在3~5 h,保证注浆效果和及时支护的要求。

(2) 固结体强度。1 d 不小于 0.2 MPa,28 d 不小于 2.5 MPa。

(3) 固结率。大于 95%,即固结收缩率小于 5%。

(4) 稠度。8~12 cm,当处于 10 cm 左右为最佳。

(5) 浆液稳定性。静置不沉淀、不离析或在胶凝时间内静置沉淀离析少。倾析率小于 5%。

(6) 防稀释性。在压力地下水作用下,浆液具有较好的防水稀释性能。

3.5.6 二次注浆

为提高孤石爆破段衬砌注浆层的防水性及密实度,考虑前期同步注浆效果不佳以及浆液固结率的影响,在同步注浆结束后进行二次注浆。

1) 二次注浆分类

二次注浆一般分为两种,即环箍注浆及二次补强注浆。

(1) 环箍注浆。指在掘进完成后,每隔一定距离进行二次注浆,在管片衬砌外形成一道加强止水环,防止裂隙水流沿同步注浆与围岩相接面处纵向渗流。

(2) 二次补强注浆。指根据沉降监测的反馈信息及管片内表面渗漏水情况,综合判断需要进行二次补强注浆的部位。

2) 二次注浆施工工艺流程

施工工艺流程参照本书第 2 章 2.4.6 节"二次注浆"相关内容。

3) 二次注浆材料及配比选择

(1) 注浆材料与设备。水泥:普通硅酸盐水泥;水玻璃:模数 2.4~2.8,波美度为 51°Bé (°Bé 表示溶液的浓度)。注浆设备为双液注浆泵。

(2) 浆液参数。在孤石地层中环箍堵水注水泥-水玻璃浆参数,见表 3-14。

表 3-14 浆液配比参数

| 水玻璃(A 液) | 水泥浆(B 液) | 凝胶时间 | 注浆终压 | 注浆流量 |
水玻璃:水	水灰比	(s)	(MPa)	(L/min)
1:1	1:1	30~45	0.5~0.8	10~20

注:表中所述比例均指质量比。

3.6 典型案例

3.6.1 台山核电引水隧洞工程

以台山核电引水隧洞工程为例,其地质条件复杂多变,盾构选型时依据地质初勘资料进行选型设计,在施工过程中多次遇到孤石,存在极大风险和挑战。下面结合该工程进行盾构选型设计及刀具配置情况分析。

3.6.1.1 盾构选型

1) 工程概况

台山核电站厂址位于广东省台山市赤溪镇,核电站距台山市 44.5 km,东面为黄茅海,其余三面环山,东南约 5 km 处为大襟岛。台山核电引水隧洞是台山核电站重点控制工程之一,采用盾构施工。

工程位于陆域腰古咀至大襟岛之间的海域中,隧洞全长 4 330.6 m,单隧建筑长度 4 330.6 m,隧洞两端有陆域侧工作井及大襟岛侧工作井各 1 座。取水隧洞洞径 7.3 m,两洞中线间距 29.2 m,洞顶距海底最大厚度 55 m,最小厚度 8 m,海底取水隧洞采用盾构施工,洞身开挖直径 9.00 m,是我国第一条大直径海底盾构隧道。平面位置示意图如图 3-37 所示。

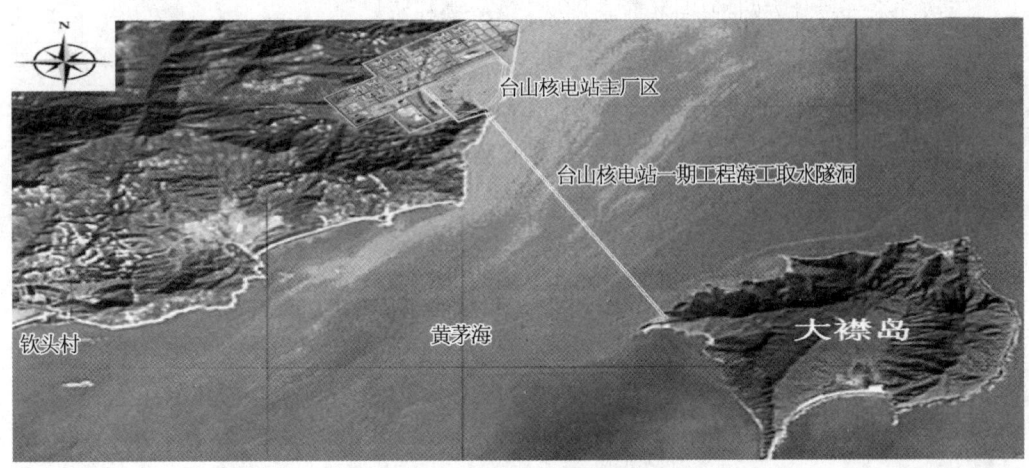

图 3-37 隧洞平面位置示意图

2) 工程地质

根据初步地质勘查资料揭示,隧洞进口端为微风化、弱风化花岗岩,块状结构,试验得到的岩石强度为 60 MPa;里程 DK0+159 以后进入全断面花岗岩及软硬不均地层,地层主要为全、强风化花岗岩,岩层完整性较差,局部出露粗砾砂,残积土呈可塑~硬塑状态,全风化花岗岩岩芯呈土状,手可捏碎。

隧洞主要穿越地层为③淤泥、④淤泥质黏土、⑤黏土、⑥粗砾砂、⑨黏土、⑩₃黏土。局部存在有透水性极强的粗砾砂地层,隧洞掘进施工风险较大。隧洞到达端为泥质或钙质粉砂岩,岩石强度较大,同时大襟岛侧存在有穿过洞身的断层破碎带,可能影响隧洞的开挖施工。

隧洞所穿越地层渗透系数分别为 $8.0 \times 10^{-6} \sim 9.0 \times 10^{-6}$ cm/s、$5.0 \times 10^{-8} \sim 9.2 \times$

10^{-6} cm/s、1.48×10^{-3} cm/s、$5.21 \times 10^{-7} \sim 7 \times 10^{-5}$ cm/s、$2.0 \times 10^{-7} \sim 6.2 \times 10^{-5}$ cm/s。

3) 设备选型

根据盾构选型原则和依据，结合工程地质水文特点以及跨江越海盾构隧道施工经验，确定选择气垫式泥水平衡盾构。

3.6.1.2 功能原理和基本配置

1) 功能原理

气垫式泥水加压平衡盾构功能原理介绍如图 3-38 所示。

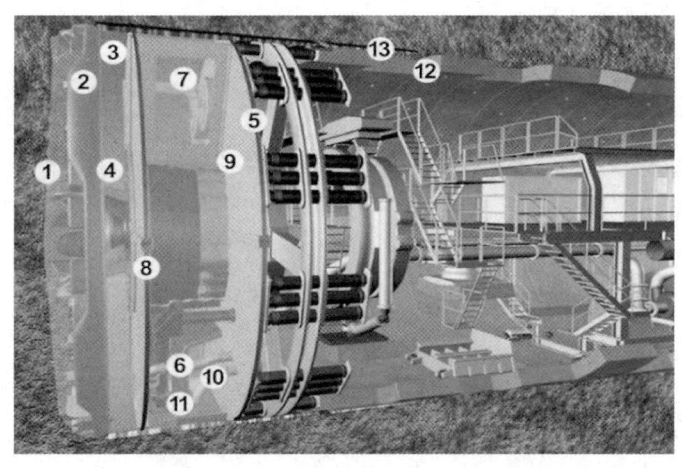

图 3-38 气垫式泥水加压平衡盾构概念图
1—开挖面；2—刀盘；3—支撑液(泥浆)；4—开挖仓；5—耐压仓壁；6—进浆管路；7—气垫；
8—潜水仓壁；9—作业仓；10—排浆管路；11—网格(格栅)；12—管片；13—尾盾钢壳

刀盘旋转的盾构区域称作开挖仓 4；潜水仓壁 8 将开挖仓 4 与作业仓 9 分离；耐压仓壁 5 将大气区域与作业仓加压区域分离；作业仓内的压力大小由气垫 7 来控制，此压力等于相应的土压和水压，防止泥土的不可控制贯入，避免开挖面失稳。

盾构掘进时，旋转刀盘 2 在开挖面 1 进行全断面挖掘，挖掘出来的渣土下沉到支撑液 3，并与支撑液混合在一起，之后流向潜水仓壁 8 开口(潜水仓壁设有开口，即泥浆门)，挖掘出来的渣土通过泥浆门输送给安装在作业仓内的破碎机进行破碎处理，然后通过排浆管路 10 将其输送至地面泥浆处理设备；新鲜的膨润土从进浆管路 6 输入挖掘仓和作业仓，替换排出的泥浆混合物，从而形成泥浆循环系统。

开挖仓内开挖面的支撑压并不是直接由悬浮压力或进浆管内的压力控制，而是通过一个气垫来控制的。这就是刀盘后面的开挖仓由一个所谓的潜水仓壁将其从压力仓壁分离开来的原因。而在前面，泥土开挖区域完全用支撑液来填充，潜水仓壁后面支撑液的液位稍稍高于盾体的轴线。

压缩空气调节系统用来保持准确控制的压缩空气气垫能定位于精确的设定压力点上。

因此，膨润土泥浆回路上的压力波动能得到更为有效的补偿。为了防止泥浆管道堵塞和确保泥浆泵的无障碍运作，在进料口前端安装了一个网格11，以防大块岩石和硬土块进入排浆管道。为了经济地处理挖掘出来的物料，膨润土悬浮液和土块的混合物必须使用隧洞外面的分离设备进行固体和液体的分离，因此，很大一部分处理过的膨润土悬浮液可以被重新注入泥浆回路使用。

一般来说，隧洞需要使用钢筋混凝土管片12来衬砌，在大气压条件下管片安装在耐压仓壁内部的盾构区域。管片外侧与挖掘直径之间的空隙，通过尾盾钢壳13上的注入口，用水泥砂浆连续不断地进行填充。

2) 基本配置

气垫式泥水加压平衡盾构基本配置及其功能和要求如下：

(1) 含初装刀具的刀盘，具有超挖功能；滚刀，能对付抗压强度较高的硬岩地层；耐磨刀具，刀具为背装式。

(2) 双气路的人闸以及材料闸，具有在人闸作业时的空气净化系统，具备带压作业的功能。

(3) 推进系统，具有纠偏功能，并能分组或单独控制。

(4) 主驱动系统，具有脱困功能，主驱动采用电机驱动。

(5) 真空吸盘式管片安装系统，包括真空吸盘式管片吊机、管片输送机和真空吸盘式管片安装机，具备管片螺栓安装的便利条件。

(6) 泥水输送系统、破碎机、送排泥管延伸系统、送排泥管安装辅助吊机等。送排泥管延伸时泥浆不得泄漏，确保施工环境整洁。

(7) 足够的送排泥泵。送排泥泵的泵送性能富有余量，泵壳及连接管件有较高的耐磨性，送排泥泵应能实现在安装位置控制和主控室远程控制的分别控制。

(8) 污水排放处理系统、冷却水循环系统(冷却水进水温度按30 ℃考虑)及相应的水管卷筒和水管。

(9) 单液同步注浆系统，尾盾预留备用注浆管路，注浆管路必须具备清洗功能。

(10) 预留超前注浆系统的位置，在盾壳前部圆周上均匀预留超前钻机孔位，管片安装机上预留超前钻机的安装位置及其相应的附件。

(11) 二次通风、除尘系统。

(12) 液压冷却、过滤循环系统，并配备液压油箱加油用的加油滤油泵。

(13) 润滑系统，包括主轴承齿轮箱的自动润滑和主轴承密封系统。

(14) 尾盾密封系统。

(15) 自动激光导向系统。

(16) 控制系统(含主控室内及地面所有软、硬件)，具备数据采集、处理、存储及传输功能，以及故障诊断、显示及报警功能。

① 设备主控室能显示推进力、推进油缸行程、推进速度、液压系统压力、刀盘转速、刀盘扭矩、泥水仓压力、开挖面压力、泥水系统压力、泥浆密度、送排泥流量、送排泥泵转速、盾尾和主轴承油脂压力、注浆系统压力、各系统的温度、电器系统电压和电流、盾构姿态和位置等相关参数。

② 控制系统具有自动及手动两种控制模式,能控制推进力、推进速度、液压系统压力、刀盘转速、刀盘扭矩、泥水仓压力、泥水系统压力、送排泥流量、送排泥泵转速、尾盾和主轴承油脂压力、注浆系统压力、盾构姿态和位置等相关掘进参数。

③ 主控室能显示电动机温度、减速机温度、液压油位和油温、润滑油箱油面高度、环境温度,并配备空调系统。

(17) 供电系统,包括电缆卷筒、高压开关柜、变压器、控制柜、配电柜及照明系统;具有高压漏电、短路、接地等自动控制功能。

(18) 通信系统,能解决长距离通信难度,线路中间带中继器。

(19) 后配套设备及拖车系统,在后配套拖车上预留备用空压机的位置。

(20) 有毒气体检测系统及灭火装置。

(21) 应急发电机。

(22) 保证盾构正常工作所应具有的其他系统和部件。

3.6.1.3 盾构主要性能和技术参数

气垫式泥水平衡盾构主要性能和技术参数见表 3-15。

表 3-15 气垫式泥水平衡盾构主要性能和技术参数

名 称	技 术 规 格	备 注
盾构(海瑞克 S551 号)		
盾构的标称直径	9 000 mm	
总长度(包括拖车)	78 m	
总重量	1 150 t	
最大推力	69 200 kN	
转弯半径	5 000 m	
盾 壳		
前盾直径(外径)	9 000 mm	
前盾长度	2 770 mm	
中盾直径(外径)	8 985 mm	
中盾长度	3 495 mm	
尾盾直径(外径)	8 970 mm	

(续表)

名　称	技术规格	备　注
尾盾长度	3 880 mm	
除刀盘外的盾壳总长度	10 145 mm	
尾盾密封	4 道	
人员仓		
形式	双仓	
类型	并行仓	
副仓容积	2 430 L	
副仓可容纳人数	2 人	
主仓容积	4 170 L	
主仓可容纳人数	4 人	
操作压力	0.6 MPa	
碎石机		
类型	颚式破碎机	
驱动方式	液压	
颗粒大小	600 mm	
刀　盘		
开挖直径	9 030 mm	
重量	120 t	含刀具
旋转方向	右／左	
单刃滚刀数量	47 把	
双刃滚刀数量	4 把	
滚刀直径	17 英寸（1 英寸＝25.4 mm，下同）	
刃间距	90 mm／95 mm／100 mm	
标准切刀数量	146 把	
组合中心切刀数量	5 把	
先行刀数量	19 把	
边刮刀数量	16 把	12 孔、16 孔各 8 把
磨损保护	有	
搅拌臂数量	4 根	
驱　动		
类型	电动	
电机数量	14 台	

(续表)

名　称	技术规格	备　注
功率	2 240 kW	160 kW/台×14 台
转速	0～4.2 r/min	
扭矩(标称值)	8 121 kN·m	
扭矩(超载值)	11 369 kN·m	
脱困扭矩	12 184 kN·m	
主驱动直径	4 000 mm	
密封系统(内/外)	2 道/4 道	唇形密封
使用寿命	10 000 h/10 km	以先到为准
推　进		
主推进油缸	2×19 根	2 根/组×19 组
油缸行程	2 300 mm	
推力(主推进油缸)	35 MPa 压力下为 69 200 kN	
行程测量系统数量	6 组	
最大掘进速度	50 mm/min	
管片拼装机		
驱动	液压驱动	
重量	65 t	
抓取系统	真空吸盘	
纵向行走距离	2 200 mm	油缸 ϕ80 mm/45～2 200 mm
回转速度	0～1.0 r/min	
回转角度	±200°	
伸缩长度	1 400 mm	油缸 ϕ180 mm/90～1 400 mm
功率	90 kW	
控制	无线控制	
液压系统		
总功率	396 kW	
油箱容积	7 100 L	
水回路		
流量	60 m³/h	
温度	30 ℃	
软管卷盘	3 台	外循环水 2 台,污水 1 台
软管长度	40 m	

(续表)

名　称	技　术　规　格	备　注
管路直径	DN100	
泥浆回路		
进浆管路	DN450/DN400	隧洞内为 DN450,盾构上为 DN400
排浆管路	DN400	
伸缩管	DN400	
进浆泵	1 台	600 kW
冲刷泵	2 台	55 kW、132 kW 各 1 台
排浆泵	4 台	600 kW,其中中间接力泵 3 台
流量	1 600 m³/h	
二次通风系统		
功率	37 kW	
管路直径	DN800	
压缩空气系统		
工业用空压机	1 台	55 kW,压力 0.8 MPa,11 m³/min
保压用空压机	3 台	90 kW×3,压力 1 MPa,14 m³/min
气体检测及防火		
气体检测	O_2、CO、CO_2、NO、CH_4、H_2S	共 6 种
灭火器	ABC、CO_2	2 种
水幕	有	
后配套系统		
拖车数量	5 台	含设备桥及逃生仓拖车
总长	77 m	
管片吊机		
驱动方式	电机	
提取系统	真空吸盘	
额定负载	7 t	
行走距离	20 228 mm	
提升行程	3 900 mm	
行走速度	0～50 m/min	
提升速度	0～10 m/min	
物料吊机		
驱动方式	电机	
额定负载	1.6 t	

(续表)

名　　称	技　术　规　格	备　　注
行走距离	20 000 mm	
提升行程	5 000 mm	
行走速度	0～50 m/min	与管片吊机相同
提升速度	0～10 m/min	与管片吊机相同
管片小车		
进片量	7 片	
控制	无线/有线两种控制	
滑动油缸数量	2 个	
滑动油缸行程	1 750 mm	油缸 $\phi 100/70$～1 750
顶升油缸数量	8 个	
顶升油缸行程	50 mm	油缸 $\phi 80/56$～50
泥浆管吊机		
驱动方式	电机	
额定负载	2 t	
行走距离	6 000 mm	
提升行程	4 000 mm	
行走速度	2～8 m/min	
提升速度	1～4 m/min	
同步注浆		
注浆介质	砂浆	
注浆泵	2 台	型号为施维因 KSP12
功率	45 kW	
注浆量	2×10 m^3/h	
砂浆罐	11 m^3	
电气系统		
初级电压	10 000 V	
次级电压	400 V	
控制电压	230 V/24 V	
阀电压	24 V	
频率	50 Hz	
变压器	800 kV·A 一台，1 600 kV·A 三台	
高压电缆长度	400 m	
应急发电机	345 kW	

3.6.1.4 泥水处理设备主要性能和技术参数

泥水处理设备由分离系统和调制浆系统 2 部分组成。其中,泥水分离系统由 2 套 MTP-800 型系统组成,具体配置清单和规格型号见表 3-16;调制浆系统配置清单和规格型号见表 3-17。

表 3-16 泥水分离系统配置

序号	名称	型号	单位	数量	产地
1	粗筛	VS-1833/2	套	2	中国北京
2	一级旋流器	HC-750	支	4	中国台湾
3	二级旋流器	gMax6u	支	48	美国
4	脱水筛	VD-1836	台	4	中国北京
5	振动器线路管路	50×200 L×2 100	套	2	中国北京
6	控制系统	EC-800	套	2	中国北京
7	渣浆泵	10/8R-M	台	4	中国石家庄
8	振动器	VV-71B/4	台	8	意大利
9	振动器	VV-71B/6	台	4	意大利
10	主电机	160 kW	台	4	中国北京

表 3-17 调制浆系统配置

序号	名称	型号	单位	数量
1	弃浆泵	8/6E-AH	台	1
2	取样泵	75C-L	台	1
3	CMC 输送泵	4/3C-AH	台	2
4	射流泵	SLH 150×50	台	1
5	新浆泵	BZ110D-50A	台	1
6	送浆泵	BZ80C-35A	台	1
7	调制清水泵	IS150-125-250A	台	1
8	系统清水泵	IS200-150-250B	台	1
9	水封泵	65SG30-27	台	1
10	空压机	0.67/10	台	1
11	CMC 搅拌机	MBL75-Y7.5-C2	台	1
12	新浆池搅拌机	BLD14-29-7.5	台	2
13	膨化池、调整池搅拌机	BLE174-187-11	台	7

3.6.1.5 刀盘刀具配置

隧道沿线有软岩、软硬不均地层、断裂带等,且局部岩石的单轴抗压强度较高,除配置切削型刀具(包括切刀、刮刀、先行刀)外,还需配置滚刀。刀盘刀具布置与配置情况如图3-39、表3-18所示。

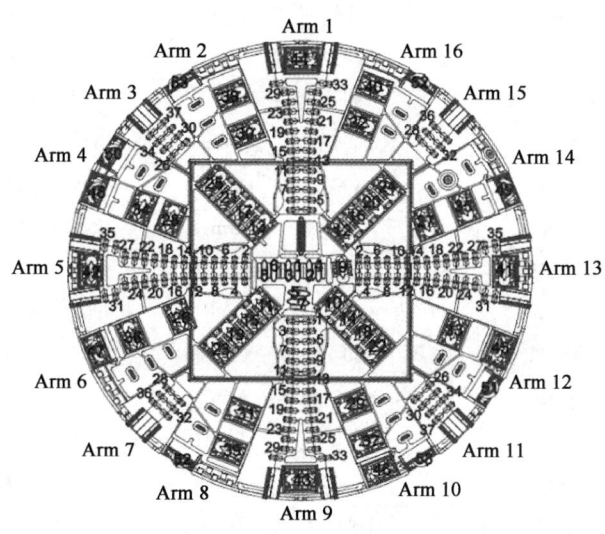

图 3-39 刀盘刀具布置图

表 3-18 刀具配置情况及主要参数

序号	刀具类型	数量(把)	高出刀盘面板高度(mm)	刀间距(mm)	备 注
1	标准切刀	146	150	30～95	刀间距95 mm居多
2	中心切刀	5	135	0	
3	先行刀	19	175	200/220	
4	边缘刮刀	16	145		
5	单刃滚刀	47	175	90～100	
6	中心双刃滚刀	4	175	90	

注:刀间距指相同型号的相邻两刀具间距离。

主要刀具分布情况(含运行半径及在刀盘上所处位置等),见表3-19～表3-21。

表 3-19 滚刀在刀盘上分布情况

刀号	运行半径(mm)	所处区域	刀号	运行半径(mm)	所处区域	刀号	运行半径(mm)	所处区域
1	70	Arm5	5	435	Arm9	9	800	Arm13
2	160	Arm13	6	525	Arm5	10	900	Arm11
3	250	Arm5	7	615	Arm9	11	1 000	Arm7
4	340	Arm13	8	705	Arm5	12	1 100	Arm15

(续表)

刀号	运行半径(mm)	所处区域	刀号	运行半径(mm)	所处区域	刀号	运行半径(mm)	所处区域
13	1 200	Arm3	27	2 600	Arm14	41	3 940	Arm13
14	1 300	Arm11	28	2 700	Arm4	42	4 030	Arm5
15	1 400	Arm7	29	2 800	Arm10	43	4 097.42	Arm9
16	1 500	Arm15	30	2 900	Arm2	44	4 157.63	Arm1
17	1 600	Arm3	31	3 000	Arm8	45	4 216.50	Arm12
18	1 700	Arm11	32	3 100	Arm16	46	4 272.15	Arm10
19	1 800	Arm7	33	3 200	Arm12	47	4 328.36	Arm6
20	1 900	Arm15	34	3 300	Arm4	48	4 376.46	Arm4
21	2 000	Arm3	35	3 400	Arm14	49	4 422.51	Arm14
22	2 100	Arm11	36	3 490	Arm6	50	4 457.22	Arm4
23	2 200	Arm7	37	3 580	Arm10	51	4 486.63	Arm12
24	2 300	Arm15	38	3 670	Arm2	52	4 505.41	Arm8/Arm16
25	2 400	Arm3	39	3 760	Arm8	53	4 515	Arm2/Arm10
26	2 500	Arm6	40	3 850	Arm16			

注：1～42号为正面滚刀，43～53号为边滚刀；52号、53号各有2把。

表3-20 切刀运行情况

刀号	运行半径(mm)	所在区域	数量	刀号	运行半径(mm)	所在区域	数量
1	1 020	Arm9	2	15	2 350	Arm1/Arm9	4
2	1 115	Arm9/Arm13	2	16	2 445	Arm5/Arm13	4
2.1	1 145	Arm13	2	17	2 540	Arm1/Arm9	4
3	1 210	Arm1/Arm9	4	18	2 635	Arm5/Arm13	4
4	1 305	Arm5/Arm13	4	19	2 730	Arm1/Arm9	4
5	1 400	Arm1/Arm9	4	20	2 825	Arm5/Arm13	4
6	1 495	Arm5/Arm13	4	21	2 920	Arm1/Arm9	4
7	1 590	Arm1/Arm9	4	22	3 015	Arm5/Arm13	4
8	1 685	Arm5/Arm13	4	23	3 110	Arm1/Arm9	4
9	1 780	Arm1/Arm9	4	24	3 205	Arm5/Arm13	4
10	1 875	Arm5/Arm13	4	25	3 300	Arm1/Arm9	4
11	1 970	Arm1/Arm9	4	26	3 357.5	Arm3/Arm11	4
12	2 065	Arm5/Arm13	4	27	3 395	Arm5/Arm13	4
13	2 160	Arm1/Arm9	4	28	3 452.5	Arm7/Arm15	4
14	2 255	Arm5/Arm13	4	29	3 490	Arm1/Arm9	4

(续表)

刀号	运行半径(mm)	所在区域	数量	刀号	运行半径(mm)	所在区域	数量
30	3 547.5	Arm3/Arm11	4	34	3 737.5	Arm3/Arm11	4
31	3 595	Arm5/Arm13	4	35	3 795	Arm5/Arm13	4
32	3 642.5	Arm7/Arm15	4	36	3 832.5	Arm7/Arm15	4
33	3 680	Arm1/Arm9	4	37	3 927.5	Arm3/Arm11	4

注：除1号、2号、2.1号位置只有2把切刀(左右各1把)外，其余位置均为4把切刀(左右各2把)，"左右"是指当该切刀所在辐条转至正上方时，以掘进方向看；1~14号左侧切刀角度为85°，右侧切刀角度为95°；15~37号左右切刀角度均为90°(角度是指该切刀与所在位置的辐条装配后的夹角)。

表 3-21 先行刀运行情况

刀号	运行半径(mm)	所处区域/数量						
		Arm2	Arm4	Arm6	Arm8	Arm10	Arm12	Arm14	Arm16
A1	3 007	1		1		1		1	
A2	3 230		1		1		1		1
A3	3 430	1		1		1			
A4	3 653		1		1		1		1
A5	3 853	1		1		1			

注：先行刀焊接在刀盘面板上。另外，边刮刀分为两种，12孔和16孔各8把，运行半径均为4 503 mm。

3.6.1.6 地质适应性改进

根据地质补勘、前期洞内水平钻探及海上钻探岩芯的单轴抗压强度试验，基岩的强度普遍偏高，岩石的单轴抗压强度大部分都在120 MPa以上，最高达220 MPa，且发现洞身范围及周边存在多处孤石。因此，盾构刀盘及刀具在使用过程中遇到不少问题。

1) 初装刀具使用情况

由于地质补勘揭露的孤石和岩层分布、含量、强度与初勘数据出入较大，造成盾构初装刀具非正常失效，主要包括：滚刀刀圈偏磨、刀圈断裂或脱落、刀体磨损；边刮刀脱落、刀座磨损；切刀脱落、刀座磨损及变形严重。

(1) 刀圈偏磨。刀刃被磨出一条或者几条弦的磨损即弦磨，这是滚刀只做公转运动而不做自转运动或者间歇性自转造成的。刀圈弦磨主要是由于轴承损坏、刀具的启动扭矩过大、刀具密封损坏、刀盘结泥饼及硬物卡住等因素引起滚刀不能正常转动而造成的。另外，在孤石地层中，由于孤石与周边地层强度差异性大，不能提供足够的转动扭矩，也是刀圈发生偏磨、脱落的一个重要原因，分别如图3-40、图3-41所示。

在掘进过程中，刀具弦磨未及时发现或处理时，会引起周边刀具因过载而失效，甚至造

图3-40 滚刀偏磨

图3-41 刀圈脱落

成刀盘的严重磨损。

(2) 刀圈断裂。在掘进过程中,滚刀刀圈常会出现崩刃、开裂,甚至脱落,在刀圈崩刃或开裂时若不及时更换就会造成刀圈的脱落,从而造成刀体报废和相邻刀具的损坏。孤石撞击或脱落的刀具(如刮刀、切刀等),会导致刀圈局部过载而使刀圈应力集中、发生断裂;或由于刀圈偏磨至刀圈内侧时,亦会发生刀圈断裂或脱落,甚至刀体损坏,分别如图3-42、图3-43所示。

图3-42 刀圈脱落、刀体磨损

图3-43 刀圈开裂、刀体损坏

(3) 刀体损坏。在掘进过程中刀体与孤石发生碰撞冲击,若刀体材料硬度偏低、耐磨层偏薄,也会造成刀体磨损或损坏,如图3-43所示。

(4) 刮刀脱落。刮刀除刮渣土外,还有保护刀盘、防止刀盘外圈磨损的作用。在孤石地层掘进中,孤石自掌子面脱落至刀盘仓的过程中,不断与刮刀发生碰撞,致使刮刀螺栓松动、断裂,导致刮刀脱落。需定期带压进仓进行刀具检查,发现螺栓松动或脱落、刀具掉落应立即更换和修复。若不及时更换、修复,会造成刀盘外圈、刀座严重磨损。原装刮刀有28把,4孔/把,使用过程中易脱落,如图3-44所示。

图 3-44 边刮刀脱落

(5) 切刀脱落及刀座变形。切刀布置在刀盘面板开口槽两侧,在软岩地层可直接用于切削土体,在软硬不均、硬岩地层时,其作用主要是在主切削刀(滚刀、先行刀)损坏时,保护刀盘面板不受磨损。在孤石地层掘进过程中,由于受到孤石的撞击,进而导致切刀合金崩裂、切刀脱落、刀座变形,如图 3-45、图 3-46 所示。

图 3-45 切刀崩齿　　　　　　　　图 3-46 切刀脱落、刀座变形

2) 刀具配置优化

刀盘刀具的配置是盾构施工的重中之重,刀盘刀具的配置是否合理直接影响设备的使用寿命。根据工程地质情况对盾构刀盘刀具进行了相关的改进,使盾构更适应本工程。

(1) 滚刀。结合盾构初装刀具损坏情况,以及国内外同类地质条件下的施工经验,经过对比分析,确定将初装滚刀全部更换为重型滚刀,刀刃厚度为 3/4 英寸,硬度较高,破岩能力最高可达 200 MPa 以上。具体参数如下:

① 滚刀启动扭矩控制在 30 N·m 左右。

② 采用耐高压、高冲击、高振动的密封,提高密封性能。

③ 刀圈采用新材料、新热处理工艺,提高刀圈耐磨性及柔韧性。刀圈冲击韧性 $12\sim19$ J/cm^2;刀圈抗压强度 $2\,350\sim2\,750$ MPa;刀圈外圈硬度 HRC $60\sim62$,内圈硬度 HRC $38\sim42$。

新装滚刀基本上为正常磨损(刀刃变薄,刀圈直径变小,如图 3-47 所示)。根据滚刀更换前后磨损情况的对比统计,滚刀的异常损坏率由更换前的 40%~50%,下降至更换后的 10%~15%,大大提高了滚刀的利用率。

(a)   (b)

图 3-47 新装滚刀使用情况

(2) 刮刀。将原装 28 把边刮刀(4 孔/把)更换为整体形式的边刮刀(12 孔/把)。通过调整边缘刮刀结构,采用新型优质合金钢作为刀刃材料,特级结构钢作为刀具母体材料,保证母体强度,同时采用先进的焊接技术。

与原设计方案相比的优点如下:加大刀口处合金,敞开式焊接结构,其焊接强度检验 250 MPa 以上,提高了刀具耐磨性及抗冲击性,另外整体形式能承受的外界力较大,在掘进过程中不易因外界撞击而脱落,从而延长了刀具使用寿命,见图 3-48。

(a) 新装刮刀   (b) 使用情况

图 3-48 新装刮刀及使用情况

(3) 切刀。将原装标准切刀更换为新型切刀。新型切刀及使用情况见图 3-49。

标准切刀及中心切刀的加工工艺、材料要求等与边刮刀基本相同。敞开式焊接结构,加大刃口处合金,提高了刀具耐磨性及抗冲击性,延长了刀具使用寿命。

(a) 新型切刀

(b) 使用情况

图 3-49 新型切刀及使用情况

(4) 撕裂刀。在软土地层掘进时,将刀盘上的重型滚刀用可更换式强化撕裂刀来替代。该强化撕裂刀两端采用超大合金结构,增加了刀具的耐磨性能;撕裂刀整体结构简单(图 3-50),刀刃宽度 60 mm,与滚刀相比可增大刀盘的开口率,便于开挖下来的渣土进入泥水仓;开挖时对掌子面进行犁沟式切割,切割后松散的土层再由标准刀清理,大大提高了刀具破岩效率。中心双联撕裂刀每个刀头之间呈阶梯状布置,能起到定心的作用,可防止黏土地层下刀盘中心产生泥饼。

(a) 撕裂刀

(b) 中心撕裂刀

图 3-50 撕裂刀及中心撕裂刀

(5) 贝壳刀。由于滚刀刀箱和边缘刮刀刀座未采用有效的保护措施,掘进过程中容易磨损。因此在刀盘外圈滚刀刀箱和边刮刀刀座周围增设、焊接贝壳刀,增设的贝壳刀运行轨迹控制在半径 4 050～4 515 mm 的范围内(即 43 号～53 号滚刀运行半径之间),高度高于滚刀刀箱和边缘刮刀刀座的高度,实现对其的保护作用。贝壳刀的增设形式如图3-51、图3-52所示。

图3-51 贝壳刀在刀盘上的位置分布

图3-52 贝壳刀

通过对刀盘出洞前后的对比分析可见,新增的贝壳刀不仅很好地保护了边刮刀刀座和刀盘外圈的滚刀刀箱,对刀盘边缘区域的母材也起到了相应的保护作用,如图3-53所示。

(a)

(b)

图3-53 贝壳刀使用情况

3) 耐磨环的改进

根据刀盘刀具对地层的适应性分析,将刀盘外圈耐磨环进行相应的改造。用镶嵌合金的耐磨环更换刀盘外圈原锰钢板耐磨环,以提高刀盘外圈耐磨性能。改造方式采用了以下两种形式:

(1) 采用交替焊接的形式。盾构刀盘外圈耐磨环原设计为整圈均采用锰钢板,其耐磨性能较镶嵌合金的耐磨环差距较大;改造方式是在刀盘外围的一圈锰钢板上,每隔5°切一个10°、深60 mm宽130 mm的凹槽,即将焊接在刀盘外圈的锰钢板每隔5°切一个10°的弧形板,用镶嵌合金的耐磨环重新焊接替代。

盾构顺利完成了4 km软硬不均地层的掘进,其刀盘外圈耐磨环虽磨损将近30 mm的厚度,但镶嵌合金的耐磨环整体形式完好,达到了保护刀盘外圈母材的要求,耐磨环使用情况如图 3-54 所示。

(a) 耐磨环整体效果

(b) 耐磨环局部效果

图 3-54　耐磨环使用情况

(2) 采用完全焊接的形式。由于 1 号隧洞刀盘外圈合金耐磨环使用效果较好,很好地保护了刀盘外圈母材,2 号隧洞掘进前,刀盘维修过程中将外圈耐磨环全部更换,重新安装新的合金耐磨环。刀盘外圈全部焊接合金耐磨环即为完全焊接。采用完全焊接的形式如图 3-55 所示。

(a) 刀盘总图

(b) 合金耐磨环

图 3-55　采用完全焊接的形式

3.6.2　东莞市快速轨道交通

本节以东莞市快速轨道交通 R2 线 2307 标工程为例,结合该工程施工情况,主要针对孤石处理、掘进参数设置等方面进行分析和总结。

3.6.2.1　工程概况

东莞市快速轨道交通 R2 线 2307 标段位于东莞市南城区,线路自东莞大道与西平二路口的西平站,沿东莞大道从东北往西南方向前进,过西平三路口,穿环城路高架桥、宏北路口后到达东莞大道与宏三路口的蛤地站。

标段工程全长2 496.808 m,由一站一区间(西平站;西平站—蛤地站区间,以下简称西—蛤区间)组成。西平站长234 m,采用明挖顺作法施工,区间长2 262.808 m,采用盾构法施工,对中间硬岩段(左线232.976 m,右线251.6)采用矿山法开挖,盾构空推拼装管片衬砌。设风机房兼矿山法施工竖井1座、联络通道兼废水泵房1处、单独联络通道2处。

3.6.2.2 工程地质条件

本工程属冲洪积平原地貌,为水泥路面、绿化带,场地西南略高,东北略低,地面标高10.78~24.20 m。根据补勘地质资料分析,本场地内上覆地层主要为第四系全新统人工填筑土(Q4ml),全新统冲洪积(Q4al+pl)粉质黏土、砂土,第四系残积(Qel)砂质黏性土,下伏基岩为燕山期花岗闪长岩,震旦系大绀山组(Zd)混合片麻岩。

根据地质详勘报告分析,西—蛤区间隧道洞身主要穿越<6-6>砂质黏性土层、<10-1>全风化混合片麻岩层、<10-2>强风化混合片麻岩层,部分穿越<6-5>可塑状砂质黏性土,局部基岩突起为<10-4>微风化混合片麻岩层,侵入洞身范围相对较少。穿越地层比例详见图3-56、图3-57。

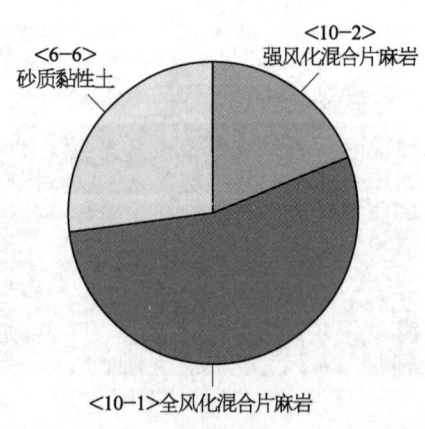

图3-56 右线区间隧道盾构穿越地层分布情况

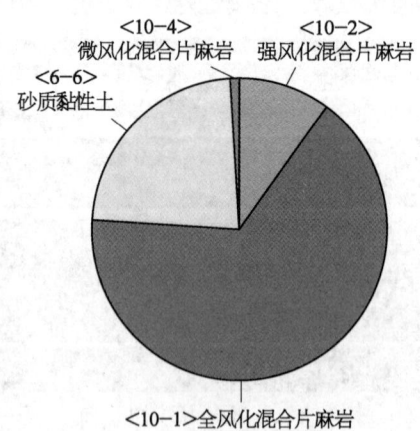

图3-57 左线区间隧道盾构穿越地层分布情况

3.6.2.3 盾构选型

根据本标段的工程条件、地质特点、工期及施工要求,结合国内外类似工程盾构的选型经验和深圳、广州类似工程既有盾构类型,以及多年的地铁施工及盾构应用经验,认为在本工程宜采用复合式土压平衡盾构。

本工程采用两台由中铁装备制造的土压平衡盾构中铁21号和中铁22号进行施工,盾构具体参数见表3-22。

表 3-22　中铁 21 号/22 号盾构相关技术参数

序号	盾构部件名称	盾构参数	备注
1	盾体		
	通称直径	前盾 6 250 mm,中盾 6 240 mm,尾盾 6 240 mm	
	长度(前盾+中盾)	2.065+2.795=4.86(m)	
	类型(泥水或土压)	土压平衡式	
	最小水平曲线半径	250 m	
	最大工作压力	0.3 MPa	
	最大设计压力	0.5 MPa	
	土压传感器	5 个	
	超前地质探测孔	8 个	
	螺旋输送机底部闸门	2 道	
	人闸连接法兰	有	
	螺旋输送机连接法兰	有	
2	尾盾		
	类型	内贴式	
	长度	3.803 m	
	密封形式	3 道密封刷+1 道止浆板	
	油脂回路	12 根	
	注浆管	4×2 根	
	外密封圆环直径	70 mm	
3	推进装置		
	数量	30	
	油缸尺寸(缸径/杆径)	220 mm/180 mm	
	缸体支撑形式	可调式	
	推力	37 000 kN	
	行程	2 150 mm	
	工作压力	34 MPa	
	伸出速度	1 662 mm/min(双缸)	
	缩回速度	3 200 mm/min(双缸)	
4	铰接千斤顶		
	铰接形式	被动式铰接	
	数量	14	
	油缸尺寸(缸径/杆径-行程)	160 mm/(80-150)mm	
	回缩力	7 340 kN	
	行程	250 mm	
	密封	1 道铰接密封+1 道紧急气囊密封	
5	刀盘		
	形式	复合式	
	直径	6 280 mm	
	旋向	正/反	
	刀具(软土)	切刀	
	刀具(硬岩)	单/双刃滚刀	
	超挖刀	无	
	超挖量	无	
	集中回转接头	1	

(续表)

序号	盾构部件名称	盾构参数	备注
6	刀盘驱动		
	类型	变频电机	
	液压马达数量	电驱动6组	
	正常驱动力矩	4 400 kN·m	
	脱困扭矩	5 500 kN·m	
	转速(额定/最大)	2.64/6 r/min	
	装备功率	1 200 kW	
	主轴承类型	滚动式轴承	
	主轴承(支撑)外径	3 061 mm	
	主轴承寿命	>10 000 h	
	轴承密封	(内唇形/外唇形)3道/4道	
7	人闸		
	类型	双仓并联	
	长度	主/副:1.8/1.4 m	
	直径	1.6 m	
	工作压力	0.3 MPa	
	人数	5人	
8	管片拼装机		
	类型	中心回转式	
	自由度	6	
	旋转	±200°	
	管片宽度	1.5 m	
	伸缩	1 200 mm	
	行程	2 000 mm	
	拼装头旋转	±2°	
	拼装头倾斜范围	±2.5°	
	侧向举升力	120 kN	
	扭矩	150 kN·m	
	整圆器	无	
9	螺旋输送机		
	类型	轴式	
	直径	750 mm	
	电机功率	200 kW	
	最大扭矩	145 kN·m	
	转速	0~22 r/min	
	最大输送量(理论)	250 m³/h	
	斜度	21.5°	
	伸缩	1 000(800)mm	
	前密封闸门	有	
	排土闸门	2道	
	磨损保护层	有	

（续表）

序号	盾构部件名称	盾 构 参 数	备 注
10	皮带输送机		
	驱动	电驱动	
	输送带宽度	800 mm	
	输送带长度	120 m	
	带速	2.5 m/s	
	最大输送能力	450 m³/h	
11	后续设备		
	液压驱动部分		
	冷却系统	内外循环	
	设备部分		
	注浆泵	2	
	压力测量装置	4	
	储浆罐	1	
	泡沫注入系统		
	泡沫发生装置	4	
	水泵	无	
	泡沫混合液泵	4	
	泡沫泵	1	
	膨润土注入系统		
	注入泵	1	
	桶	1	
	压缩空气供应		
	空压机	2	
	储气罐	1 m³	
	压缩空气控制装置	2×6.5 m³/min	
	主驱动润滑油泵	1	
	尾盾油脂注脂泵	1	
	控制室		
	主控制板	2	
	紧急按钮	1	
	双卷筒	2	
	高压电缆卷筒	1	
	二次通风系统		
	通风管储存槽	2	
	风管悬挂装置	2.2 kW 电机驱动	
	导向系统	ZED	
	数据采集系统	精度 3 s	
	后续系统		
	门架数量	6	

(续表)

序号	盾构部件名称	盾构参数	备注
12	电源		
	初级电压	10 000 V	
	次级电压	400 V	
	变压器容量	800 kV·A 干式变压器＋ 1 000 kV·A 整流干式变压器	
	控制电压	24 V	
	照明	230 V	
	电磁阀电压	24 V	
	频率	50 Hz	
	系统保护		
	通信系统	1 套	
	监控系统	1 套	
13	其他		
	装机功率	1 746.85 kW	
	刀盘驱动	1 200 kW	
	推进	75 kW	
	管片拼装	55 kW	
	超挖刀	/	
	油冷却装置	11 kW	
	注油脂设备	/	
	螺旋输送机闸门	辅助系统供油	
	螺旋输送机	200 kW	
	膨润土泵	18.5 kW	
	泡沫装置	9.35 kW	
	注浆装置	30 kW	
	皮带输送机	37 kW	
	二次通风系统	15 kW	
	空压机	(37+37)kW	
	辅助装置	22 kW	

注：① 本书所指盾构主机包括刀盘、前盾、中盾和尾盾，表中盾构主机长度＝9.174 m；
② 本书所指盾构设备总长度一般是指盾构主机和拖车长度之和，表中盾构设备总长度＝80 m；
③ 本书盾构总重是指盾构整机重量，表中盾构总重≈500 t。
④ 表中装机功率是指盾构整套设备的功率之和。

3.6.2.4 孤石探测情况

根据地质详勘和补勘结果显示，在隧道洞身范围内存在一定的孤石，其性质、大小及分布情况见表 3-23、表 3-24。

3.6.2.5 孤石处理主要技术措施

本标段盾构施工段，隧道局部穿越地层基岩面突起，孤石不均匀分布，地质条件复杂，施工条件较差，盾构施工时根据不同孤石类型及基岩突起，视其强度大小，采取如下不同方法处理：

表 3-23 详勘孤石分布情况一览表

序号		孤石性质	钻孔编号	里程	距车站(m)	孔口标高(m)	埋深(m)		孤石直径(m)	抗压强度(MPa)	地面条件
							隧顶	岩体			
一右线	1	中风化混合片麻岩	M2-Z3-TXN-88	YDK19+286.7	1 417	21.07	14.3	13.2	1.1	26	绿化带
	2	微风化混合片麻岩	M2-Z3-TXN-88	YDK19+286.7	1 417	21.07	14.3	15.3	1.6	51.2	
	3	微风化混合片麻岩	M2-Z3-TXN-88	YDK19+286.7	1 417	21.07	14.3	21.9	3.0	54.2	
二左线	1	中风化混合片麻岩	M2-Z3-TXN-48	ZDK18+648.2	778.31	13.56	12.22	12.2	0.7	24.1	绿化带
	2	微风化混合片麻岩	M2-Z3-TXN-87	ZDK19+288.3	1 418.26	20.61	14.56	17.8	0.8	68.7	东莞大道
		微风化混合片麻岩	M2-Z3-TXN-87	ZDK19+288.3	1 418.26	20.61	14.56	20.8	0.8	74.8	绿化带
	3	微风化混合片麻岩	M2-Z3-TXN-108	ZDK19+624.7	1 755	23.13	12.24	17.2	2.0	67.4	绿化带

表 3-24 补勘孤石分布情况一览表

序号		孤石性质	钻孔编号	里程	距车站(m)	孔口标高(m)	埋深(m)		风化体直径(m)	抗压强度(MPa)	地面条件
							隧顶	岩体			
一右线	1	中风化混合片麻岩	YBK030-1	YDK18+751.1	881.2	14.67	12.08	17.9	1.3	36.5	绿化带
	2	强风化混合片麻岩	YBK041	YDK19+070	1 200	19.35	14.03	11.7	3.2	未做	绿化带
	3	微风化混合片麻岩	YBK048-3	YDK19+289.6	1 419.6	20.8	13.62	17.1	0.6	110.3	绿化带
		微风化混合片麻岩	YBK048-4	YDK19+294.6	1 424.6	20.8	13.68	15.2	2.8	未做	绿化带
		微风化混合片麻岩	YBK048-5	YDK19+299.6	1 429.6	20.86	13.68	15.1	4.3	104.7	绿化带
二左线	1	中风化混合片麻岩	ZBK036-2	ZDK18+916	1 046	16.88	11.8	14.2	1.2	未做	东莞大道
		微风化混合片麻岩	ZBK036-3	ZDK18+910.6	1 045.9	16.8	11.9	11.7	1.3	未做	东莞大道
	2	中风化混合片麻岩	ZBK037	ZDK18+950	1 080	17.39	10.84	15.8	1.4	37.5	东莞大道
		中风化混合片麻岩	ZBK037	ZDK18+950	1 080	17.39	10.84	18.2	0.8	42.8	东莞大道
		中风化混合片麻岩	ZBK037-1	ZDK18+955.3	1 085	17.48	10.9	18.2	0.8	79.16	东莞大道
		中风化混合片麻岩	ZBK037-2	ZDK18+947.6	1 077.6	17.32	11.0	15.3	2.7	79.85	东莞大道

(续表)

序号	孤石性质	钻孔编号	里程	距车站(m)	孔口标高(m)	埋深(m) 隧顶	埋深(m) 岩体	风化体直径(m)	抗压强度(MPa)	地面条件
2	中风化混合片麻岩	ZBK037-2	ZDK18+947.6	1 077.6	17.32	11.0	18.9	1.3	79.85	东莞大道
	微风化混合片麻岩	ZBK037-3	ZDK18+940	1 070	17.25	11.2	14.9	2.4	87.5	东莞大道
3	中风化混合片麻岩	ZBK044	ZDK19+160	1 290	14.5	13.5	16.0	2.0	40.5	东莞大道
4	微风化混合片麻岩	ZBK049	ZDK19+310	1 440	20.53	13.44	15.8	1.5	85.5	东莞大道
	微风化混合片麻岩	ZBK049-2	ZDK19+320	1 450	20.55	13.55	13.0	3.3	93.84	东莞大道

1) 已探明孤石预处理

对于已探明的孤石及基岩突起,采取地面成孔、孔内爆破的方法将孤石及突起岩体破碎至可施工程度。

(1) 普通段孤石预处理方案。针对本标段盾构区间大量存在微风化球状岩石情况,为确保盾构掘进施工顺利进行,对于大量存在的微风化球状岩石拟采取"爆破法"进行处理。

通过地质雷达或钻探等方式探明孤石分布情况及孤石大小,采用地质钻机或潜孔钻机对岩石进行钻孔、分割,然后从地表安放炸药,利用炸药起爆产生的爆炸能量将岩石破碎、解体,以便盾构顺利掘进。对于孤石所在位置上部无障碍物的,采取钻垂直孔的方法施工。

(2) DN2200 供水管下孤石处理方案。对于孤石所在位置上部存在供水管的 ZBK036、ZBK037、ZBK044 三个孔,由于无法钻垂直孔,且钻孔需与水管等障碍物保持一定的安全距离,因此,需通过潜孔钻等特殊设备钻斜孔的方法施工,施工方案参照图 3-58~图 3-61。

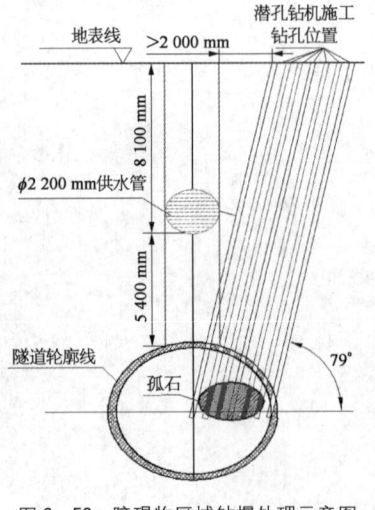

图 3-58 障碍物区域钻爆处理示意图

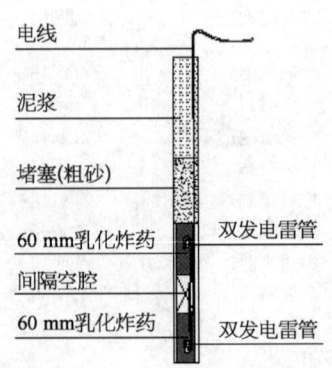

图 3-59 炮孔间隔装药示意图

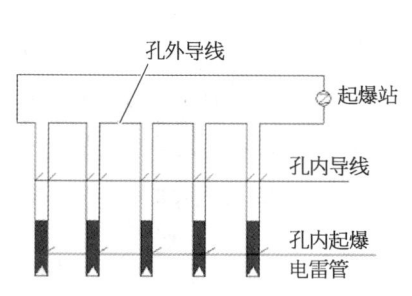
图3-60 电雷管串联起爆网路图

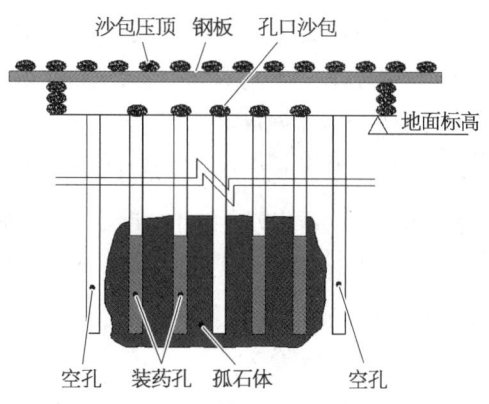
图3-61 爆破体安全防护示意图

针对孤石爆破区域,按照施工要求,在爆破完成后进行袖阀管注浆加固地层。同时,抽芯验证爆破后岩块大小,确保岩块大小在300 mm以内,以确保盾构顺利通过此区域,钻孔取芯岩样如图3-62所示,爆破效果检查如图3-63所示。

图3-62 钻孔取芯岩样

图3-63 爆破效果检查

2) 未探明孤石处理

盾构掘进过程中遇到未提前探明的孤石时,通过调整刀盘转速、推力、扭矩、出渣量等掘进参数,基本上均可顺利通过。其中遇到直径较大的孤石时,会出现螺旋输送机喷涌、被卡等现象,螺旋输送机被卡时可采取人工风镐破碎取出,如图3-64所示。

3.6.2.6 刀盘前方孤石处理

2013年4月15日,左线盾构推进+300环时遇到有孤石,掘进速度较慢,螺旋机压力不稳定,

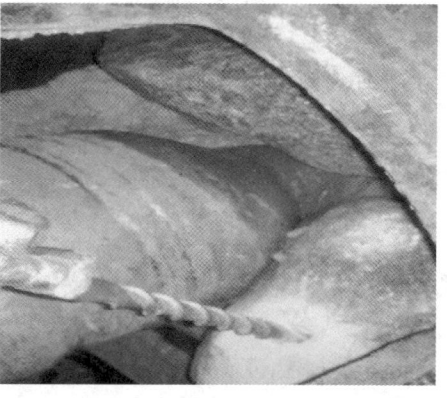
图3-64 螺旋输送机卡死时人工风镐破碎取出

多次出现螺旋输送机被卡、喷涌等现象,且土仓内响声较大,甚至整个盾构发生振动。为避免盾构刀盘、螺旋输送机等设备受损,经研究后确定采用爆破方法处理孤石。

1) 盾构停机点工程概况

盾构停机段上方地面为东莞大道辅道与绿化带结合处,无重大地下管线。停机处隧道洞顶埋深13.28 m,盾构刀盘处于全断面<10-1>全风化混合片麻岩中,地层从上到下依次为<1-1>素填土(厚度约3.7 m)、<3-2>粉质黏土(厚度约4.77 m)、<6-6>砂质黏性土(厚度约4.32 m),地层含水量小。

2) 刀盘前方补勘情况

为了更好地掌握刀盘前方孤石大小、分布情况,在左线300环掘进完成后,采取地质钻探探明刀盘前方实际情况。

钻探采取先横向后纵向的原则进行,首先在距离刀盘面板300 mm、横向间距1 000 mm处进行打孔,深度至隧道底部下300 mm。在探出有孤石的点位沿盾构掘进方向间隔500 mm钻孔,深度不变,共钻探1-1、2-2、3-3等三排孔后基本探明刀盘前孤石分布情况。刀盘前方钻孔布点如图3-65所示实心钻孔。

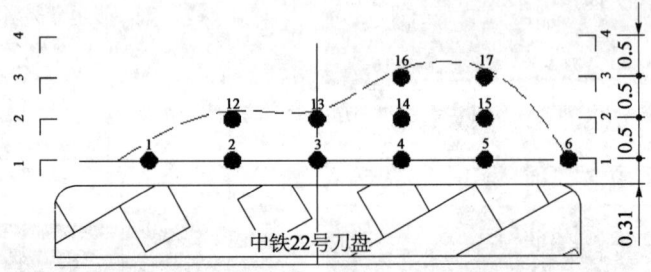

图3-65 盾构刀盘前方探孔布置图

3) 孤石处理方案

(1) 爆破施工方案。根据盾构停机位置的地质和周边环境,拟采用微差爆破法进行孤石处理,通过选用合理爆破参数对地下硬岩破碎后,达到盾构掘进需要的最小岩块尺寸要求,从而保证盾构顺利掘进。

根据方案审查专家意见,为保证爆破施工安全,减少爆破振动对刀盘及盾构的影响,在1-1断面与2-2断面之间与原钻孔呈梅花形增加一排钻孔(共五个)作为主爆破孔,如图3-66所示空心圈孔(即1′-1′断面)。

根据钻孔资料图3-67显示,1-1和1′-1′断面岩石分布较多,但在与1-1断面距离500 mm处的2-2断面,岩石分布减少,3-3断面岩石更少。

针对刀盘前方爆破施工的特殊性和危险性,在装药控制方面重点考虑,每孔装药量及装药位置等见表3-25。

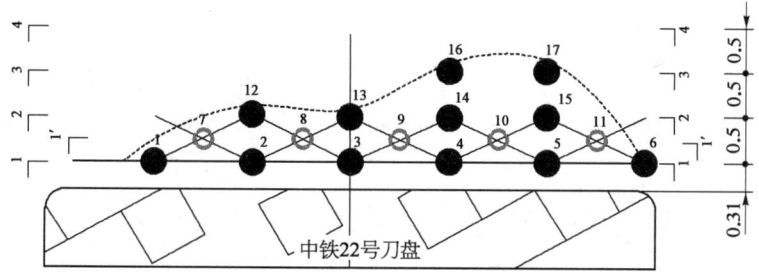

图 3-66 刀盘前方硬岩爆破炮眼布孔图

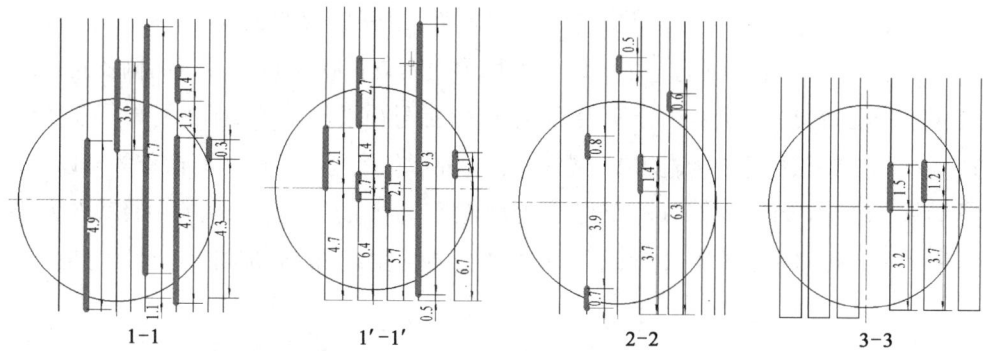

图 3-67 刀盘前方 1-1、1′-1′、2-2、3-3 断面钻孔硬岩显示图

表 3-25 刀盘前方爆破孔内装药量及装药深度

断面编号	孔号	岩石中装药位置	装药长度(m)	装药量(kg)	装药深度(m)(地面距离药卷底面)	备注
1-1	1	空孔	0	0	/	刀盘前减振孔,不装药
	2	空孔	0	0	/	
	3	空孔	0	0	/	
	4	空孔	0	0	/	
	5	空孔	0	0	/	
	6	空孔	0	0	/	
1′-1′	7	上部	1.5	1.5	16.6	主爆破孔
		下部	1.5	1.5	19.7	
	8	上部	1.5	1.5	17.4	
		下部	1.5	1.5	19.7	
	9	上部	1.5	1.5	14.7	
		中部	1.5	1.5	17.2	
		下部	1.5	1.5	19.7	
	10	上部	1.5	1.5	14.7	
		中部	1.5	1.5	17.2	
		下部	1.5	1.5	19.7	
	11	中部	1.5	1.5	16.5	
2-2	12	上部	0	0	/	
		下部	0.7	0.7	19.7	
	13	空孔	0	0	/	
	14	岩石中	1	1	16.2	
	15	空孔		0	/	

(续表)

断面编号	孔号	岩石中装药位置	装药长度(m)	装药量(kg)	装药深度(m)(地面距离药卷底面)	备注
3-3	16	中部	1.2	1.2	16.5	
	17	中部	1	1	16	
合计			20.4	20.4		

（2）起爆顺序。本着由远及近的原则,首先爆破距离刀盘最远处即距离刀盘1.3 m的3-3断面,选用1段位毫秒管。其次起爆2-2断面,由于2-2断面岩石厚度较小,最大为1.4 m,采用3段位毫秒管进行起爆。1′-1′断面为主爆破孔最后起爆,靠近两侧及孔底采用5段,中间岩层厚度较大处孔内分段,上部为7段(括号内段位在岩石上部),岩层厚度超过4 m的分3段装药,括号内为岩层上方装药段,越靠后位置越高。1-1断面作为辅助孔,可装少量药,用较高段位。鉴于1-1断面距刀盘较近,为保证盾构安全,实施中将其作为减振孔,不装药,起爆顺序如图3-68所示。爆破完成,抽芯验证和注浆加固后进行掘进施工。

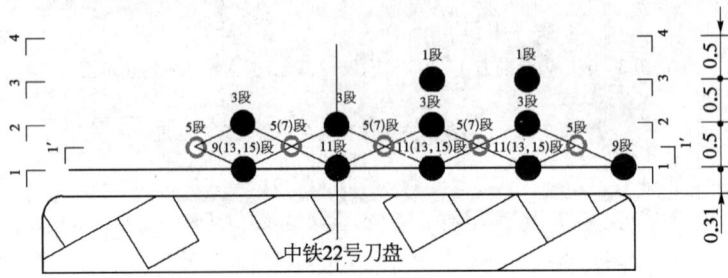

图3-68 盾构刀盘前孤石爆破孔编号起爆顺序图

最终爆破结果监测显示,爆破振动水平最大值3.27 cm/s,竖直最大值2.41 cm/s,爆破未对盾构造成影响。

3.6.2.7 盾构穿越孤石段与正常段掘进参数设置

土压平衡盾构在掘进过程中应该合理匹配各项掘进参数,其掘进顺利与否可直接反映爆破处理的效果。下面以盾构掘进过程中采集到的掘进速度、盾构总推力、刀盘转速、刀盘扭矩等参数进行对比分析,见表3-26。

表3-26 盾构穿越孤石段与正常段掘进参数对比

序号	参数	正常段掘进参数	孤石段掘进参数	建议控制指标值
1	掘进速度	35～50 mm/min	10～30 mm/min	10～25 mm/min
2	刀盘扭矩	1 000～1 200 kN·m	600～1 000 kN·m	800～1 000 kN·m
3	推力	8 000～10 000 kN	8 500～11 000 kN	9 000～10 000 kN
4	刀盘转速	1.7～2.2 r/min	1.2～2 r/min	1.4～1.6 r/min

根据孤石爆破区域周围地层的实际情况,在保证盾构顺利通过爆破区域的前提下,通过采取合理的技术控制措施尽可能减小刀盘、刀具的磨损,保证掘进参数在合理范围内。

3.6.2.8 案例总结

(1)孤石地层掘进是盾构施工极难解决的难题,纯粹依靠设备是处理不了的。目前来说,孤石的处理还是以地面处理为主,以洞内处理为辅。

(2)结合超高密度电法、地质雷达法、面波法三种物探方法,针对东莞特殊的地质成因造成的花岗岩球状风化,与其他地层差异性较小,且受市政交通、管线等影响,地质雷达法相对准确度高一些,费用也低一些。

(3)孤石探测应先采取物探排查,确定孤石存在的异常区域,然后再采取钻探验证,发现孤石后,进行加密钻孔探查清楚其大小、范围和强度,以便采取针对性处理措施。

(4)孤石钻孔探查是不连续的探测,存在遗漏的风险。采用物探法探测孤石,建议多频次、多测线全面探测,尽量控制大孤石的风险。

(5)针对孤石段施工时刀具磨损速度快的问题,建议在穿越孤石地层前,必须对刀具进行检查和更换。在掘进过程中,加强刀具检查和更换,同时严格控制刀盘推力和刀盘扭矩,避免刀具偏磨,影响正常施工。

(6)在孤石地段,盾构掘进要遵守"慢"和"稳"的原则。即掘进速度要慢,掘进参数控制要稳。过孤石段时速度控制在 $10\sim25$ mm/min,不要超过 25 mm/min,刀盘转速不得超过 1.5 r/min,刀盘扭矩控制在 $1\,200\sim1\,500$ kN·m,限制推力在 15 000 kN,不可达到设备的极限值。

(7)盾构遇孤石掘进参数异常时应"主动查看、积极处理,禁止盲推、强推"。要按照"慢"和"稳"的掘进原则,遇到掘进参数异常第一时间带压进仓查看,积极主动进行球状风化的处理,坚决杜绝盲推、强推。

(8)遇到未探明的孤石时,现场值班工程师及盾构主司机第一时间通过异常情况判定是否遇到孤石,先开仓检查刀具磨损及孤石大小、分布情况,然后判断可以直接过则过,不可以则通过进仓破除或采取其他方案处理。

(9)盾构掘进通过孤石段时,由于掘进速度慢、盾构姿态不稳定等原因,对周边地层的扰动很大,为了减少工后沉降,在施工中必须做好同步注浆。同时,注浆量与掘进速度匹配,避免因同步注浆过程中注浆速度过快而造成短暂的注浆量过大导致的漏浆问题。除了保证注浆量外,还需控制好注浆压力、盾构姿态,避免因尾盾间隙过大造成漏浆,并做好后期地表监测和二次补强注浆。

(10)本案例虽然在刀盘前成功实施爆破孤石群,但盾构刀盘前采用爆破法处理孤石具有较大的风险性,控制不好,易造成盾构主轴承密封击穿,使设备受损。因此,不能作为常规处理手段,还是应提前探测,预先处理。

3.6.3 深圳地铁 11 号线
3.6.3.1 工程概况
深圳地铁 11 号线盾构始发井—红树湾站区间线路呈东西走向,东起盾构始发井,西至红树湾站。区间出始发井后沿白石路向西行进,穿越欢乐海岸人工湖以及欢乐海岸别墅区后进入白石四道下方,沿白石四路一直向前行进,最后到达红树湾站。

本区间采用盾构施工,开挖直径 6.98 m,管片厚度 0.35 m,外径 6.7 m,内径 6 m,环宽 1.5 m。其中,左线区间长度 1 969 m、右线区间长度 1 861 m;区间线路最小曲线半径 600 m,线间距 13~37.6 m;隧道最大纵坡 27‰,最小纵坡 4‰;隧道埋深 12~21.9 m。

3.6.3.2 工程地质情况
区间隧道主要穿越地层为:<4-11>砾砂、<7-1>砾质黏性土、<8-1>全风化粗粒花岗岩、<8-2>强风化粗粒花岗岩、<8-3>中风化粗粒花岗岩。

3.6.3.3 盾构选型
根据深圳地铁 11 号线盾构始发井—红树湾站区间工程概况及工程地质情况,结合国内外同类地质条件下的施工经验,本标段选用中铁装备 CTE6950 土压平衡盾构,具体参数见表 3-27。

表 3-27 深圳地铁 11 号线盾构主要性能和技术参数

序号	项目	参数
1	使用项目	深圳地铁 11 号线车公庙站—红树湾站
	主要地质条件	区间主要穿过砾质黏性土,全、强风化花岗岩,局部位于中、微风化岩层中;个别地段为淤泥、素填土、砂层、填石层和孤石
	项目管片规格(外径×内径—宽度×分度)	6 700×6 000—1 500×22.5°
	坡度(‰)	28
	最小曲线半径(m)	400
2	整机性能概述	
	型号	CTE6950
	开挖直径(mm)	6 980
	刀盘转速(r/min)	3.6
	最大推进速度(mm/min)	80
	最大推力(kN)	50 600
	装机功率(kW)	1 987.85
	整机总长(m)	83.7
	主机总长(m)	约 8.51(不含刀盘)
	总重(主机+后配套)(t)	约 550
	适用管片规格[外径(mm)/内径—宽度(mm)/分度(°)]	6 700/6 000—1 500/22.5
	最大工作压力(MPa)	0.3
	最大设计压力(MPa)	0.5
	水平转弯半径(m)	250
	纵向爬坡能力(‰)	±50

(续表)

序号	项 目	参 数
3	刀盘	
	刀盘规格(直径×长度)(mm)	6 980×1 635
	旋转方向	正／反
	开口率(中心开口率)(%)	32(37)
	结构总重(t)	65
	主要结构件材质	Q345B
	泡沫口数量(个)	6
	膨润土口数量(个)	2
	主动搅拌臂数量(根)	4
4	刀具[①]	
	中心双联滚刀	
	17英寸中心双联滚刀数量(把)	6
	17英寸中心双联滚刀高度(mm)	185
	单刃滚刀	
	19英寸单刃滚刀数量(把)	33
	19英寸单刃滚刀高度(mm)	185
	切刀	
	切刀数量(把)	60
	切刀高度(mm)	140
	边刮刀	
	边刮刀数量(把)	12
	边刮刀高度(mm)	140
	圆环保护刀	
	保径刀数量(把)	24
5	中心回转接头	
	泡沫通道数量(道)	6
	膨润土通道数量(道)	2
	液压通道数量(道)	4
6	主驱动	
	驱动形式	电驱
	驱动组数量(组)	7
	密封形式	唇形密封
	内唇形密封数量(道)	3
	外唇形密封数量(道)	4
	密封最大承压能力(MPa)	0.5
7	盾体	
	形式	被动铰接
	前盾规格(直径×长度)(mm)	6 950×2 230
	被动搅拌臂数量(个)	4
	前盾壳体润滑孔数量(个)	6
	压力传感器数量(个)	6

(续表)

序号	项　目	参　数
7	中盾规格(直径×长度)(mm)	6 940×2 970
	超前注浆管数量(个)	8
	中盾壳体润滑孔数量(个)	6
	尾盾规格(直径×长度)(mm)	6 930×3 955
	尾盾壳体润滑孔数量(个)	6
	尾盾密封刷排数(排)	3
	尾盾止浆板(排)	1
	尾盾安装间隙(mm)	30
	注浆管数量(根)	6×2
	注脂管数量(根)	14
	铰接密封形式	1道气囊密封＋1道橡胶圈密封
	盾体主要结构件材质	Q345B
8	人仓②	
	形式	双仓并联
	主仓容纳人数(个)	3
	副仓容纳人数(个)	2
	主仓规格(mm)	R815×1 810
	副仓规格(mm)	R815×1 390
	工作压力(MPa)	0.4
	设计压力(MPa)	0.6
	刀具运输导轨(道)	1
9	螺旋输送机	
	螺旋轴形式	中心驱动/轴式
	规格(直径×长度)(mm)	900×12 655
	最大通过粒径(mm)	340×530
	最大出渣能力(m³/h)	440
	驱动形式	中心驱动
	驱动组数量(组)	1
	驱动功率(kW)	315
	最大扭矩(kN·m)	210
	转速范围(r/min)	0～25
	旋转方向	正/反
	闸门数量(道)	2
	渣土改良注入口(个)	9
	压力传感器数量(个)	1
	保压泵接口数量(个)	1
	伸缩机构(套)	1
	伸缩长度(mm)	1 000
	总重(t)	25

（续表）

序号	项 目	参 数
10	管片安装机	
	形式	中心回转式
	抓举头形式(机械/真空吸)	机械
	驱动马达数量(个)	2
	驱动功率(kW)	55
	转速范围(r/min)	0~1.8
	纵向移动行程(mm)	2 000
	自由度数量(个)	6
	旋转角度(°)	±200
	提升力(kN)	85
	扭矩(kN·m)	300
	总重(t)	25
	控制方式	无线
11	管片运输小车	
	规格(长×宽×高)(mm)	5 220×1 660×545
	承载管片数量(片)	3
	负载管片能力(t)	15
	纵向滑动行程(mm)	1 760
	控制方式	无线+固定控制
12	管片吊机	
	形式	双梁
	驱动形式	链轮链条驱动
	起吊重量(t)	4×2
	提升功率(kW)	3.5×2
	起吊速度 v_1/v_2(m/min)	1/4
	起吊高度(mm)	2 400
	水平驱动功率(kW)	1.5×2
	水平行走速度(m/min)	10
	卷筒布置形式	中置前后拉伸
	控制方式	有线
13	皮带机	
	驱动方式	变频电机驱动
	倾斜段角度(°)	12.5
	驱动功率(kW)	45
	带速(m/s)	0~3
	输送能力(m³/h)	450
	带宽(mm)	800
14	设备桥	
	规格(长×宽×高)(mm)	13 760×4 790×3 455

(续表)

序号	项目	参数
15	后配套拖车	
	安全通道布置形式	外置式
	净空尺寸(mm)	1 880×3 700
	拖车轨距(mm)	2 180
	编组列车轨距(mm)	900
	拖车数量(节)	7
16	推进系统	
	油缸规格(缸径/杆径)(mm)	240/200
	推进行程(mm)	2 250
	最大推进速度(mm/min)	80
	油缸数量(根)	32
	带行程传感器油缸数量(根)	4
	分组形式(上+下+左+右)	6+10+8+8
	最大工作压力(MPa)	35
	最大推力(kN)	50 600
	双缸的回收速度(mm/min)	1 800
17	铰接系统	
	油缸规格(缸径/杆径-行程)(mm)	210/100-150
	油缸数量(根)	14
	带行程传感器油缸数量(根)	4
	总拉力(kN)	13 123
18	拖车拖动油缸	
	油缸规格(缸径/杆径-行程)(mm)	130/70-250
	油缸数量(根)	2
19	单液同步注浆系统	
	注浆泵形式	柱塞泵
	注浆泵数量(个)	3
	注浆泵功率(kW)	45
	注浆能力(m³/h)	10×3
	注浆泵出口最大压力(MPa)	6
	注浆口数量(个)	6用6备
	砂浆罐容量(m³)	8.5
	搅拌器功率(kW)	7.5
20	膨润土注入系统	
	改良膨润土泵形式	软管挤压泵
	改良膨润土泵功率(kW)	18.5×2
	注入能力(m³/h)	20×2
	最大工作压力(MPa)	1.6
	盾壳膨润土泵形式	软管挤压泵
	盾壳膨润土泵功率(kW)	7.5
	注入能力(m³/h)	8
	最大工作压力(MPa)	1.6
	盾壳膨润土注入口数量(个)	12
	膨润土罐容量(m³)	6

(续表)

序号	项目	参数
21	泡沫注入系统	
	泡沫原液泵功率(kW)	0.55
	泡沫原液泵数量(个)	1
	泡沫原液泵排量(L/h)	1 000
	泡沫原液箱体积(m³)	1
	泡沫混合泵功率(kW)	2.2×6
	泡沫混合泵数量(个)	6
	泡沫混合泵流量(L/min)	50×6
	泡沫混合液搅拌(kW)	0.75×2
	泡沫发生器数量(个)	6
	泡沫混合箱容积(m³)	2
22	工业压缩空气系统	
	空压机形式	螺杆式空压机
	空压机数量(个)	2
	空压机功率(kW)	55×2
	空压机出口压力(MPa)	0.8
	空压机能力(m³/min)	10×2
	空气罐容量(m³)	2
	过滤器(个)	A+B双级过滤
23	工业供水及冷却系统	
	设备要求工业水供应量(m³/h)	50
	设备要求供水压力(MPa)	0.2~0.6
	额定进水温度(℃)	不高于30
	管路直径(mm)	80
	水管卷筒数量(个)	2
	卷筒水管长度(m)	40
	冷却系统形式	闭式系统
	内循环冷却水泵形式	离心泵
	内循环冷却水泵功率(kW)	7.5
	内循环冷却水泵流量(m³/h)	40
	增压水泵功率(kW)	7.5
24	齿轮油系统	
	油泵形式	螺杆泵
	油泵功率(kW)	4
	油泵压力(MPa)	0.6~3
25	尾盾油脂系统	
	尾盾油脂泵形式	气动柱塞泵
	泵的数量(台)	2
	尾盾油脂泵能力(L/min)	8.25×2
	尾盾油脂泵压力(MPa)	31.5
	油脂桶规格(L)	200

(续表)

序号	项　目	参　数
26	HBW 密封系统	
	HBW 油脂泵形式	气动柱塞泵
	HBW 油脂泵能力(L/min)	3.7
	HBW 油脂泵压力(MPa)	35
	油脂桶规格(L)	200
27	主驱动密封系统	
	主驱动油脂泵形式	气动柱塞泵
	主驱动油脂泵能力(L/min)	3.7
	主驱动油脂泵压力(MPa)	35
	油脂桶规格(L)	200
28	排污系统	
	主机污水泵形式	气动隔膜泵
	主机污水泵流量(m^3/h)	50
	拖车污水泵功率(kW)	15
	污水箱(m^3)	6
29	保压及呼吸系统	
	保压系统形式	PI 控制
	呼吸过滤系统形式	活性炭过滤器
30	供风系统	
	风管储存筒数量(个)	2
	风管储存长度(m)	100
	风管储存筒吊机功率(kW)	2.2
	二次通风机(kW)	30
	二次通风机风量(m^3/s)	16
	隧道主风管直径(mm)	1 000
31	二次注浆系统(备选)	
	A 液罐容量(m^3)	1
	B 液罐容量(m^3)	1
	注浆量(L/min)	60
32	供电系统	
	变压器形式	干变
	变压器容量(kV·A)	1 000 干式变压器+1 600 整流干式变压器
	变压器数量(个)	2
	频率(Hz)	50
	卷筒电缆长度(m)	250
	高压电缆截面(mm^2)	3×70+3×35/3E
33	导向系统	
	型号	演算工房
	精度(S)	2

(续表)

序号	项 目	参 数
34	监视系统(套)	1
35	通信系统	
	地面监控数据采集系统(套)	1
	电话(部)	5
	声能电话(部)	3
36	照明系统	
	照明灯规格	TCW300/2×TL-D18W
	照明灯数量(盏)	45
	应急照明规格	安防LED应急照明等
	应急照明灯数量(盏)	15
37	消防系统	
	灭火器类型	手提式干粉灭火器
	灭火器数量(个)	4
	灭火器类型	手提式CO_2灭火器
	灭火器数量(个)	4
38	有害气体监测系统	
	监测传感器形式	便携式
	监测传感器数量(个)	1
	监测气体类型	$CO_2/CO/O_2/CH_4$
	监测传感器形式	固定式
	监测传感器数量(个)	2
	监测气体类型	CH_4,H_2S
39	装机功率(kW)	1 987.85
	刀盘驱动(kW)	1 120
	推进系统(kW)	75
	控制泵(kW)	11
	管片安装机(kW)	55
	螺旋输送机(kW)	315
	螺机补油泵(kW)	11
	皮带输送机(kW)	45
	辅助系统(kW)	22
	铰接系统(kW)	11
	液压油过滤泵(kW)	11
	注浆泵(kW)	45
	砂浆搅拌(kW)	7.5
	主轴承润滑(kW)	4
	管片吊机(kW)	11
	进水水管卷筒(kW)	1.5
	出水水管卷筒(kW)	1.5
	冷却水系统(kW)	7.5
	增压水泵(kW)	7.5
	污水泵(kW)	15

（续表）

序号	项目	参数
39	空压机 1(kW)	55
	空压机 2(kW)	55
	泡沫原液泵(kW)	0.55
	泡沫混合液泵(kW)	13.2
	泡沫混合液搅拌(kW)	1.5
	卷筒电机(kW)	4.4
	渣土改良膨润土(kW)	37
	盾壳膨润土(kW)	7.5
	储风筒吊机(kW)	2.2
	二次通风机(kW)	30
	照明及工控(kW)	5

注：① 17 英寸刀具；
② 前仓门采用外开式。

3.6.3.4 盾构适应性设计

深圳地铁 11 号线 11301 标段的车公庙站—红树湾站地质情况复杂多变,软硬不均复合地层分布广泛,且存在孤石,而且按新标准设计采用 ϕ6 980 mm 盾构施工。深圳目前尚无 ϕ6 980 mm 盾构掘进施工的工程实例和经验,因此根据地质条件与工程难点做好盾构针对性设计显得至关重要。

1) 主驱动配置

由于上软下硬地层上部不能自稳,盾构必须采用平衡模式掘进,且硬岩层产生的块状渣土使渣土流动性差,刀盘搅拌需要较大的扭矩才能建立必要的土仓压力;硬岩掘进时贯入度较小,主要靠提高转速来获得较大的掘进速度;在全断面砂层及复合地层满仓掘进时,则需要较高的主驱动扭矩。

根据以往地铁工程经验,盾构的刀盘设计扭矩采用大功率设计,这样既可以在全断面微风化岩地层提供高转速(最高 3.6 r/min),也可以在复合地层或砂层提供大扭矩,额定扭矩 7 806 kN·m,脱困扭矩 9 757 kN·m,扭矩系数确定为 23,从而可保证较大的扭矩储备。主驱动主要技术参数见表 3-28。

表 3-28 主驱动主要技术参数

项目	参数列表	项目	参数列表
驱动形式	变频驱动	脱困扭矩(kN·m)	9 757
驱动组数量(组)	7	主轴承寿命(h)	≥10 000
驱动总功率(kW)	1 120	密封形式	唇形密封
额定转速(r/min)	1.37	内唇形密封数量(道)	3
最大转速(r/min)	3.6	外唇形密封数量(道)	4
额定扭矩(kN·m)	7 806	密封最大承压能力(MPa)	0.45

2) 刀盘刀具适应性设计

(1) 刀盘开口率等设计。采用"辐条+面板"结构形式,设计足够的强度和刚度,可安装足够数量的刀具,又具有较大的开口率。刀盘开口率33%,中心开口率38%。开口在整个盘面均匀分布,中心部位设有足够的开口,且刀盘中心部位到周边的开口贯通。为确保渣土流动通畅,避免在砂质黏性土和全、强风化岩中掘进时产生泥饼,刀盘上设计有6个泡沫口、2个膨润土口,以进行必要的渣土改良。

(2) 刀盘刀具配置。刀盘配置17英寸中心双联滚刀6把,17英寸单刃滚刀38把,共50刃,最外边滚刀有2把,该设计方案已在广州地铁三号线北延线—永嘉区间得到成功应用,在岩石强度120 MPa的全断面花岗岩地层中,刀具寿命有明显提高。刀盘总体布置如图3-69所示。

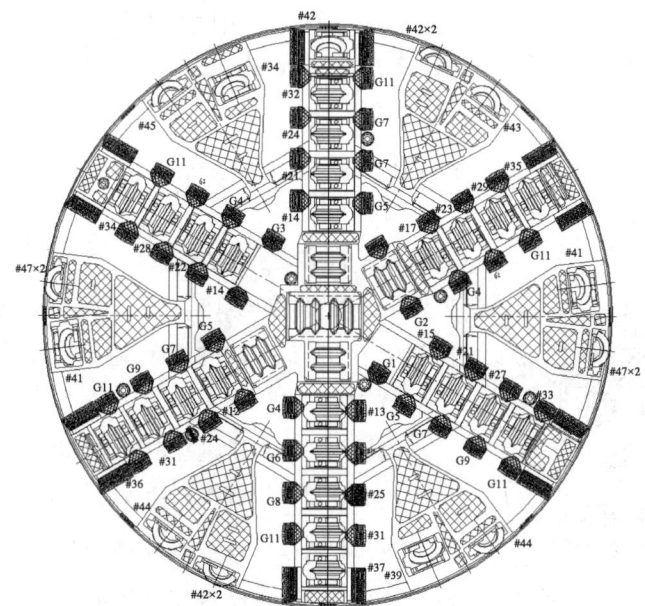

图3-69 刀盘总体布置图

针对盾构施工过程中所遇到的高强度孤石等不良地层条件,根据相同贯入度条件下,刀间距越小,破岩能力越高,且当刀间距相同时,贯入度越大破岩能力越强的滚刀破岩机理,确定中心滚刀刀间距90 mm,正滚刀最大刀间距80 mm,最小刀间距75 mm,以使刀具具有较强的破岩能力。在高出盾体的4把滚刀的保护下,可以减少更换边刀的次数。所有滚刀均采用同一规格。为适应不同的地层需求,通过转换座即可实现滚刀和撕裂刀的互换,如图3-70所示。

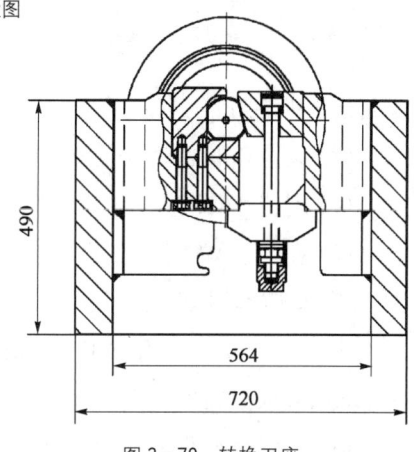

图3-70 转换刀座

为适应盾构长距离曲线掘进,可采用加高边滚刀设计方案,通过加厚垫块或增加垫片的方案增加滚刀高度,加高后单边最大扩挖量可增加 10 mm,具体设计方案如图 3-71 所示。

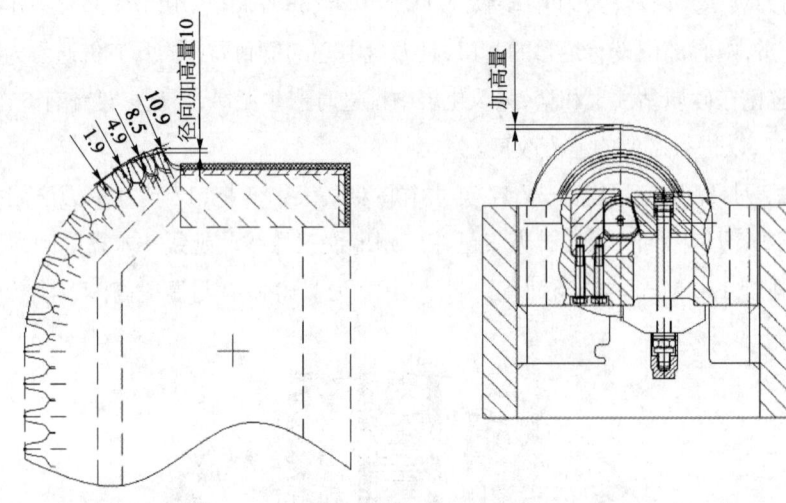

图 3-71 边滚刀加高设计方案

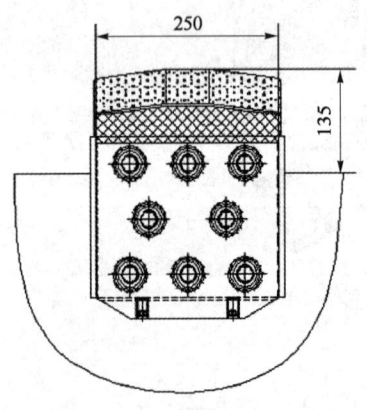

图 3-72 重型刀示意图

(3) 耐磨设计。刀盘刮刀和切刀的安装除了采用 250 mm 宽的重型刀(图 3-72)外,安装螺栓数量增多,同时强化了刀具保护块的设计,避免刀具损坏。

3) 盾体设计

为适应盾构施工过程中所遇到的不良地质条件,盾体所采用的针对性设计主要体现在以下几个方面:

(1) 采用被动铰接式盾体结构,为减小盾体在掘进过程中的阻力,盾体设计为梭形,前、中、尾直径分别为 $\phi6\,950$ mm、$\phi6\,940$ mm、$\phi6\,930$ mm;

(2) 尾盾注浆管采用内嵌式注浆管结构,有利于减小掘进过程中的阻力;

(3) 设置 3 排尾刷,满足 0.5 MPa 的工作要求;

(4) 配置外插超前注浆管,可以在必要时进行超前地质处理;

(5) 在土仓隔板上预留带压进仓必要的风水电通道。

4) 螺旋输送机设计

采用 900 mm 内径轴式叶片螺旋输送机,最高转速 25 r/min,最大通过粒径 350 mm×530 mm,最大扭矩 210 kN·m,能够满足盾构在软硬不均等不良地层掘进时的排渣需求。

(1) 高耐磨性设计。为保证螺旋输送机的整体耐磨性能,以适应盾构在高强度孤石区间掘进时的出渣需求,在螺旋轴最易磨损的前端叶片上加装了复合耐磨钢块。同时螺旋输送机第一节筒体上设计有可更换的耐磨块,当筒体磨损后,可以在洞内快速更换,提高筒体使用寿命,如图3-73所示。

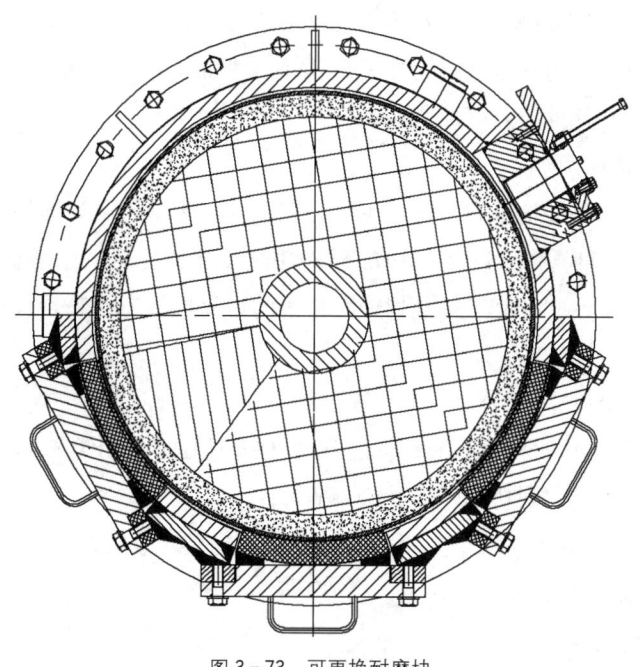

图3-73 可更换耐磨块

(2)防喷涌设计。由于在地下水丰富、土层透水系数较高时,螺旋输送机内的渣土难以形成"土塞",发生喷涌现象的可能性较大,因此对盾构采用了如下针对性设计:

① 盾构出土口设置两个闸门,交替开启以降低喷涌压力;

② 预留了膨润土和高分子聚合物注入接口,必要时可向土仓壁和螺旋输送机内注入膨润土或高分子聚合物,以缓解螺旋输送机的喷渣压力;

③ 设置有保压泵接口,必要时可连接泥浆泵或泥浆管,缓解喷渣压力。

5) 复合式渣土改良系统

(1)单管单泵泡沫系统。为提高渣土改良的效果,泡沫系统采用6路单管单泵的方式,每路泡沫均可独立工作,不受土仓压力和管道阻力的影响,采用成熟的防堵塞设计。且渣土改良注入口采用整体背装式结构,便于洞内维修或更换。同时在刀盘面板喷口处加设防护盖,使添加剂改变喷出线路,沿着刀盘径向喷出,最大限度地减少出口管路被土体堵塞的可能。发泡方式由原来的管路中混合直接发泡变为在混合箱充分混合后由泡沫泵泵送发泡,在不增加泡沫消耗量的条件下,发泡效果更好。

(2)膨润土系统。系统包括膨润土洞外膨化装置及大流量膨润土泵,膨润土注入采用两台软管泵,一台用于渣土改良,一台用于盾壳外膨润土注入。两台泵既可通过单独管路注入,也可同时向刀盘前方注入。

(3) 聚合物注入系统。当地层含水量大时,很难在螺旋输送机中形成土塞效应,使用泡沫的方法也不足以维持土仓的压力。聚合物能与水反应,将水与细微粒凝结,随后在螺旋输送机中形成压力体。聚合物通过两台螺杆泵分别注入土仓里面和螺旋输送机的两侧,单独使用时可以满足在高水压富水地层的掘进需要,阻止喷涌的发生。聚合物与泡沫配合使用时可以改善泡沫的使用性能。

6) 设计优化建议

孤石、基岩凸起、黏性地层的刀盘结泥饼等问题是深圳地铁主要面临的三大技术难题。总体来说,深圳地铁11号线11301标段的盾构功能设计和性能指标是基本适应深圳地质的。但从地质的适应性、关键部件的耐磨性、系统的可靠性等方面来看,仍存在以下可以优化的地方。

(1) 优化技术参数。

① 所选刀盘驱动功率和扭矩基本满足要求,但类比国外设计富裕量不大,宜配置7台200 kW的变频电机,总驱动功率可达1 400 kW。

② 刀盘最大转速偏小,最好能达到4.5 r/min,这样破岩效果更好(如海瑞克ϕ6 280 mm盾构刀盘转速为6.1 r/min)。

(2) 完善防结泥饼设计。

① 建议适当增大刀盘中心开口率(43%～50%之间),以保持刀盘中心开口畅通,避免在砂质黏性土和全、强风化岩中掘进产生泥饼。

② 建议在刀盘中心盘面上布置一些导流刀,以提高渣土的入仓速度,减少渣土的黏结,改善刀盘中心渣土流动性。

③ 盾构应配置土仓中心高压水喷射系统,主要针对泥质粉砂岩掘进,当由于渣土改良原因在土仓中心将要形成或已经形成泥饼时,高压水喷射系统可缓解或解除中心泥饼。

(3) 提高系统耐磨性能。

① 为确保刀盘外圈梁的可靠性,外圈梁的耐磨措施建议采用"耐磨环(镶嵌合金块)+复合钢板"。

② 鉴于开挖面底部渣土的沉积,刀盘背部外周及盾体切口环设计应考虑耐磨措施。

③ 螺旋输送机叶片易镶嵌耐磨性能好的大合金块,筒臂内侧做好耐磨处理。

(4) 引入膨润土保压系统。膨润土保压系统是在土压平衡盾构中引入泥水平衡盾构的平衡机理,使土压平衡盾构在砂层或圆砾层掘进沉降控制上接近泥水平衡盾构的控制精度。膨润土保压系统从顶部注入的膨润土的主要功用是渗透到拱顶和前方富水砂层中形成泥膜隔离层,泥浆的压力作用在泥膜上,得以支撑拱顶砂层。同时,隔离地下水侵入土仓稀释渣土,保证砂性渣土的改良效果,有效防止出现喷涌。

3.6.3.5 区间隧道孤石探测情况

根据盾构始发井—红树湾站地质补勘结果分析,在欢乐海岸在建别墅区全风化花岗岩地层内探测有3处孤石,孤石直径分别为1.7 m、1.3 m和2.1 m,孤石坚硬、完整、强度高(80~120 MPa)。

3.6.3.6 孤石处理

由于孤石位于欢乐海岸在建别墅区内,且有桩基影响,故不能采取深孔预裂爆破方案。综合各方面因素考虑,决定对欢乐海岸场地内的孤石处理采取"冲孔破碎＋旋喷桩加固"措施。

1) 孤石处理方案

根据工期条件需求,拟采用2台冲孔机进行孤石处理,冲孔桩桩径1.2 m,桩间距1.5 m×1.5 m梅花形布置。

冲孔破碎后采用C10素混凝土对冲击孔位进行回填,回填深度为孤石顶部以上3 m至孤石底部以下1 m,孤石所处平面位置采用 ϕ800 mm双重管旋喷桩加固,防止掘进过程中因遇到孤石,导致上部土体沉降,出渣量过大,进而导致地表沉降等,旋喷桩采取 ϕ800 mm双重管旋喷桩,咬合150 mm,平面旋喷加固范围为孤石轮廓线外延1 m。

2) 冲孔机破碎孤石施工工艺

冲孔机破碎施工工艺流程如图3-74所示。

(1) 施工准备。

① 应按照施工方案配置冲孔机、泥浆泵。

② 应检查卷扬机及机架各部位连接是否牢固,有无松动或磨损、变形,离合器、刹车是否灵敏,钢丝绳是否断丝、磨损、扭结、变形且达到报废标准。

③ 检查机架上的电箱电器是否完好,电动机接地不少于两处。接保护零线牢固可靠,触电保护器动作灵敏。

④ 检查制动皮带不得受潮,传动皮带的防护罩应齐全完好。

(2) 泥浆拌制。

① 黏土制浆选用水化快、造浆能力强、黏度大的膨润土。制浆前尽量将黏土块打碎,以缩短机械搅拌时间。

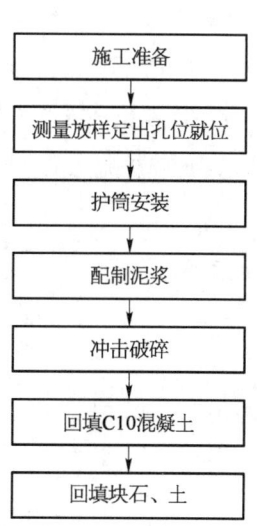

图3-74 冲孔机破碎施工工艺流程

② 泥浆性能指标要求见表3-29。

(3) 护筒埋设。冲孔前,孔口埋设钢板护筒,用以固定桩位,防止孔口坍塌,护筒埋设深度宜为1.3 m,高出自然地面300 mm,护筒与孔壁间的缝隙用黏土填实,防止漏水,护筒内径比钻头直径大200 mm,护筒中心与桩位中心偏差≤20 mm,护筒安放垂直。

(4) 冲孔。护筒埋设好后,桩机就位,使冲击锤中心对准护筒中心,要求偏差不大于±20 mm。开始应低锤密击,锤高0.4~0.6 m,并及时加片石,砂砾和黏土泥浆护壁,使孔壁

表 3-29 泥浆性能指标要求

泥浆性能	新配制		循环泥浆		废弃泥浆		检验方法
	黏性土	砂性土	黏性土	砂性土	黏性土	砂性土	
相对密度	1.04~1.05	1.06~1.08	<1.10	<1.15	>1.25	>1.35	比重计
黏度(s)	20~24	25~30	<25	<35	>50	>60	漏斗计
含砂率(%)	<3	<4	<4	<7	>8	>11	洗砂瓶
pH 值	8~9	8~9	>8	>8	>14	>14	试纸

挤压密实,直至孔深达护筒底以下 3~4 m 后,才可加快速度,将锤提至 2~3.5 m 以上转入正常冲击。冲孔时应及时将孔内残渣排出,每冲击 1~2 m,应排渣一次,并定时补浆,直至设计深度。每冲击 1~2 m 检查一次成孔的垂直度,如发生斜孔、塌孔或护筒周围冒浆时,应停机。待采取相应措施后再进行施工。

在成孔施工中,通过冲击高度、泥浆指标等参数的调节来控制冲击成孔速度,防止孔斜、缩颈等现象的产生。同时利用孔内泥浆的压力来平衡孔壁压力和水压力,起到护壁的作用。

(5) 回填封孔。孤石破除以后,用原状土回填,然后采取旋喷桩加固。

3) 旋喷桩施工工艺

旋喷桩施工工艺流程如图 3-75 所示,施工参数见表 3-37。

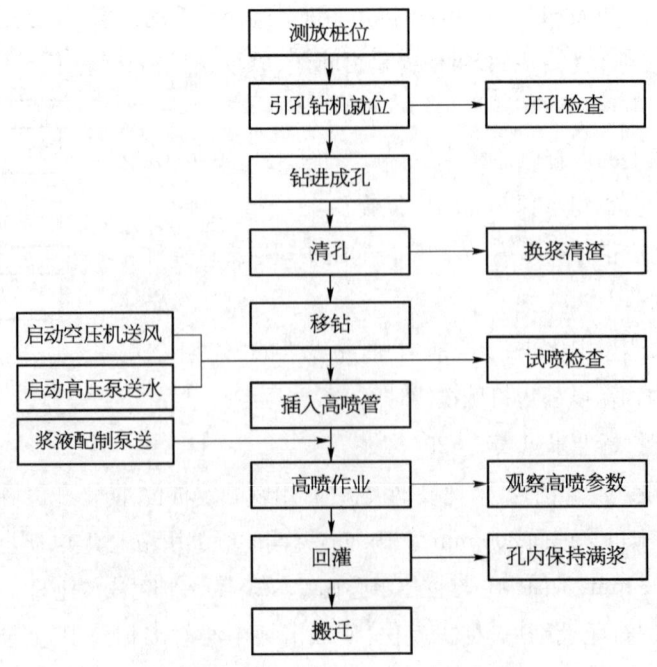

图 3-75 旋喷桩施工工艺流程图

表 3-30 旋喷桩施工主要技术参数

项 目		技 术 参 数
压缩空气	气压(MPa)	0.5~0.7
	气量(m^3/min)	0.5~2.0
水	压力(MPa)	20~30
	流量(L/min)	80~120
	喷嘴直径(mm)	2~3.2
水泥浆	压力(MPa)	1~2
	流量(L/min)	100~150
水灰比		(1~1.5):1
提升速度(cm/min)		10~15
旋转速度(r/min)		11~14

主要施工方法如下:

(1) 施工准备。正式进场施工前,进行管线调查后,清除施工场地内的障碍物,然后整平、夯实;同时合理布置施工机械、输送管路和电力线路位置,确保施工场地的"三通一平"。

施工前用全站仪测定旋喷桩施工的控制点,经过复测验线合格后,用钢尺和测线实地布设桩位,保证桩孔中心移位偏差小于 50 mm。

旋喷桩施工过程中将会产生 10%~20% 的返浆量,将废浆液引入沉淀池,沉淀池大小为 4 m×4 m×0.5 m,沉淀后的清水根据场地条件可进行无公害排放。沉淀的泥土则在开挖基坑时一并运走。沉淀和排污统一纳入全场污水处理系统。

灰浆拌制系统主要由灰浆拌制设备、灰浆储存设备、灰浆输送设备组成,设置在水泥附近,便于作业。

(2) 钻机就位。钻机就位后,对桩机进行调平、对中,调整桩机的垂直度,保证钻杆应与桩位一致,偏差应在 10 mm 以内,钻孔垂直度误差小于 0.3%;钻孔前应调试空压机、泥浆泵,使设备运转正常;校验钻杆长度,并用红油漆在钻塔旁标注深度线,保证孔底标高满足设计深度。

(3) 引孔钻进。钻机施工前,应首先在地面进行试喷,在钻孔机械试运转正常后,开始引孔钻进。钻孔过程中要详细记录好钻杆节数,保证钻孔深度的准确。

(4) 拔出岩芯管、插入注浆管。引孔至设计深度后,拔出岩芯管,并换上喷射注浆管插入预定深度。在插管过程中,为防止泥砂堵塞喷嘴,要边射水边插管,水压不得超过 1 MPa,以免压力过高,将孔壁射穿,高压水喷嘴要用塑料布包裹,以防泥土进入管内。

(5) 旋喷提升。当喷射注浆管插入设计深度后,接通泥浆泵,然后由下向上旋喷,同时将泥浆清理排出。喷射时,先应达到预定的喷射压力、喷浆后再逐渐提升旋喷管,以防扭断旋喷管。为保证桩底端的质量，喷嘴下沉到设计深度时，在原位置旋转10 s左右，待孔口冒浆正常后再旋喷提升。钻杆的旋转和提升应连续进行，不得中断。钻机发生故障，应停止提升钻杆和旋转，以防断桩，并立即检修排除故障。为提高桩底端质量，在桩底部1.0 m范围内应适当增加钻杆喷浆旋喷时间。在旋喷提升过程中，可根据不同的土层，调整旋喷参数。实桩旋喷完成后，对空桩部分进行封孔。

(6) 钻机移位。旋喷提升到设计桩顶标高时停止，提升钻头出孔口，清洗注浆泵及输送管道，然后将钻机移位。

4) 主要施工机械设备

主要施工机械设备见表3-31，本表暂定为一个工作面设备配置，根据施工进度及现场实际情况，及时调整设备。

表3-31 主要机械设备配套

序 号	设备名称	规格型号	单 位	数 量
1	地质钻机	XY-150	台	2
2	高喷台车	XP-30B	台	1
3	高压泵	3D2-5Z栓塞泵	台	1
4	灌浆泵	HB-80	台	1
5	空压机	$P-0.8\text{ MPa}, Q-6\text{ m}^3/\text{min}$	台	1
6	泥浆泵	BW-150	台	2
7	拌浆机	WJG-80	台	2
8	冲孔钻机		台	2

3.6.3.7 盾构掘进参数控制

1) 施工中可能遇到的问题

(1) 盾构在别墅区ZDK7+690~ZDK7+762预裂爆破段掘进过程中，易发生地表沉降、别墅装修出现破损。

(2) 左线在预裂爆破段里程ZDK7+750~7+762处上面地表为已注水的湖面，在该段掘进过程中，可能会出现隧道内气体直接通过原注浆孔向地表冒气，导致湖面局部大量冒泡，湖水与掌子面连通。

(3) 在补勘过程中，在别墅区内部发现的3处孤石均已经采用"冲孔破碎＋旋喷桩加固"进行处理，由于补勘数量有限，掘进过程中可能会出现孤石，导致盾构掘进异常、推进速度缓慢、刀具磨损异常、刀具异常损坏等情况，最终会导致地表沉降影响别墅区地表和建筑。

2) 施工技术措施

(1) 加强对常规设备的维修保养,确保门吊、砂浆搅拌机、二次注浆机、电瓶车等设备状态良好。

(2) 加强对盾构的维护,保证加压系统、泡沫系统和出渣系统运行良好。

(3) 加强刀具管理,根据详勘资料,在进入别墅区前在全断面硬岩处进行常压换刀,左线停机位置为 ZDK7+671,右线停机位置为 YDK7+687,分别对左右线盾构进行刀具更换。开仓前应先带压进仓确定掌子面是否为全断面硬岩,确定为全断面硬岩后,再常压开仓进行刀具更换,保证施工安全。带压进仓作业参照本书第 6 章相关内容。

3) 孤石区掘进参数设置

(1) 贯入度及刀盘转速。刀盘转速 1.0~1.2 r/min,贯入度 5~8 mm/r,扭矩 600~1 000 kN·m,总推力不大于 28 000 kN。

(2) 土仓压力。根据隧道埋深计算,在盾构掘进过程中,向刀盘仓注入高料度膨润土泥浆(黏度不小于 90 s),提高土仓压力稳定性。

(3) 出土量。在含孤石段掘进时,严格控制出土量,避免因软土部位的超挖和过量出土造成地面沉降异常,甚至坍塌。

(4) 渣土改良。采用泡沫剂和膨润土泥浆,提高渣土和易性和流动性,减小刀具和岩面之间的摩擦力,降低土仓温度。

(5) 同步注浆及二次补强注浆。在盾构掘进过程中,同步注浆采用凝结速度快(初凝时间 3 h 左右)、结石率高的浆液。一般情况下,预裂爆破注浆段每环的注浆量不小于 8 m³,土层中的每环注浆量不小于 9 m³。同步注浆配比为水泥∶膨润土∶粉煤灰∶砂∶水=120∶100∶290∶400∶400。

二次补强注浆采用 1∶1 的水泥-水玻璃(35Be)双液浆,注浆时压力小于 1.0 MPa,初凝时间为 1 min。二次注浆时间一般控制在同步注浆结束后 12 h 左右。当盾构在预裂爆破注浆段掘进时,每掘进 5 环停机进行管片背部二次注浆一次,彻底封堵后部水体向掌子面涌入通道,保证开挖面的稳定。

4) 刀具管理

(1) 刀具管理原则。当盾构推力、扭矩等掘进参数发生较大变化,或有刀具从螺旋输送机出土口排出时,应立即停机进行刀具检查。

(2) 边滚刀管理。在本工程施工过程中,边滚刀采用垫块加高后最大磨损量为 25 mm。一般情况下,当边滚刀磨损量大于 15 mm 时,应立即进行刀具更换。

(3) 正面滚刀管理。由于正面滚刀距离刀盘面高度为 175 mm,而刮刀面距离刀盘面高度为 135 mm,因为硬岩掘进中主要靠滚刀进行破岩,刮刀不具备破岩能力,正面滚刀最大磨损量为 30 mm 为宜。在实际施工中,正面滚刀的磨损接近 25 mm 时,就需要对正面滚刀进行更换。

(4) 刀具非正常磨损。当发现边滚刀和正面滚刀出现偏磨、刀圈开裂、刀座变形等非正常损坏的情况时,应直接更换损坏刀具。

5) 未探明孤石处理措施

结合本工程地质及周边环境条件,在不具备地表处理条件时,采用带压或填仓后常压处理。

6) 地表及建筑物监测

在盾构进入别墅区前对隧道上方及隧道周边 30 m 范围内的地表建(构)筑物进行监测布点,地表沉降点要求每 5 m 一组,建(构)筑物上按照技术要求均匀布置监测点。

地表监测正常情况下每半天监测一次,特殊情况根据实际情况加密监测频率,监测频率应满足信息化施工要求,别墅区的沉降控制值为 30 mm,隆起控制值为 10 mm,沉降预警值为 20 mm,隆起预警值为 5 mm。

第 4 章

大粒径卵石地层盾构处理技术

大粒径卵石地层主要分布于北京、成都、兰州等地，在盾构施工过程中存在很大的风险和困难，如掌子面前方大粒径卵石难以有效破碎、掌子面压力难以建立与欠压掘进、刀盘或螺旋输送机卡死、地层超挖明显及地表沉降难以控制等。

本章结合地层特性和施工难点以及施工案例，主要针对设备适应性选型、卵石地层处理技术、开挖面稳定控制技术、掘进控制技术等方面进行分析和总结。

4.1 地层特性与施工难点

4.1.1 地层特性

1) 砂卵石地层的定义

广义上，所有以漂石(块石)、卵石(碎石)、砾石(角砾)为主，含有砂土及少量黏性土粒的粗碎屑堆积物，统称为砂卵石，天然的砂卵石是由许多大小不等的颗粒组成。根据土力学相关规定，砂是指粒径为 0.075～2 mm 的颗粒，卵石是指粒径为 60～200 mm 的颗粒，砂卵石地层是指以砂和卵砾石为主的地层，并且卵石含量较高。

2) 工程特点

(1) 大粒径砂卵石地层是一种典型的力学不稳定地层，卵石颗粒间空隙大，黏聚力低，具有明显的离散特点。

(2) 卵石含量高、颗粒粒径大，卵石含量达 55%～90%，局部富集大粒径卵石(直径>200 mm)，含量高达 50%～85%。

(3) 卵石单轴抗压强度高，一般在 65～200 MPa，平均值 100 MPa 以上。卵石主要成分为花岗岩、玄武岩、闪长岩、石英岩和灰岩等。

(4) 大粒径砂卵石地层由大粒径卵石、卵石、砂或黏性土等组成，局部有胶结层，地质条件复杂多变。

(5) 砂卵石地层中，当卵砾石等粗集料的含量在 70% 以上时，工程特性主要由粗集料控制;含量在70%以下时,工程特性主要由细集料控制。一般而言,当地层中卵石、砾石含量越高时,其摩擦角越大,变形模量也越大,渣土的和易性和流动性也较差。

4.1.2 施工难点

砂卵石地层属于力学不稳定层,其主要特性是结构松散、无胶结、呈大小不等的颗粒状,且颗粒之间的空隙大、黏聚力为零,颗粒之间的传力方式为点对点,围岩整体强度较低,但单个卵石强度高,在地层中起骨架作用。在这种地层中盾构掘进所受到的不利影响主要表现在以下几个方面:

1) 刀盘卡死

在砂卵石地层条件下盾构施工时,大粒径卵石易松动、掉落,尤其在弱胶结高渗透性地区,在刀盘旋转、切削作用下,大粒径卵石随着刀盘一起转动,难以有效破碎和排出,极易出现刀盘卡死现象。

如某工程排出的最大卵石直径超过500 mm,掘进过程中刀盘贯入度和掘进速度较低,同时出土量较大,出现刀盘卡死,采用正反转、刀盘后退等常规方法无法得到有效解决,只能采取开仓方式进行处理。

2) 设备磨损严重

大粒径砂卵石地层卵石流动性差、石英含量高,局部有砂卵石胶结层,且大粒径卵石破碎难度大。在盾构掘进过程中,刀盘和刀具、螺旋输送机/泥浆循环系统磨损严重,同时由于卵石对刀具的撞击致使刀具出现非正常损坏,加剧了刀具的磨损和损坏。

3) 地面沉降控制难度大

大粒径卵石地层均一性、气密性和自稳性差,在盾构掘进过程中,大粒径卵石由于强度和硬度都很高,不易被破碎,在破碎过程对地层扰动大,导致砂卵石地层地表沉降具有突发性和随机性,在外界环境因素作用下出现地表沉降、坍塌。

在采用土压平衡盾构施工时,大粒径卵石容易在螺旋输送机中卡住,导致出土不畅,为了将卵石排出就需加大螺旋输送机转速,进而引起超挖及掌子面失稳。

在采用泥水平衡盾构施工时,大粒径卵石易堆积在泥浆门和破碎机区域,堵仓现象时有发生,长时间进行泥浆循环或冲刷时,掌子面压力波动大,极易发生掌子面失稳,造成地面沉降。

4) 带压作业风险大

大粒径卵石地层刀盘及刀具磨损严重,盾构掘进过程中势必要停机进行换刀作业,因砂卵石地层气密性和稳定性差,盾构停机带压换刀过程中掌子面安全性差,带压维修作业风险极大。

4.2 盾构适应性选型设计

4.2.1 选型原则和依据

(1) 结合隧道穿越地层中大粒径卵石直径和含量,以及地层的密实程度,充分考虑盾构刀盘的结构形式和刀具配置。

(2) 具有在大粒径卵石或大漂石地层直接掘进通过的能力,应充分考虑刀盘、主驱动、螺旋输送机/破碎机和泥浆循环系统的能力储备。

(3) 参照本书第1章1.3.1节"选型原则和依据"相关内容。

4.2.2 卵石地层适应性设计

1) 设备形式确定

按照盾构选型原则和依据,结合大粒径卵石地层特点,泥水平衡盾构和土压平衡盾构均可采用。在卵石粒径大、含量高及有大粒径漂石存在的地区,优先推荐采用土压平衡盾构施工。在细颗粒含量较多,且卵石层中有黏土存在,卵石粒径相对较小,出现大粒径漂石的可能性较少,同时具备较大的施工场地,可以采用泥水平衡盾构进行施工。

2) 地质适应性设计

盾构除具有开挖、管片安装、注浆、渣土改良/泥浆处理、测量导向等基本功能外,还应具有大粒径卵石地层掘进的地质适应能力。

(1) 合理的刀盘结构设计,应具有足够的刚度和强度以及耐磨性能。在砂卵石地层掘进时受刀盘的扰动和地下水的作用,砂层很容易液化造成掌子面的自立性很差。辐条式刀盘有利于提高掘进效率,降低刀盘扭矩;面板式刀盘有利于掌子面压力控制和限制进入土仓的卵石粒径。结合砂卵石地层特性,建议采用辐条和小面板结构组合方式,即复合式刀盘。

(2) 合理的刀盘开口率,在满足开挖面稳定的条件下,开口要足够大,这样才能使刀盘切削下来的渣土较快地进入刀盘后部,从而保证掘进速度。当地层中存在黏土层时,尽量加大中心开口率,保证中心开口率在40%以上,防止中心结泥饼。刀盘单个开口的大小将限制进入搅拌仓的颗粒或漂石的大小,其基本原则是进入搅拌仓的颗粒能够经过螺旋输送机排出/破碎机破碎后排出。

(3) 刀具布置需考虑砂卵石地层的特性,因其单个卵石的抗压强度高,主切削刀具不能有效破碎,主要是起扰动作用,即把卵石从开挖面土体中先松动下来,再经过刀盘开口进入土仓。滚刀在砂土含量较多时易出现偏磨,因此,盾构刀具配置除滚刀外,还需布置适当数量的撕裂刀、贝壳刀,其不仅起到扰动卵石的作用,而且在含砂量较大时掘进效率相对更高。

(4) 刀盘、刀具、螺旋输送机/破碎机等设计应充分考虑大漂石的处理能力,刀具结构设计和材料选用应具有较好的抗冲击性能;螺旋输送机/破碎机应具有较高的能力储备和耐磨设计。图4-1、图4-2所示为在北京地铁10号线施工过程中发现的大粒径卵石。

图4-1 大粒径卵石　　　　　图4-2 始发井排出的卵石

(5) 主驱动系统需要有足够的功率和扭矩,一般采用液压驱动。液压驱动具有耐冲击性、高扭矩等特性,能更好地适应砂卵石地层掘进。

3) 土压平衡盾构

(1) 卵石以排为主,破碎为辅。刀盘建议采用中间支撑方式,辐条加小面板式结构,刀盘开口率到35%左右,同时加大刀盘中心部位的开口。

采用轴式螺旋输送机可以直接排放大部分的卵石。预留二级螺旋机接口,分段设置检查窗口,便于检修和维护。

(2) 卵石不破碎,直接排放。建议采用辐条式刀盘,开口率在65%左右,带式螺旋机排渣方式。日本在这方面成功经验较多,日立盾构采用直径为1 000 mm的带式螺旋机,可以输送$L725×\phi670$ mm的卵石;直径845 mm的带式螺旋机,可以输送$L630×\phi570$ mm的卵石,即使在含大漂石的砂卵石地层中亦完全适用,但地下水位较高的地区,带式螺旋机不易形成土塞效应,实际效果还有待于验证。

4) 泥水平衡盾构

(1) 建议脱困扭矩大于5 500 kN·m(常规地铁盾构),在发生掌子面局部坍塌堵塞泥水仓时,可以顺利脱困,尽量避免采用地表加固地层后人工清仓脱困的方法。

(2) 采用工作面破碎和卵石分级的方式,盘形滚刀将卵石在刀盘前方破碎之后,利用在气垫仓与排泥管之间设置的旋转式分级器进行卵石分级处理,将粒径大于50 mm的卵石分离出来,用矿车等运输工具运至洞外。

(3) 采用工作面破碎和破碎机破碎的方式,刀盘开口大小与破碎机处理能力相匹配,刀盘结构采用复合式刀盘,全盘配置滚刀,并设置足够数量的焊接撕裂刀,提高刀盘和刀具的破岩能力。首先将大粒径卵石在刀盘前方进行破碎,再依靠破碎机进行二次破碎后通过泥浆循环系统排出。

4.3 大粒径卵石地层处理技术

在盾构施工过程中,由于砂卵石地层空隙率大,盾构掘进扰动后易造成土体损失、地表沉降。同时,局部砂卵石地层夹砂层透镜体,其自稳能力比较差、透水性强,在开挖面上极容易出现涌砂、涌水等现象,使得卵石地层中细颗粒物随着涌水大量流失,从而引起开挖面失去稳定性、地面沉降严重甚至出现塌陷事故。此外,大量砂卵石地层中的细颗粒随着施工降水被排走,卵石之间形成大量的空洞,地层变得疏松,卵石颗粒之间形成的骨架在受到盾构施工扰动时极易垮塌。

4.3.1 砂卵石地层特性分析

1) 砂卵石地层盾构掘进的力学特征

从受力特点来看,砂卵石地层主要依靠卵石间点对点进行接触和传力。卵石之间填充细小颗粒和水分,颗粒之间存在一定咬合摩擦力。卵石之间的咬合摩擦力很容易受外界因素干扰而发生较大的变化,在极端受力的状况下变成完全的松散结构体,颗粒产生流动现象,因此,砂卵石地层属于典型的力学不稳定地层。其基本特征主要表现在结构松散、卵石粒径的大小不均匀且颗粒间无胶结力等,同时,卵石的空隙大多被中、粗砂填充,在无水的情况下,颗粒之间相互传力,地层灵敏度较高,受力敏感。当盾构刀盘旋转切削的时候,刀盘会与卵石层接触,而接触压力不均匀,由此可导致刀头不断振动。在推进油缸顶进力的作用下极容易破坏地层原有的平衡和稳定状态,最终导致坍塌。当坍塌发生,又会引起很大的围岩扰动,使开挖面与洞壁同时失去约束和稳定性,从而造成更大的地层变形,易诱发掌子面坍塌及地表沉降等问题。围岩中卵石的粒径越大,这种扰动的程度便会越大,特别是隧道顶部大块卵石坍落会引起上覆地层的突然沉陷。

2) 砂卵石地层盾构开挖面的失稳特征

通常情况下,砂卵石地层在没有外界动力扰动的情况下,颗粒间会依靠彼此相互嵌固咬合而保持稳定。盾构在对砂卵石地层进行开挖时,如果开挖面的压力不足或螺旋输送机的排土量大于刀盘切削土量,或者是大粒径的卵石被排出,位于刀盘前上方的开挖面便会产生较大的空洞区域。盾构开挖面失稳后,当土仓上部未填充满渣土时,开挖面前上方的松散颗粒由于重力作用向下运动,因此,当欠压掘进时,由于土仓渣土不饱满而使开挖面上部的土体出现临空面而脱落,涌入土仓,造成地层损失塌方。

当盾构位于富水砂卵石地层内掘进时,由于开挖面处的地下水、土压力比较大,往往使得被切削入土仓内的渣土流动性比较差。加之土仓内渣土搅拌不够均匀且渣土改良效果较差时,很难形成与开挖面地层压力相平衡的水土压力,从而导致开挖面地层稳定性难以控制。地层开挖面发生失稳后容易塌落,盾构实际出渣量大于理论出渣量而造成空洞。砂卵石地层之间往往夹杂软弱砂层,缺乏粒间黏聚力。由于盾构掘进对于开挖面属于卸载作用,不平衡的支护压力会导致砂土塌陷而涌入土仓,进而诱发地层内部出现空洞。

开挖面空洞的出现会使卵石与砾石不断松动,使开挖面和洞壁失去约束而发生失稳,随之出现快速的塌落,进一步加大上覆松散砂卵地层土层的松动范围。如果隧道的埋深较浅,上覆土层较薄,且盾构刀盘上方为砂层或单一级配的圆砾层时,则盾构推进过程中很容易出现局部地表下沉;如果上覆土体的抗剪强度很低,还会引起冒落的危险,诱发地面小范围坍塌或引起较大的地表沉降,如图 4-3 所示。

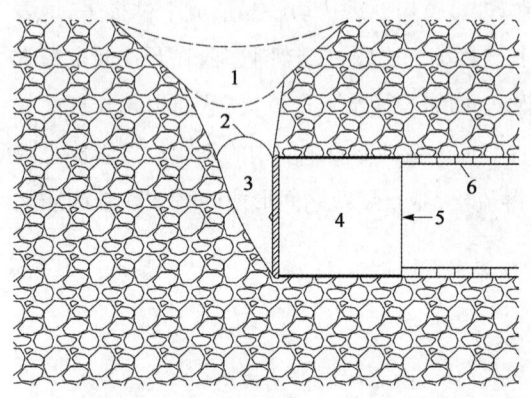

图 4-3 盾构掘进造成砂卵石地层失稳示意图
1—松动区;2—土拱示意线;3—坍塌区;
4—盾构;5—掘进方向;6—衬砌管片

4.3.2 大粒径卵石处理技术

我国在较为单一岩土地层中的隧道修建技术方面已经积累了丰富经验,相比之下,在卵石类地层中隧道的设计及施工经验相对缺乏。卵石类地层(砂卵石、卵砾石)作为一种特殊的岩土结构,其物理力学性质介于土与岩石之间,由于胶结不良、结构较松散、整体性差等,围岩结构受扰动易发生失稳破坏,遇水时细颗粒易流失,在施工中易发生较大的收敛沉降而出现坍塌甚至冒顶。一般通过加强超前预支护等措施加以克服,对于卵石类地层分布规模较大的隧道,可采取深孔注浆进行加固。盾构穿越卵砾石地层不但施工困难,施工进度慢,而且施工安全风险大。下面以常规地铁盾构为例介绍大粒径卵石处理技术。

4.3.2.1 盾构直接掘进

盾构法作为区间隧道的主要施工方法,具有以下优势:掘进速度快,施工全过程可实现自动化作业,施工劳动强度低、安全系数高,不影响地面交通与设施,施工中不受季节、风雨等气候条件影响,施工中没有噪声和扰动,适合地层范围广、地质情况复杂的施工作业环境等。但因地质、水文等条件差异性大,在隧道施工中需解决盾构的适应性、施工辅助措施的有效性。

在进行隧道盾构施工时,砂卵石层由于其地质的特殊性,致使盾构掘进施工中遇到许多技术难题,例如:刀盘前方大粒径卵石难以有效破碎;掌子面平衡土压力难以建立与欠压掘进;渣土改良效果较差与螺旋机喷涌;地层超挖明显、隧道上方地层出现空腔以及地表沉降现象难以控制等。在卵石地层盾构施工的关键是掘进参数的合理选择。施工时,根据地质环境和施工条件的变化,严格控制和灵活调整盾构掘进参数,主要包括土仓压力、出渣量、刀盘转速和扭矩、掘进速度和推力、注浆压力和流量等。

1) 土仓压力控制

采用土压平衡模式掘进,刀盘极易"卡死"而造成推进困难,因而采取适量欠压模式掘进。土仓压力通过采取设定掘进速度、调整排土量的方法建立,并以维持切削土量与排土量的平衡为基准。在盾构掘进速度一定的情况下,主要通过调整螺旋输送机的转速来调整出土量,以维持土仓压力的相对平衡。

2) 出渣量控制

在砂卵石地层盾构掘进时,出渣超量会造成地面沉降超限,因此,必须将出渣量作为各项掘进参数的重点加以严格控制。出渣量采用体积与质量双重控制机制,螺旋输送机出土以保证土压值的稳定为前提,不能过大波动。

在施工中对渣斗车进行分格量化,从渣斗车顶往下每 10 cm 所对应的渣土数值进行精确计算,确保快速确定每环出渣量。掘进时采取渣土改良措施增加渣土的流动性和止水性,密切观察螺旋输送机的栓塞和出土情况并及时调整添加剂的掺入量。螺旋输送机转速一般控制在 7~10 r/min 为宜。

3) 刀盘转速及扭矩

因卵石地层自稳性差,如刀盘转速过高,将加大刀盘、刀具的磨损,同时对土体扰动也会加大,不利于土体自稳,因此,需适当降低刀盘转速。刀盘转速控制在 1.0~1.2 r/min 较为合适,刀盘扭矩控制在 3 000~4 600 kN·m 为宜。

4) 掘进速度和推力

理论上,只要有足够的推力就能获得足够的掘进速度,但在刀盘转速一定的情况下,掘进速度越大,刀盘贯入度也越大,在粒径大的密实卵石层中极易出现卡刀盘现象。

推力的大小依据掘进速度来调整,过大会引起刀盘向掌子面的正压力增大,对刀盘扭矩控制不利。另外,推力也易受到土压变化的影响,从盾构总推力的构成分析,除了要克服盾体前进时的摩擦力和刀盘正面破碎岩石的正压力外,还要克服土体对掌子面的正压力,一般情况下,盾构掘进速度与推力应分别控制在 45~55 mm/min、10 000~13 000 kN 范围内为宜。

5) 同步注浆压力和注浆量

注浆压力和注浆量是同步注浆的关键数据。

(1) 注浆压力。同步注浆最大压力根据地层的水土压力大小来确定。从尾盾圆周上的四个点同时注浆,注浆压力根据隧道掌子面压力适当提高 0.1~0.2 MPa。

(2) 注浆量。浆液注浆率按 1.5~2.2 计算,每环同步注浆量按 6 m³ 进行控制。注浆速度和推进速度保持同步。

6) 二次注浆参数

盾构欠压模式掘进过程中,易造成地面沉降,因此,二次注浆至关重要。

当盾构正常掘进时,在卵石地层同步注浆浆液终凝时间长,为防止浆液流动,利用管片吊装孔孔位对管片背后进行补充注双液浆,每隔10环封闭1圈。

当盾构掘进出现超挖时,通过管片吊装孔及时对管片上方进行注浆填充,以防止地面塌陷。

4.3.2.2 超前注浆加固

1) 目的

由于砂卵石地层具有卵石颗粒间空隙大、黏聚力低等特点,为保证盾构施工安全,在盾构机到达施工风险点前进行超前注浆预加固,以提高地层稳定性,减少地面沉降,进而保护地面建(构)筑物和地下管线。

2) 超前钻机简介

超前钻机主要由驱动马达、钻杆制动、夹具、钻轴、钻头、旋转轴、止水装置等构成。

3) 超前注浆施工方法

超前注浆施工方法是指先将超前钻机固定在管片安装机上,通过管片安装机的旋转来调整超前钻机钻杆对应的超前注浆孔。然后在超前钻机上安装钻杆,通过超前注浆孔插入钻杆,斜向上方钻孔,外插角根据盾构设计注浆孔位置确定。然后插入注浆管,后退式分段注浆加固地层。

一般情况下,仅对上半断面进行加固,加固土层的厚度可视钻机打孔深度而定,并且根据加固效果,结合地表沉降监测结果来确定注浆加固的步距。超前注浆加固稳定后,合理地选择盾构掘进参数通过砂卵石地层。

4) 注浆参数设计

(1) 浆液配比。

① 普通水泥浆。$W/C=0.8\sim1.0$。

② 惰性浆液。粉煤灰:膨润土:石灰:水=190:260:180:1 115。

(2) 注浆参数。注浆压力、扩散半径、注入率根据地层特性和周边环境进行计算后确定。

4.4 盾构开挖面稳定控制技术

4.4.1 泥水平衡盾构控制技术

砂卵石地层颗粒松散、无黏结力,颗粒间通过接触点实现点对点传力,在富水条件下地层稳定性极差,泥水平衡盾构主要通过泥浆在开挖面的渗透作用形成泥膜,提高开挖面的稳定性。

参照本书第2、第3章"盾构开挖面稳定控制技术"相关内容,同时做好以下参数控制,保证施工安全。

4.4.1.1 切口水压控制

盾构掘进时的切口泥水压力应介于理论计算值上、下限之间,并根据地表建(构)筑物的情况和地质条件适当调整。在逆洗过程中,由于泥水仓或盾构内的排泥管处于堵塞状态,因此逆洗时应提高排泥流量,但不能降低切口水压。盾构推进、逆洗和旁路三状态切换时的切口水压偏差值均控制在±20 kPa。

4.4.1.2 泥浆参数控制

由于泥浆中的黏粒受到泥浆压力差作用在开挖面形成一层泥膜,对提高开挖面的稳定性起到极其重要的作用,尤其在均匀系数较小的砂层、砂砾和砂卵石(含大粒径卵石)中的稳定作用尤为显著。泥水的相对密度随土层的不同而变化,在黏性土中相对密度可小一些,取1.03~1.05,在砂层或砂砾层中相对密度要大一些,取1.05~1.10,在砂卵石地层中选取1.08~1.25。其他泥浆指标如下:

(1) 漏斗黏度 $\nu = 20\sim30$ s;

(2) 析水率<5%;

(3) pH 值为 8~9;

(4) API 失水量<30 cc/30 min。

4.4.1.3 出渣量控制

盾构掘进实际掘削量 V_R 可由下式计算得到:

$$V_R = (Q_1 - Q_0)t \tag{4-1}$$

式中 V_R——实际掘削量(m^3/Ring);

Q_1——排泥流量(m^3/min);

Q_0——送泥流量(m^3/min);

t——掘削时间(min)。

当发现掘削量过大时,应立即检查泥水密度、黏度和切口水压。此外,也可以利用探查装置,调查土体坍塌情况,在查明原因后应及时调整有关参数,确保开挖面稳定。

4.4.2 土压平衡盾构控制技术

参照本书第2、第3章"盾构开挖面稳定控制技术"相关内容,同时做好以下参数控制,保证施工安全。

4.4.2.1 工作模式选择

在大粒径卵石地层段,多选择土压平衡模式掘进,在密实卵石段,地层稳定性好,大粒径卵石集聚时,为减小刀盘扭矩,加快渣土进入土仓,可根据地表建(构)筑物和沉降情况等,适当选择气压平衡模式。

4.4.2.2 土压平衡掘进控制措施

(1) 土仓内土压力值 P 应略大于静水压力和地层土压力之和 P_0,即 $P=KP_0$(K 值介于 1.5~3.0);在地层松散时,由于受盾构掘进的扰动影响,前方 5~10 m 地层会出现 5~10 mm 的沉降,需要适当加大盾构掘进时的压力。

(2) 土仓压力通过采取设定掘进速度、调整排土量或设定排土量、调整掘进速度等方法建立,并应维持切削土量与排土量的平衡,以使土仓内的压力稳定平衡。

(3) 保持合理的贯入度,禁止刀盘空转,防止卵石间的镶嵌摩擦冲击造成的切削作用,从而造成掌子面坍塌。

(4) 在实际掘进施工中根据地质条件、排出的渣土状态以及盾构的各项工作状态参数等动态地调整优化,此模式掘进时采取渣土改良措施增加渣土的流动性和止水性。

4.4.2.3 盾构掘进渣土管理

在盾构施工中渣土的管理也是一个重要的内容,特别是在卵石土层中掘进时更应该做好渣土管理工作。渣土管理包括渣土改良、出渣量控制、渣土性状鉴别等内容。

1) 渣土改良

(1) 渣土改良的作用。在砂卵石地层中盾构施工时,进行渣土改良是保证盾构安全、顺利、快速施工的一项不可或缺的技术手段。其具有如下作用:

① 保证渣土与添加介质充分拌和,以保证形成不透水流塑性的渣土,从而建立良好的土压平衡机理,只有渣土改良效果好才能从根本上保证掘进过程中地表的沉降控制,同时提高掘进效率,以保证预定的施工进度目标。

② 使砂卵石土具有流塑性和较低的透水性,形成较好的土压平衡效果而稳定开挖面,控制地表沉降。

③ 降低砂卵石土的渗透系数,使之具有较好的止水性,以控制地下水流失及防止或减轻螺旋输送机排土时的喷涌现象。

④ 改善砂卵石土的流塑性,使切削下来的渣土顺利快速进入土仓,并利于螺旋输送机顺利排土。

⑤ 改善砂卵石土的流动性和减小其内摩擦角,有效降低刀盘扭矩、降低对刀具和螺旋输送机的磨损、降低掘进切削时的摩擦发热,提高掘进效率。

(2) 渣土改良的方法。渣土改良就是通过盾构的专用装置向刀盘面、土仓或螺旋输送机内注入添加剂,利用刀盘的旋转搅拌、土仓搅拌装置搅拌或螺旋输送机旋转搅拌使添加剂与渣土混合,其主要目的就是要使盾构切削下来的渣土具有良好的流塑性、合适的稠度、较低的透水性和较小的摩阻力,以满足在不同地质条件下掘进都可达到理想的工作状况的目的。添加剂主要有泡沫、膨润土以及聚合物。

(3) 改良剂的确定及配比、掺量。根据成都地铁同类地层盾构施工工程案例,一般在正常推进阶段采用泡沫剂和水,局部采用膨润土的改良方法,可显著降低刀盘、螺旋输送机的油压及盾构推力,减小刀盘扭矩,减轻砂卵石地层对盾构的磨损,提高掘进速度和设备的使用寿命。

根据成都地质情况,正常推进阶段泡沫剂添加率为20%～35%。泡沫组成为90%～95%压缩空气和5%～10%泡沫溶液;泡沫溶液的组成为泡沫添加剂2%～4%、水97%～98%。所用泡沫剂黏度不低于0.05 Pa·s。例如按添加率25%(即切削 1 m³ 渣土需注入250 L)计算,按照发泡倍率10,土仓内土压力取0.1 MPa,所需的起泡液的体积为25 L,空气的体积为450 L,按起泡剂、水的比例分别为3%、97%,起泡剂、水的体积分别为0.75 L、24.25 L。

膨润土泥浆配比为水∶膨润土＝100∶52,膨润土为优质的钠基膨润土。

(4) 泡沫的作用机理。泡沫的作用机理主要表现在以下几个方面:

① 通过注入泡沫,在刀盘前方形成一层膜,建立起泥土压力,为土体结构提供水平推力,有利于形成拱结构。

② 泡沫使开挖面土体的强度和刚度得到加强,提高了开挖面土体的竖向抗力,对开挖面土体起到了支护作用,减小了开挖面土体失稳的可能。

③ 砂卵石地层颗粒松散,无黏聚力,颗粒之间的传力方式为点对点,向开挖面土体添加泡沫后,泡沫包围在颗粒周围,形成了一层膜,增加了颗粒之间的黏聚力,使得颗粒之间的传力得到扩散,改善了土体的受力状况。

在空气和刀盘的搅拌下泡沫迅速渗透到土层中,将砂卵石颗粒包裹起来,降低了土体的密实度,改善了土体的流塑性。

④ 利用泡沫优良的润滑性能,改善土体粒状构造,同时吸附在颗粒之间的气泡可以减小土体颗粒与刀盘系统的直接摩擦。降低土体的渗透性,又因其相对密度小,搅拌负荷轻,容易将土体搅拌均匀,从而做到既能平衡开挖面土压,又能连续向外顺畅排土。同时泡沫具有可压缩性,对土压的稳定也有积极作用。

(5) 渣土改良的主要技术措施。渣土和易性是判定渣土改良成效的重要标准。好的和易性,土水不分离且流动性较好。这从很大程度上提高了盾构推进效率。

在砂卵石地层,设置合适的泡沫参数、向刀盘前注入适量泡沫,在土仓偏上位置同步注入适量的水,形成流动性较好的土石混合物,降低了刀盘扭矩和对刀具、螺旋输送机的磨损,在螺旋输送机内形成土塞效应,防止喷涌。

在地下水发育或富水砂层地段,可在土仓下部靠近螺旋输送机部位注入空气,将土仓内和前方的土体空隙水疏干,从而防止喷涌。

对于土仓旋转主臂内结饼的预防措施:通过在回转单元增加一条注入管道,该管道将在靠近土仓的中间区域进行高压水注射,以防止渣土在中间部分阻塞。

2) 出渣量的控制

出渣量管理是保证控制地层损失率的最直接、最有效的手段。

出渣量控制必须以渣土体积控制为主,重量复核为辅。隧道内值班人员对每一车渣土方量进行测量并进行记录,渣土运至井口进行垂直吊装时由龙门吊司机对每一箱渣土重量进行记录。

以推进1.5 m长度计算,掘进的土石方量 V 按下式计算:

$$V=\frac{\pi}{4}\times D^2\times T\times K_1=\frac{\pi}{4}\times 6.280^2\times 1.5\times 1.2=55.75(m^3) \quad (4-2)$$

式中 V——每环掘进的土石方量;

D——刀盘外径(m);

T——推进长度(m);

K_1——松散系数1.2。

环宽1.2 m的每环出土量控制在45 m^3 为佳,上下偏差最大不超过2 m^3。以45 m^3 为标准,每车出土量(15 m^3)需与相应的推进距离(0.402 m)及时对比复核。

环宽1.5 m的每环出土量控制在56 m^3 为佳,上下偏差最大不超过2 m^3。以56 m^3 为标准,每车出土量(15 m^3)需与相应的推进距离(0.402 m)及时对比复核。

盾构施工中,对掘进所排出的渣土样本进行分析,判断地质情况,根据不同地质情况,确定相应出土量。

盾构推进过程中,每天及时检查对应的地面是否存在异常;当出土量超标时,需加大检查频率,专人监控。严格保证土仓内满土状态及渣土和易性是出渣量管理的重要方面。

4.5 大粒径卵石地层盾构掘进技术

4.5.1 主要技术措施

1) 刀盘设计优化

(1) 刀盘结构应具有较强的强度和刚度,刀盘面板和周边圆环区域均应进行耐磨设计,周边区域还应配置合金保护刀,以提高刀盘耐磨性能。

(2) 主切削刀应具有较高的耐磨性能和耐冲击性能,提高刀具寿命。合金类刀具应采用大块合金结构设计,刀具与刀盘连接螺栓应加强,防止卵石撞击致使刀具合金脱落或刀具掉落。

(3) 刀盘驱动扭矩应有较大富裕量,满足在特殊条件下的脱困能力。

2) 渣土改良

当采用土压平衡盾构施工时,必须做好渣土改良。土仓内渣土的流塑性主要取决于渣土的改良效果,而渣土的改良效果又主要取决于所用膨润土或泡沫剂的材料性能。一般情况下,良好的膨润土浆液可以很好地改善开挖面土体的物理和力学性质,其效果直接影响到土仓内土体的流塑性与抗渗性,又会进一步影响到螺旋输送机出土情况、盾构掘削面刀盘扭矩的大小,以及出现切削面土体的稳定性等问题。

砂卵石难以有效排出的主要原因为土仓内的砂卵石沉底,出现砂石分离的状况;只有让砂卵石"漂浮"起来,才能让其有效排出。实践证明,单纯使用一种改良剂将无法将土体调成理想的流塑状态,难以建立真正的土压平衡,因此,施工中应适当调整膨润土浆液的稠度、改善泡沫剂的发泡率,并将膨润土浆液与泡沫剂联合使用,增加渣土的流塑性。

3) 泥浆质量控制

当采用泥水平衡盾构施工时,必须严格按照本章 4.4 节"盾构开挖面稳定控制技术"关于泥浆参数的设置要求,并严密监视泥浆质量,及时进行泥浆质量调整,保证开挖面泥膜形成质量,提高掘进过程中和带压开仓期间掌子面的稳定性。

4) 盾构掘进参数设置

盾构掘进过程中,千斤顶推力、刀盘扭矩、刀盘转速、推进速度以及注浆压力是反映推进最直观的参数,它们是一个互相联系的整体。其设定的一般原则为:在满足注浆压力和出土不多的前提下,推进速度要尽可能快;在推进速度达到要求的前提下,千斤顶推力、刀盘扭矩和转速要尽可能小。

在盾构施工中保证盾构推进参数合理,对推力、扭矩、土压、出土量等盾构掘进参数进行控制与适时调整,及时观察掌子面土层变化情况,当土层变化大时调整掘进参数。

5) 其他技术措施

(1) 在盾构施工的砂卵石地层中,地层超挖和地面沉降现象时有发生,应准确记录出渣量,掘进通过后应根据出渣及注浆量统计结果,对可能存在的空洞区域进行注浆加固,更应注意同步注浆的填充效果,改良浆液配比,缩短尾盾空隙内浆液初凝时间。

(2) 根据地质变化、隧道埋深、地面载荷、地表沉降、盾构姿态、刀盘扭矩、千斤顶推力等各种勘探、测量数据信息,不断优化掘进参数,完善施工工艺,控制地面沉降。

(3) 加强盾构姿态控制和地面的监控测量,并参照本书第 2 章 2.4.3 节"盾构姿态控制"相关技术措施。

(4) 在盾构掘进过程中不断对尾盾密封处注入油脂,防止地层泥水和注浆浆液进入盾体内损坏盾构密封刷。

4.5.2 主要参数设置

盾构掘进过程中,推力、刀盘扭矩、刀盘转速、推进速度以及注浆压力是反映推进最直观的参数,是互相联系的一个整体。其设定的一般原则是:在满足注浆压力和出渣量的前提下,推进速度要尽可能快;在推进速度达到要求的前提下,推力、刀盘扭矩和转速要尽可能小。下面以成都某砂卵石地层工程为例,介绍大粒径砂卵石地层主要参数设置。

1) 压力设置

(1) 泥水平衡盾构掘进。主要通过控制泥水仓压力实现泥水平衡掘进的富水砂卵石地层中,泥水压力是根据地质情况和隧道埋深情况,采取水土分算的经验公式计算并结合地表监测相结合的方法来确定的。

经验公式为:

$$P_a = \frac{1}{2}\gamma_\pm H^2 K'_a + \frac{1}{2}\gamma_w H_水 \quad (4-3)$$

式中 P_a——泥水压力;

K'_a——土的静止侧向压力系数;

$\gamma_\pm$——土体的平均重度(kN/m^3);

H——隧道埋深(m);

γ_w——水的重度(kN/m^3);

$H_水$——地下水位距隧道顶部的距离。

泥水平衡盾构在掘进施工中泥水压力的设定值,应根据盾构埋深、所在位置的土层状况以及监测数据进行不断地调整才能达到最佳。

(2) 土压平衡盾构掘进。一般来说土仓压力的调整应根据隧道沿线地质、埋深及地表沉降监测信息,通过维持开挖土量与排土量的平衡来实现。如土仓压力设置过大,则会引起盾构刀盘前方土体隆起;如土仓压力设置过小,又会引起盾构刀盘前方土体下沉、坍塌等。结合施工监测信息和掘进参数,进行不断优化和调整,考虑到砂卵石透气性比较好,在掘进停机时,土仓内压力高于设定压力。

2) 始发和到达掘进参数设置

在富水大粒径卵石地层中施工时,洞门常采用玻璃纤维筋围护结构,在始发和到达时,盾构可直接掘进通过。具体参数设置见表4-1。

表4-1 盾构始发和到达主要掘进参数

土仓压力 (MPa)	刀盘转速 (r/min)	推力 (kN)	掘进速度 (mm/min)	刀具贯入量 (mm/r)	工程地质
根据地层 埋深计算	1.0~1.2 0.6~0.8	<10 000 <8 000	<20 <10	<11 <6	砂卵石、粉细砂原状地层 玻璃纤维筋围护桩

同时,加强始发段试掘进时的地面沉降监测,监测频率为3次/d,沉降控制值为[+10,−30]mm,报警值为控制值的70%。

3) 正常段掘进参数

盾构正常段掘进主要掘进参数见表4-2。

表4-2 盾构正常段主要掘进参数

掘进施工参数					工程地质
土仓压力 (MPa)	刀盘转速 (r/min)	推力 (kN)	掘进速度 (mm/min)	刀具贯入量 (mm/r)	
根据地层 埋深计算	1.0~1.2	<20 000	<40	<22	砂卵石、粉细砂原状地层

4) 出渣量控制

(1) 泥水平衡盾构掘进。掘进施工中,良好性能的泥浆有助于在掌子面形成泥膜,泥膜对维持掌子面地层的稳定性起着决定性的作用,泥浆性能应根据盾构穿越地层的工程地质做相应调整。施工过程中,主要通过控制泥浆的相对密度和黏度,合理控制盾构出渣量。

(2) 土压平衡盾构掘进。对土压平衡盾构施工来说,盾构掘进过程中的每环出渣量可根据试掘进段所取得的参数进行控制。出渣量控制可通过推进速度与螺旋输送机转速来实现,在掘进过程中,为了使土仓压力波动较小,必须使挖土量和排土量保持一种平衡关系,以尽量减小盾构施工对地层的扰动,防止超挖的发生,从而减小地表沉降。土仓压力表现较为稳定,有利于地表沉降控制。在卵石层中出渣量每环(环宽1.5 m)拟控制在$(58\pm1)m^3$,在泥岩中出渣量每环(环宽1.5 m)拟控制在$(64\pm1)m^3$。在控制出土体积的同时,通过出渣门吊电子秤对每环渣土进行称重,从而对渣土进行双重控制。一般来说,在同等条件下,出渣量大、出渣量异常的地段,其地表沉降相应也较大,反之则相对较小。

4.5.3 盾构姿态控制

盾构姿态控制参照本书第2章2.4.3节相关内容。同时应考虑出土量、覆土厚度、同步注浆量、开挖面地层情况、千斤顶作用力的分布情况等影响因素。

盾构前进的轨迹一般为蛇形,要保持盾构按设计轴线掘进,必须在推进过程中及时对盾构机姿态进行修正和纠偏。调整姿态遵循"量小、勤纠"原则,每环姿态调整量在10 mm以内。蛇行修正及纠偏时应缓慢进行,如修正过程过急,蛇行反而更加明显,同时在施工过程中要做到勤测勤纠,避免因纠偏量过大引起过多的超挖,影响周围土体的稳定,以便更好地控制地层位移。

盾构位于始发台上时尽量不要进行姿态调整,尾盾脱出始发台后根据实际姿态进行调整;在始发、到达掘进时,严格控制盾构的各组油缸压力不大于7 MPa,盾构总推力小于

10 000 kN(常规地铁盾构)。

1) 同步注浆控制

盾构推进中的同步注浆是填充土体与管片圆环间的建筑间隙和控制地表沉降的主要手段,也是盾构推进施工中的一道重要工序。盾构推进施工中的注浆,选择具有和易性好、泌水性小,且具有一定强度的浆液进行及时、均匀、足量压注,确保建筑空隙得以及时和足量的填充。

在富水砂卵石地层中,地下水十分丰富,其实际填充系数为 1.5~1.8,注浆压力控制在 0.3~0.4 MPa,注浆效果较好。

对注浆后的管片抽样检查管片背后注浆的情况,发现注浆不饱满,及时进行二次补充注浆。在始发、到达、通过建筑物和联络通道特殊地段,使用加强型砂浆,保证同步注浆效果。

2) 管片拼装质量控制

严格进场管片的检查,破损、裂缝的管片不得使用。将管片表面进行彻底清洁,确保止水条及软木衬垫粘贴牢固。吊装管片下井和隧道内运输时注意保护管片和止水条,以免损坏。

管片安装前确保安装区及管片接触面的清洁。管片安装时必须运用管片安装机的微调装置将待装的管片与已安装管片块的内弧面纵面调整到平顺相接以减小错台。调整时动作要平稳,避免管片碰撞破损。严禁非管片安装位置的推进油缸与管片安装位置的推进油缸同时收缩。

为防止已拼装管片错台,要做到第一块管片与前一环的管片接触紧密,两管片的弧面要横向水平,两个连接螺栓孔三角必须对齐;先顶紧油缸,再穿螺栓,最后松开管片安装机。

为防止已拼装管片破损,推进油缸推出的顺序为:先中间后两边,先单缸再双缸,待封顶块(K)装好后,必须从 1 号到 20 号整体检查一遍所有油缸是否顶紧,确保管片均匀受力。

为防止已拼装管片漏水,止水条用专用胶水正确粘贴牢固,如发现已粘贴好的止水条不密实后需立即处理。为防止管片错台导致管片纵缝、环缝漏水,要求对管片连接螺栓进行两次紧固:第一次在封顶块(K)装完后立刻紧固;第二次在下一环掘进 500 mm 时紧固。

4.5.4 渣土改良

参照本书第 2 章 2.4.4 节"渣土改良"相关内容,同时兼顾大粒径砂卵石地层特性,根据掘进参数不断调整和优化。

4.5.4.1 渣土改良工程应用

在北京、成都等地铁区间隧道盾构掘进中,根据不同的砂卵石地层地质条件,反复研究掘进参数,不断优化渣土改良方案,保证了盾构掘进安全、连续、快速。

1) 北京地铁 10 号线西钓鱼台站—慈寿寺站区间

(1) 泡沫剂+钙基膨润土。区间 1~80 环掘进隧道范围内地质主要为卵石层,渣土改良采取 30~50 L 泡沫剂加 3~6 m³ 钙基膨润土模式,改良效果比较差,渣土离析严重,每节矿车有 500 mm 左右水,渣土中带出卵石比较少,且无法建压掘进,造成掘进推力大,掘进速度慢,出渣无法控制,导致部分路段管线沉降超标。

(2) 泡沫剂+水。区间 81~150 环掘进隧道范围内地质主要为粉质黏土层(黏土含量 50%)、卵石层(卵石小),因黏土含量大,渣土改良采取 30~50 L 泡沫剂加 3~7 m³ 水模式,改良效果相对比较好,渣土流塑性一般,扭矩仍然很大。

(3) 泡沫剂+钠基膨润土。区间 151~262 环掘进隧道范围内地质主要为粉质黏土层(黏土含量 10%)、卵石层(卵石密实),渣土改良采取 50 L 泡沫剂加 4~6 m³ 钠基膨润土模式,改良效果相对较好,有部分卵石带出,对掘进参数有一定的改善。

(4) 泡沫剂+聚合物。区间 263~432 环掘进隧道范围内地质主要为粉质黏土层(黏土含量 10%)、卵石层(卵石密实),因地下水含量大,渣土改良采取 50 L 泡沫剂加 6~10 m³ 聚合物模式,改良效果较好。

(5) 泡沫剂+聚合物+钠基膨润土。区间 433~504 环掘进隧道范围内地质主要为卵石层(卵石密实),部分地方隧道顶部有粉细砂掘进难控制,渣土改良采取 50 L 泡沫剂加 5~6 m³ 聚合物加 2~3 m³ 膨润土,刀盘前方添加泡沫剂,土仓内加聚合物和加入少量膨润土,改良效果相对较好。

2) 成都地铁

成都地铁 4 号线盾构在大粒径卵石地层中的渣土改良方式主要是泡沫+水。通过判断仓内渣土的搅拌情况及螺旋输送机出渣情况来调整泡沫与水的配比,利用加入泡沫改善土体粒状构造,吸附在土体颗粒之间的气泡可以减小土体颗粒的摩擦,增大切削土体的黏聚力,同时降低土体渗透性,达到既能平衡开挖面土压,又能连续向外排土的目的,进而达到改良渣土的效果。

4.5.4.2 渣土改良方式总结

在大粒径卵石地层掘进中,当盾构适应性较好时,采用膨润土加泡沫的改良效果较好。对于刀盘开口较小、土仓内渣土不能及时排出的盾构来说,保压时适当地添加膨润土可以起到改良渣土的效果,但是在掘进过程中渣土堆积等原因造成膨润土不能有效地对其进行改良,反而通过水与泡沫的浸泡可以使渣土流动性更好。因此,在特殊情况下,部分地段可以适当采用添加水与泡沫的形式进行改良。同时通过北京与成都地铁的经验证明,在砂卵石地层中正常的盾构掘进需要加入膨润土、泡沫与水三种添加剂,并随时对其比例进行调整,这样进行渣土改良的效果最佳。

4.5.5 同步注浆浆液配制及施工技术

4.5.5.1 同步注浆

同步注浆施工流程及要求参照本书第 2 章 2.4.5 节相关内容。

4.5.5.2 同步注浆浆液配制

1) 注浆配比

在盾构掘进隧道穿越大粒径卵石地层过程中，同步注浆采用水泥砂浆，浆液的初步配比见表 4-3。

表 4-3 同步注浆材料配比

水泥(kg)	粉煤灰(kg)	膨润土(kg)	砂(kg)	水(kg)	黄黏土(kg)	外加剂
126	180	72	720	480	216	根据试验加入

2) 浆液主要性能指标

(1) 胶凝时间：一般为 3~10 h，根据地层条件和掘进速度，通过现场试验加入促凝剂及调整配比来控制胶凝时间。

(2) 固结体强度：1 d 不小于 0.2 MPa，28 d 不小于 2.5 MPa。

(3) 浆液结石率：>95%，即固结收缩率<5%。

(4) 浆液稠度：8~12 cm。

(5) 浆液稳定性：倾析率(静置沉淀后上浮水体积与总体积之比)小于 5%。

同步注浆材料受地质条件、地下水状况、施工技术等多方面因素的影响，要充分考虑这些因素，在满足设计要求的前提下，有针对性地进行配比设计，并根据现场实际情况进行调整，使各项指标不但能满足施工要求，而且有良好的经济性，有利于降低施工成本。

3) 注浆量

注浆量的确定是以管片背部建筑空隙量为基础，并结合地层、线路线性及掘进方式等考虑适当的饱满系数，以保证达到填充密实的目的。注浆量与盾构掘进时扰动地层范围有关系，扰动范围是变量，一般情况下填充系数为 1.3~1.8；在裂隙水发育较好或地下水量大的岩层地段，填充系数一般取 1.5~2.5。

同步注浆量经验计算公式如下：

$$Q = V\lambda \tag{4-4}$$

式中 V——填充体积(盾构施工引起的空隙，m^3)；

λ——填充系数(宜取 1.3~2.5)。

其中

$$V = \pi(D^2 - d^2)L/4 \tag{4-5}$$

式中 D——盾构切削外径；

d——预制管片外径；

L——回填注浆段长度，即预制管片衬砌每环长度。

在富水砂卵石地层中，地下水十分丰富，其实际填充系数为 1.5～1.8。

4) 注浆时间及速度

根据盾构推进速度，以每循环达到预计总注浆量而均匀注入，从盾构推进开始的同时注浆，到盾构推进结束注浆完成，注浆速度由注浆泵的性能、单环注浆量确定，应与掘进速度相适应。

5) 注浆结束标准

采用双指标标准，即注浆压力达到设计压力，或注浆压力未达到设计压力但注浆量达到设计注浆量，即可停止注入。

4.5.5.3 同步注浆效果评价

1) 同步注浆填充率对地表沉降的影响

在富水砂卵石地层盾构掘进时，由于建立了合理的泥水压力/土压力，注浆填充系数为 1.5～1.8，注浆压力根据隧道埋深计算值进行控制，注浆填充饱满，地表沉降控制在规范允许范围内。

一般在隧道轴线处的地表沉降值最大，土压平衡盾构施工引起的地表最大沉降量一般为 12～15 mm，而泥水平衡盾构施工引起的地表最大沉降量一般只有 8～11 mm。两者均能满足规范要求，但土压平衡盾构施工引起的地表最大沉降量明显要大于泥水平衡盾构施工引起的地表沉降量，特别是隧道埋深较浅时，土压平衡盾构施工的地表沉降控制相对困难。

2) 联络通道开挖时验证同步注浆效果

在区间隧道联络通道开挖时，可以直观地看到同步注浆浆液凝固后的状况(图 4-4)，从

 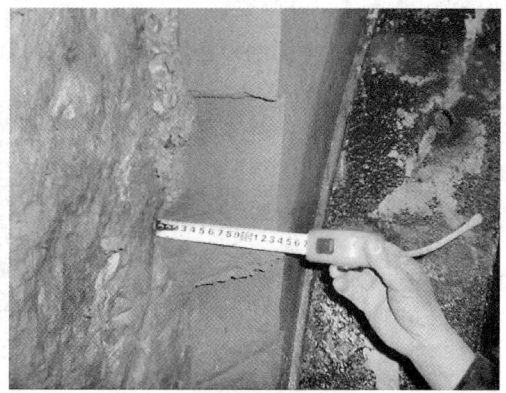

(a) 同步注浆浆液凝固照片　　　　　　　(b) 浆液凝固后厚度

图 4-4 同步注浆效果图

浆液凝固后强度和厚度上验证了同步注浆效果。

3) 采用超声波检测同步注浆效果

超声波检测是通过注浆前后超声波波速提高幅度的方法来分析注浆质量和效果的，测试仪器采用 SYC-2 型声波岩石参数测定仪和 FSS 型换能器。在检测注浆效果时，通过岩体声速变化规律和测孔注浆压力、注入量等情况进行分析，得出以下结论：

(1) 若注浆后信号较弱，声速较低，说明岩层裂隙较多，注浆不足，岩层裂隙没有得到很好的填充；若注浆后波形信号明显，声速值较高，则说明随着注入浆液的填充、固结，形成了比较致密完整的岩体。

(2) 在围岩松动圈范围内声速变化较大，而在松动圈范围外声速值、波幅值变化不大。这是因为：松动区域围岩较破碎，注浆时进浆量较多，注浆压力由小到大变化，故此区域声速提高幅度也大，这样可测出浆液的有效扩散距离。

超声波速度是岩体超声波测定的主要参数之一，也是衡量岩体结构的主要指标。用超声波检测注浆质量及效果，主要是将其声速测定的结果进行分析和研究。注浆后声速幅度值越大，说明裂隙被填充越密实，注浆质量和效果越好，从而达到了填充间隙和固结堵水的目的。

4.5.6 地表滞后坍塌控制

4.5.6.1 坍塌机理

砂卵石地层在不受外力扰动的情况下能保持较好的稳定状态，特别是在无水的状态下。受到扰动后，在刀盘上方形成一松散带，坍塌过程如下：

刀盘前上方卵石变得松散，如图 4-5a 所示；

盾构掘进产生扰动或长时间换刀时，松散卵石进入土仓在刀盘前上方造成地层损失，形成空洞，如图 4-5b 所示；

由于砂卵石地层的内摩擦角(为 35°~40°)较大，具有一定的拱效应，在拱效应的作用下，地层损失进一步向地表转移，如图 4-5c~e 所示，从而逐渐坍塌到地表。

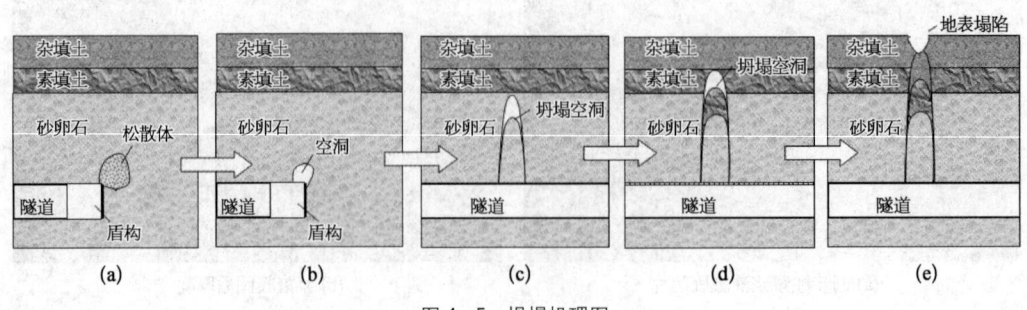

图 4-5 坍塌机理图

砂卵石地层地表坍塌的显著特点是：隧道上方形成空洞，砂卵石地层骨架效应较好，在一定时间内可自稳，在地面载荷作用下，逐步延伸至地表，造成地表塌陷，且表现为滞后性，短则一两个月，多则一年甚至两年以上，施工风险和隐患极大。

4.5.6.2 坍塌主要成因

地表坍塌原因是多方面的，主要包括地质、设备选型和施工工艺三方面。

1) 地质特性

砂卵石地层空隙率大，盾构掘进扰动后地层逐渐密实，造成地层损失。

局部砂卵石地层夹透镜体砂层，自稳能力差，透水性强，开挖面容易产生涌水、涌砂，造成细颗粒物质大量流失，引起开挖面失稳、地面沉降甚至塌陷。

受到沿线周边建筑物、地铁车站施工降水影响，砂卵石地层中粉细砂等细颗粒随着降水排走，卵石之间形成孔洞，地层疏松，卵石骨架受到盾构施工扰动而垮塌。

2) 设备原因

(1) 刀盘开口率小，且开口部分加焊隔栅，只允许 300 mm 以下粒径的卵石进入土仓，卵石在刀盘前多次破碎，对地层扰动大。

(2) 刀盘中心部位没有开口，降低了卵石进入土仓的效率。

(3) 选用轴式螺旋输送机，其渣土排送能力远低于带式螺旋输送机。

3) 施工工艺原因

(1) 压力设定不合理。隧道顶部覆土为人工填筑土、粉质黏性土或夹带粉细砂层，自稳能力差，盾构掘进时平衡土压力过小，可能引起地面坍塌。

穿越全断面砂卵石层，受砂卵石土层渗透率大的影响，不能建立土压平衡掘进模式，或土仓压力不稳定，容易造成地表发生沉降。

(2) 出土量超标。掘进过程中出土量难以控制，造成实际出土量远大于理论出土量，地层损失过大。主要表现在以下方面：

① 通过范围内为高强度、大粒径的卵石、漂石，盾构掘进时排渣困难，卵石堆积在刀盘前方反复破碎，对地层扰动大，容易造成超挖。

② 局部砂卵石地层夹透镜体砂层，自稳能力差，透水性强，开挖面容易产生涌水、涌砂，出土量难以控制，造成细颗粒物质大量流失，引起地面沉降甚至塌陷。

4.5.6.3 坍塌多发位置分析

1) 端头

车站施工时长期降水，地层内细颗粒流失，形成空洞，受盾构掘进扰动影响，空洞扩展造成地表沉降或坍塌。

(1) 始发端头。坍塌原因：一是始发时盾体未全部进入地层中，不能建立土压平衡模式，工作面失稳；二是始发时推力小，掘进进度慢，出渣控制困难，造成超挖。

(2) 到达端头。盾构即将到达端头时,无法建立土压平衡。另外为防止损坏车站结构,有意识地降低掘进速度,对围岩扰动时间长。

2) 城市主干道

盾构掘进扰动造成地层密实或盾构掘进出渣量超标都容易形成空洞,由于砂卵石地层的自稳性能,地层维持稳定的假象,城市主干道交通流量大、超载车辆多,在地面载荷作用下,空洞逐步向地表扩展,最终形成坍塌。

3) 换刀位置

常压换刀时采用降水等辅助措施,砂卵石地层可以维持一定时间的稳定,当换刀时间超过地层自稳时间,刀盘上方卵石逐渐掉落形成空洞。

带压换刀时反复加压减压,多次扰动地层,造成地层松弛进而形成空洞。

4) 花坛绿化带

花坛绿化带的土体疏松不密实,长期受水浸泡,盾构掘进扰动后沉降尤其明显。

5) 残留降水井

市政工程施工时大量降水,地层中的细小颗粒流失,造成空隙,盾构掘进时在残留降水井位置极易发生小范围坍塌。

6) 电缆管沟

各类市政管沟众多,普遍存在管沟下部回填不密实,疏松,盾构掘进时扰动,造成管沟位置地表沉陷。

7) 行车道辅道和人行道

行车道辅道和人行道回填要求比主干道低,车站施工进行交通改道后,辅道和人行道临时成为交通主干道,在庞大的车流量作用下,地层进一步密实造成地表沉陷。

4.5.6.4 坍塌防控措施

1) 加强盾构掘进参数控制,落实施工技术措施

严格控制每一循环的出渣量,进行体积、重量双重控制,保证数据真实性。

不同地层的松散系数和密度不同,渣土改良效果不同,含水量也不同,体积和重量控制困难,必须加强数据反馈和报警制度管理,每环出渣重量由门吊司机统计后,及时反映到主机室,以便采取相应的措施。

2) 做好注浆量与出渣量的匹配,加大洞内同步注浆量

同步注浆主要控制注浆压力、注浆量和砂浆的质量。对于特殊地段(建筑物下、河底管线下)改变配比,增大水泥加入量,加快浆液凝固速度。

根据出渣量和地表监测数据,对出渣多的地方和建筑物下面,尾盾通过该处时加大注浆量;地表有条件时在地表钻孔注浆;盾构通过后,在隧道内通过管片吊装孔进行注浆加固。

管片背后注浆流程如下:

(1) 注浆管加工。注浆管采用 $\phi50$ mm、壁厚 4 mm 无缝钢管,每节长度初步定为 6 m,根据现场钻孔情况适当调整长度,在距离管底 4 m 范围内设泄浆孔,孔间距 10～15 cm、呈梅花形布置 4 mm 的溢浆孔,注浆管在下管之前将溢浆孔用贴片或者胶布粘贴封孔。

(2) 开孔。采用隧道顶部开直孔,开孔位置避开封顶块和拼接缝,在邻接块吊装孔位置每环管片开一个孔,两孔之间距离不得小于 3 m,开孔采用 Z1Z200E 工程钻机钻孔施工,工程钻机先用 $\phi100$ mm 钻头在管片上钻深 10 cm,然后用 $\phi75$ mm 钻头再钻 10 cm,安装单向止水阀,用堵漏材料对周边进行封堵。

(3) 钻孔及注浆管安装。采用潜孔钻机在已开孔的位置继续钻孔,把管片钻透,插入 $\phi50$ mm 注浆管进行跟管钻进,钻孔完成后保证管片外弧面以上 2 m 内注浆管不得有溢浆孔。

(4) 注浆。预埋好注浆管后,采用单液浆进行二次补强注浆。

3) 加强特殊地层段的渣土改良,保证出渣顺畅

砂卵石地层泡沫用量在 30～35 L／环,泥岩地层 40～45 L／环,根据渣土改良的效果加入适量的水。

必须确保上述施工记录的真实性,建立强有力的技术管理制度,首先加强施工管理,特别是数据及报警流程严格界定,落实责任,层层负责。

4.5.6.5 特殊地段的措施

对始发、到达端头提前采取处理措施,从成都地铁 1 号线、2 号线的施工经验看,提前注浆加固的效果很不理想,采用跟踪注浆加固,效果较好,但有一定的滞后性。

换刀等停机时间长时,刀盘处卵石变得松散或局部坍塌,盾构恢复掘进时建立土压平衡模式,同时加大同步注浆量,补充地层损失。

4.6 典型案例

4.6.1 北京地铁 10 号线

4.6.1.1 工程概况

北京地铁 10 号线二期 12 标包括公主坟站、公主坟站—西钓鱼台站、西钓鱼台站、西钓鱼台站—慈寿寺站盾构区间。

公主坟站—西钓鱼台站区间(以下简称"公—西区间")起止里程为 K48+664.895～K50+863.784,区间左线、右线分别长 2 200.34 m、2 200.341 m。线路平面呈"S"形,线间距 12～70.5 m,线路最小曲线半径 350 m,曲线段长度约占整个线路长度的 80%。线路纵向呈"V"形,最大纵坡 26‰,区间覆土厚度为 10～22 m。

西钓鱼台站—慈寿寺站区间(以下简称"西—慈区间")线路平面呈"S"形,线间距 12～22 m,线路最小曲线半径 500 m,曲线段长度约占整个线路长度的 80%。线路纵向呈"V"形,

最大纵坡28‰。

4.6.1.2 工程地质

公—西区间盾构隧道主要穿越卵石⑤层、卵石⑦层。卵砾石层较厚,地层中经常夹杂大粒径的漂石,且卵石、漂石以坚硬岩为主(⑤层卵石单轴抗压强度平均值108 MPa,⑦层卵石单轴抗压强度平均值160 MPa)。

西—慈区间地层主要为卵石⑤层、粉质黏土⑥层、卵石⑦层。颗粒物最大粒径不小于390 mm,卵石、漂石主要成分为石英砂岩、辉绿岩、安山岩、硅质白云岩等坚硬岩类,对盾构施工工艺和刀盘选择影响较大。盾构穿越地层主要为卵石⑤层、粉质黏土⑥层、卵石⑦层,全段连续分布,局部为粉细砂⑤$_2$层、粉质黏土⑤$_4$层、粉土⑥$_2$层、粉细砂⑦$_2$层,呈透镜体分布。

4.6.1.3 工程重点和难点

1) 地表沉降控制难度大、设备磨损严重

卵石含量高(粒径200 mm以上的占50%),且局部存在漂石(最大长1 300 mm),地层结构松散,受到扰动极易坍塌;对刀具、刀盘、螺旋输送机的磨损极大;区间隧道上部覆土在15~22 m之间,盾构施工时地表振动、噪声极大。

2) 盾构选型难度大

盾构必须要具有大粒径卵石条件下的通过能力,以及掌子面保压功能。盾构刀盘和刀具磨损严重、刀盘卡死、螺旋输送机喷涌等现象时有发生。

3) 盾构掘进管理风险高

在富水砂卵石和漂石地层掘进过程中,刀盘转速、推力、刀盘扭矩、渣土改良和土压设置等控制难度大。如何做好盾构掘进管理,达到延缓刀具损耗,减少刀具更换频率,降低施工风险,成为工程重点。

4) 土压平衡难以建立

由于砂卵石地层的特殊性质,其切削后的砂和卵石在土仓内分离,部分土体较易堆积在土仓下部而难以充满整个土仓,很难建立土压平衡,推进速度很慢,推力很大,超挖难控制。

4.6.1.4 盾构选型

根据本标段的工程条件、地质特点、工期及施工要求,本工程采用两台由中铁装备制造的土压平衡盾构中铁3号和中铁4号进行施工,盾构具体参数见表4-4;因工期压力影响较大,增加了海瑞克S401号、罗威特L251号用于西—慈区间的施工,盾构具体参数见表4-5。

表4-4 中铁3号、中铁4号盾构主要参数

序号	项目	参数	备注
1	刀盘形式	面板式	
2	刀盘直径	开挖直径6 280 mm	

(续表)

序号	项目	参数	备注
3	刀具配置	单刃滚刀 37 把,高度 165 mm;刮刀 82 把,边刮刀 12 把,高度均为 125 mm;周边保径刀 16 把,焊接式;仿形刀 1 把,行程 105 mm,超挖 70 mm	
4	开口率	40%	
5	电机功率	刀盘驱动 6×110 kW,螺旋输送机 160 kW,总装配功率 1 245 kW	
6	刀盘转速范围	0~3 r/min	
7	扭矩	额定扭矩 5 520 kN·m,脱困扭矩 6 840 kN·m	
8	总推力	34 000 kN	
9	泡沫注入孔	3 个	
10	膨润土管路	2 路	

表 4-5 海瑞克 S401 号、罗威特 L251 号盾构主要参数

序号	项目	海瑞克 S401 号参数	罗威特 L251 号参数
1	刀盘形式	面板式	面板式
2	开挖直径	6 280 mm	6 280 mm
3	刀具配置	4 把 17 英寸中心滚刀、32 把 17 英寸单刃滚刀、28 把切刀、16 把刮刀	5 把 17 英寸中心滚刀、34 把 17 英寸单刃滚刀、72 把切刀、12 把刮刀、1 把超挖刀
4	开口率	24%	33%
5	刀盘转速	0~4.5 r/min	0~3.5 r/min
6	扭矩	额定扭矩 6 000 kN·m,脱困扭矩 7 150 kN·m	额定扭矩 6 320 kN·m,脱困扭矩 7 900 kN·m
7	总推力	34 210 kN	36 000 kN

4.6.1.5 盾构下穿京密引水渠施工控制技术

1) 控制标准

河堤累积沉降不大于 5 mm,沉降速率不大于 0.3 mm/d。

2) 施工计划

本工程盾构共下穿京密引水渠四次,穿越顺序依次为西—慈区间左线(S401)、西—慈区间右线(L251)、公—西区间右线(中铁 4 号)、公—西区间左线(中铁 3 号)。

3) 技术控制措施

盾构在下穿京密引水渠前 100 m 设为试验段,具体安排如下:

(1) 西—慈区间左右线分别使用海瑞克 S401 号、罗威特 L251 号进行施工。由于两盾

构在刀盘开口率、刀具配置、推进系统、注浆系统等方面存在一定的差异,左右线各设置一试验段,分别为左线 K51+630～K51+730 段、右线 K51+670～K51+770 段。

(2) 公—西区间左右线采用中铁装备公司制造的中铁3号、中铁4号盾构进行施工,盾构各参数均相同。右线施工进度较左线快,因此,设置右线 50+190～K50+290 段为试验段。

(3) 试验段主要试验内容。包括:土仓压力、掘进速度等参数的设定与调整;同步注浆量、注浆压力和浆液配比设置;渣土改良材料、配比、添加量等设定。

(4) 试验方法。首先,按照理论计算及工程经验设定主要参数(主要指土仓压力、刀盘转速、推力、同步注浆参数),统计分析出渣量、刀盘扭矩及地表沉降量等情况,判断设定参数的合理性并对其进行修改;其次,通过添加不同配比及添加量的渣土改良材料,验证其对扭矩、推力等掘进参数的影响,确定合理的渣土改良措施。

4) 西—慈区间参数设置

西—慈区间掘进参数设置见表4-6,渣土改良参数设置见表4-7。

表 4-6 西—慈区间掘进参数设置

序号	项目	1号试验段掘进参数	2号试验段掘进参数	建议控制参数
1	刀盘扭矩(kN·m)	4 000～5 500	4 000～5 500	4 000～5 000
2	掘进速度(mm/min)	4～25	35～55	5～40
3	推力(kN)	10 000～13 000	10 000～13 000	8 000～12 000
4	刀盘转速(r/min)	1.5～1.7	2.0～2.2	1.2～1.6
5	出渣量(m³)	41～45	41～45	41～45

表 4-7 西—慈区间渣土改良参数设置

序号	项目	参数配置	备注
1	泡沫	原液比例2%	用量 30～60 L/环
2	膨润土	CMC:纯碱:膨润土:水=1:2:80:700	用量 5～8 m³/环

5) 公—西区间参数设置

公—西区间掘进参数设置见表4-8,渣土改良参数设置见表4-9。

表 4-8 公—西区间掘进参数设置

序号	项目	卵石段掘进参数	建议控制参数
1	刀盘扭矩(kN·m)	4 000～5 500	4 000～5 500
2	掘进速度(mm)	4～25	10～25

(续表)

序号	项目	卵石段掘进参数	建议控制参数
3	推力(kN)	11 000～15 000	11 000～16 000
4	刀盘转速(r/min)	1.0～1.2	1.0～1.4
5	出渣量(m³)	41～45	41～45

表4-9 公—西区间渣土改良参数设置

序号	项目	参数配置	备注
1	泡沫	原液比例2%	用量30～60 L/环
2	膨润土	CMC：纯碱：膨润土：水＝1：2：80：700	用量5～8 m³/环

6）注浆参数

同步注浆注浆液为水泥砂浆，注浆量5～6 m³/环，注浆终压≤0.3 MPa。注浆材料配比见表4-10。

表4-10 1 m³同步注浆材料需用量

项目	水泥	粉煤灰	膨润土	砂	水
用量(kg)	125	350	75	779	480

4.6.1.6 主要技术措施

1）预设带压换刀位置

在大粒径卵石地层盾构施工过程中，刀具磨损严重，若刀具检查和更换不及，将导致刀盘磨损严重。因此，必须提前设置刀具更换位置，避免盾构被动停机。依据北京砂卵石地层施工经验，刀具换刀位置一般为110～120 m为宜。

2）地表沉降控制难度大

地表沉降控制主要取决于土压力的大小、推进速度和推力大小、出渣量和地层特性等方面。在大粒径卵石地层施工过程中，因砂卵石地层的特性，土压平衡难以建立，因此，盾构掘进过程中，必须加大渣土改良力度，提高渣土流塑性，优化掘进参数，尽量减少地表沉降量。

3）刀盘与刀具磨损严重

卵石地层颗粒之间摩擦阻力大，难以获得良好的流动性，不能及时充满土仓和螺旋输送机，导致刀盘扭矩、螺旋输送机扭矩和推力增加，刀盘、刀具及切口环磨损严重。在盾构掘进过程中，应合理设置盾构掘进参数，严格控制扭矩和推力，防止刀具异常损坏，引起刀盘磨损，同时，加强刀具检查和更换。

4）螺旋输送机磨损或卡死

在砂卵石地层掘进时，螺旋输送机容易磨损，主要表现在螺旋输送机螺旋叶片和外部钢圈的磨损,且经常发生螺旋输送机"卡死"的问题。经过现场多次检查和处理发现,"卡死"的主要原因是大粒径卵石进入螺旋输送机内部,将螺旋轴卡住。针对以上问题,在盾构选型时,必须重视盾构刀盘和螺旋输送机设计,通过刀盘设计限制进入刀盘仓的卵石粒径;同时,加强螺旋输送机的耐磨和结构设计,提高螺旋输送机的能力储备和耐磨性能。

4.6.2 成都地铁4号线

4.6.2.1 工程概况

成都地铁4号线一期工程土建4标苏坡立交站—清江路口站—成温立交站—草堂路站区间隧道起于苏坡立交站东端,止于草堂路站西端。线路出苏坡立交站后沿清江西路向东行进,到达清江中路后,通过一处$R=400 \text{ m}$的曲线拐入清江路口站。出清江路口站后线路沿清江中路东行,穿过双顺南路,进入二环路新成温立交桥旁的成温立交站。出成温立交站后,线路沿清江东路继续向东行进,到达石人南路与清江东路路口处的草堂路站。

4.6.2.2 工程地质

根据钻探揭示,区间隧道内均为第四系(Q)地层覆盖。地表为第四系人工填筑土(Q4ml),其下为第四系全新统冲积(Q4al)粉质黏土、粉土、砂、卵石土;第四系上更新统冲洪积层(Q3al+pl)卵石土夹砂透镜体。

本区段隧道洞身位于卵石土夹砂层中,围岩基本类别为Ⅱ类(围岩级别为Ⅵ级)。隧道穿越地层大部分为全断面砂卵石地层,区间内不良地质为液化砂土和粉土,特殊性岩土为人工填土。

本标段盾构区间隧道地层统计见表4-11,盾构区间通过地层统计见表4-12、表4-13。

表4-11 盾构区间通过地层统计

区段名称	岩石类别	所占比例
苏坡立交站—清江路口站—成温立交站—草堂路站区间	密实卵石层	32.24%
	中密卵石层	42.29%
	松散卵石层	22.29%
	砂层	3.18%

表4-12 左线隧道穿越地层统计

区段名称	岩石类别	起点里程	终点里程	距离(m)	所占比例
苏坡立交站—清江路口站左线隧道	全断面砂卵石层	ZDK23+165.200	ZDK23+195.128	29.928	4.53%
	上部砂层,下部中密卵石层	ZDK23+195.128	ZDK23+224.604	29.476	4.47%
	全断面砂卵石层	ZDK23+224.604	ZDK23+329.378	104.774	15.87%
	上部砂层,下部中密卵石层	ZDK23+329.378	ZDK23+404.768	75.390	11.42%
	全断面砂卵石层	ZDK23+404.768	ZDK23+829.565	420.540	63.71%

(续表)

区段名称	岩石类别	起点里程	终点里程	距离(m)	所占比例
清江路口站—成温立交站左线隧道	全断面砂卵石层	ZDK24+33.165	ZDK24+261.733	228.568	26.63%
	上部中密卵石层,中部松散卵石层,下部密实卵石层	ZDK24+261.733	ZDK24+334.511	72.778	8.48%
	全断面砂卵石层	ZDK24+334.511	ZDK24+891.400	556.889	64.89%
成温立交站—草堂路站左线隧道	全断面卵石层	ZDK25+63.000	ZDK25+85.897	22.897	3.92%
	上部卵石层,中部砂层,下部卵石层	ZDK25+85.897	ZDK25+135.869	49.972	8.56%
	全断面卵石层	ZDK25+135.869	ZDK25+191.644	55.775	9.55%
	上部卵石层,中部砂层,下部卵石层	ZDK25+191.644	ZDK25+287.173	95.529	16.35%
	全断面卵石层	ZDK25+287.173	ZDK25+647.100	359.939	61.62%

表 4-13 右线隧道穿越地层统计

区段名称	岩石类别	起点里程	终点里程	距离(m)	所占比例
苏坡立交站—清江路口站右线隧道	全断面卵石层	YDK22+942.400	YDK23+303.595	361.195	40.71%
	上部砂层,下部卵石层	YDK23+303.595	YDK23+400.35	96.755	10.91%
	全断面卵石层	YDK23+400.35	YDK23+829.565	429.215	48.38%
清江路口站—成温立交站右线隧道	全断面卵石层	YDK24+33.165	YDK24+891.418	858.253	100%
成温立交站—草堂路站右线隧道	全断面卵石层	YDK25+63.000	YDK25+191.924	128.924	22.07%
	上部卵石层,中部砂层,下部卵石层	YDK25+191.924	YDK25+308.762	116.838	20.00%
	全断面卵石层	YDK25+308.762	YDK25+571.715	262.953	45.02%
	上部卵石层,下部砂层	YDK25+571.715	YDK25+647.110	75.395	12.91%

4.6.2.3 盾构选型

本标段采用2台盾构掘进,左线采用海瑞克S401号土压平衡盾构;右线采用罗威特L246号土压平衡盾构。

1) 海瑞克S401号土压平衡盾构

(1) 刀盘结构形式。刀盘安装在主轴承内环的一个适配器上,此适配器承受推进力和径向载荷。9个液压马达负责刀盘所需的驱动扭矩。在液压马达、泵、行星齿轮的帮助下,扭矩被传送到装在主轴承的环形密封上。

刀盘包括几个焊接钢板和刀架。表面焊接有耐磨板,圆周区域有耐磨格栅制成的镶边。通过旋转,挖出的渣土被运到刀盘后面的8个刮刀口。刀盘口斜向后部支撑着表面结构、易于

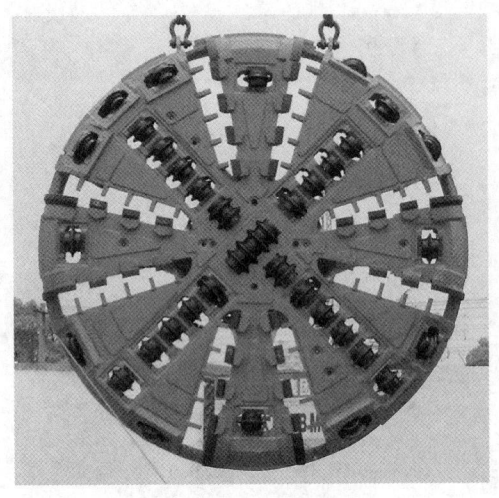

图 4-6 S401 号盾构刀盘

流动,因此可以使渣土流向螺旋输送机。焊接的搅拌臂可以使土质改良添加剂和挖出的渣土在刀盘后面进行搅拌。刀盘设计如图 4-6 所示。

(2) 刀具配置。刀盘上装有仿形刀,挖下的岩土体从刀盘表面上的进渣孔掉入刀盘仓,预留孔的总面积相当于刀盘表面积的 20%。刀盘表面进渣孔最大尺寸为 250 mm。刀盘装有一个可伸缩液压周边保护挖刀,其行程为 150 mm,这样,所有进入进渣孔的岩土体都能通过螺旋出渣机输到后部,出渣机能够输出的漂石的最大尺寸为 300 mm。

(3) 刀盘驱动系统。S401 号盾构采用 9 台液压马达驱动,总驱动功率为 945 kW。9 台液压马达和泵组通过行星齿轮的两个轴承驱动小齿轮,小齿轮在主轴承的齿形内环上,额定扭矩为 6 000 kN·m,脱困扭矩为 7 100 kN·m。

(4) 推进系统。推进油缸和盾壳铰接油缸装有冲程计量系统和压力测量系统转换器,可以控制油缸。为了盾构掘进需求,共有 30 根规格为 $\phi 220/180$ mm 的推进油缸穿过管片支撑到达尾盾后部,可提供 34 210 kN 的推力。

(5) 螺旋输送机。采用轴式叶片形式,驱动功率为 160 kW,转速可在 0～22 r/min 间任意调节,每小时最多能够输送 258 m^3 的渣土。

2) 罗威特 L246 号土压平衡盾构

(1) 刀盘结构形式。刀盘设计旨在混合的土壤条件下掘进。撕裂刀、刮刀和滚刀安装在刀盘 4 个辐条上。在刀盘表面和边缘上共有 7 个独立的注射口。在刀盘土仓内部共有 6 个注射口和 6 个土压传感器。在两个选定的撕裂刀上还各有 1 个刀具磨损检测系统。渣土是在刀盘旋转时被从隧道端面挖掘出来。刀盘在变频调速电机驱动下可双向旋转。刀盘的最高转速是 3.2 r/min。刀盘驱动包括 1 个旋转指示系统,它允许刀盘位置和校直的精确定位。可读输出并通过人机界面显示在数据存储器的屏幕上,详见图 4-7。

针对成都的砂卵石地层特性,对刀盘进行

图 4-7 L246 号刀盘结构

适应性改造,改造后的刀盘主要参数见表4-14。

表4-14 刀盘主要参数

序号	项目	参数
1	结构形式	复合式(辐条+面板)
2	开口率	36%
3	重量	约50 t
4	17英寸中心滚刀(数量/高度)	4把/175 mm
5	17英寸单刃滚刀(数量/高度)	32把/175 mm
6	边刮刀(数量/高度)	8把/130 mm
7	刮刀(数量/高度)	32把/130 mm
8	焊接撕裂刀(数量/高度)	30把/145 mm
9	喷口保护刀(数量/高度)	6把/100 mm
10	保径刀(数量/伸出量)	8把/40 mm
11	圆环保护刀	16把
12	圆环保护刀(与切口相对)	一圈(39把)
13	泡沫口	4个
14	膨润土口	2个
15	搅拌棒	4个
16	磨损检测点	2个

(2) 主驱动系统。驱动组数量6组;驱动功率1 200 kW;刀盘转速0~3.2 r/min;额定扭矩6 320 kN·m;脱困扭矩7 900 kN·m;主轴承直径3 130 mm;主轴承密封内4外4;密封最大承载压力0.4 MPa。

(3) 推进系统。推进油缸总共20根;规格型号为$\phi 254/178$ mm;油缸行程2 248 mm;最大推进速度为150 mm/min;最大推力37 800 kN。

(4) 螺旋输送机。螺旋输送机功率224 kW;直径850 mm;输送能力430 m^3/h;叶片形式轴式;转速范围0~22 r/min;最大扭矩75 kN·m;螺机伸缩行程800 mm。

4.6.2.4 工程重点和难点

1) 盾构长距离顺利穿越富水饱和砂卵石地层为本工程的重点

本标段盾构区间穿越的地层全为富水饱和的砂卵石地层,卵石含量高,卵石成分主要为中等风化的岩浆岩与变质岩类岩石,单轴抗压强度较高,局部夹漂石;地下水位较高,隧道穿越地层富水。施工时,受卵石土层的影响,刀盘、刀具由于不均匀的受力或外力的冲击,容易产生异常损坏。盾构在该类地层掘进时,刀盘、刀具和螺旋输送机的磨损严重,盾构姿态调整与控制难度较大。盾构长距离穿越富水饱和卵石土地层施工是工程的重点。

2) 地表滞后沉降控制是本工程的难点

本标段盾构主要经过清江西路、清江中路、蜀源路、蜀金路、金凤路、双清南路、双顺南路及石人南路,区间隧道位于道路下方。地面交通多为成都市西部进出城区主要交通干线,施工环境复杂。成都地层为砂卵石层,盾构在砂卵石掘进易造成地表坍塌。砂卵石地层地表坍塌的显著特点是:隧道上方形成空洞,砂卵石地层骨架效应较好,在一定时间内可自稳,在地面载荷作用下,逐步延伸至地表,造成地表塌陷,且表现为滞后性,短则一两个月,多则一年甚至两年以上,施工风险和隐患极大。因此地表滞后沉降控制是本工程的难点。

4.6.2.5　S401 号盾构掘进困难

1) 盾构掘进情况

盾构始发掘进时推力大、扭矩大,渣土中卵石含量大且多,分别采取快速掘进、保压掘进模式,始终无法有效控制出渣量;最终采取快速掘进通过,后面进行补充注浆和二次注浆,地面对附近有影响构筑物进行加固,地面有条件的地方进行挖探孔钻孔注浆,补充地层流失。

盾构掘进至 33 环时,掘进参数恶化,分别采取地面注浆和隧道内超前注浆进行加固,进行常压开仓检查刀盘和刀具,清理刀盘仓底部渣土;完成开仓检查作业后,在加固区内掘进 34、35 环时,掘进参数在控制范围内,出渣比较均匀,卵石和砂土可同时出来,出渣量在控制范围内。当盾构掘进继续时,掘进参数逐步恶化,推力增加、扭矩增大,掘进速度明显降低,掘进困难。

2) 始发段地质情况

在盾构始发掘进期间,通过统计分析,地层中卵石含量多、粒径大,卵石含量在 85% 以上,粒径普遍在 20 cm×35 cm,最大长 56 cm。

3) 掘进参数统计

清江路口站—成昌公交站区间(以下简称"清—成区间")左线始发掘进后 0～20 环、右线 0～65 环卵石地层掘进参数统计分别见表 4-15、表 4-16。

表 4-15　清—成区间左线掘进参数

项目	土压 (MPa)	推力 (kN)	扭矩 (kN·m)	速度 (mm/min)	出渣量 (m³)	刀盘转速 (r/min)
参数	0.03～0.06	8 000～10 000	4 800	60～75	54～56	1.1～1.2

表 4-16　清—成区间右线掘进参数

项目	土压 (MPa)	推力 (kN)	扭矩 (kN·m)	速度 (mm/min)	出渣量 (m³)	刀盘转速 (r/min)
参数	0.05～0.19	7 000～20 000	4 500～5 500	10～75	54～72	1.1～1.2

4) 对策

区间隧道卵石地层地质松散,为砂卵石堆积体,在盾构施工过程中,经常出现掌子面压力控制难度大、出现超挖现象或地表沉降报警等问题。

(1) 针对掘进过程中出渣量较大的区域,加大同步注浆量,在盾构通过后进行二次补强注浆。

(2) 在盾构刀盘位置前后 20 m 范围内的地表采取临时围挡或铺设钢板,降低盾构掘进时施工风险。

(3) 加强监测巡视频率,对监测异常地段采取相应措施,保证施工安全。

4.6.2.6 L246 盾构故障及措施

2014 年 1 月 12 日 L246 盾构掘进至 226 环 1 660 mm 时,螺旋输送机有卡机现象,经正反转循环约 5 min 后,螺旋输送机脱困,最大扭矩为 11 kN·m。设备脱困后,发现出渣速度减慢,逐渐没有渣土。经检查,发现螺机轴断裂。

1) 原因分析

(1) 设备原因。螺旋输送机设计最大扭矩为 75 kN·m,当螺旋输送机"卡机"时,需要大扭矩驱动进行脱困。当频繁出现"卡机"现象时,会造成螺旋输送机轴疲劳断裂。

(2) 使用原因。根据盾构历史参数记录显示,盾构的冲击油压较大,频繁卡机,卡机现象几乎每两环出现一次。

(3) 地质原因。地层卵石含量大,100～150 mm 卵石含量占 30%～40%,100 mm 以内卵石含量占 60%～70%,刀盘和螺旋输送机需要采用较大的驱动扭矩。

2) 螺旋输送机更换方案

(1) 地层加固措施。采用袖阀管注浆对地层进行加固,同时打设 2 口降水井进行降水,保证更换螺旋输送机过程中地层稳定及开仓的安全。

在刀盘前布置 2 排注浆孔,深度 15 m 至隧道底,横纵间距 1.5 m;袖阀管注浆保证刀盘前方土体稳定;盾构壳体范围布置 3 排注浆孔,深度为盾构上 1 m,横纵间距 1.5 m,袖阀管注浆加固保证盾构壳体上土体稳定;在刀盘前方 4.5 m 布置 1 口降水井,在刀盘后 4.5 m 布置 1 口降水井,保证降水效果,降水至隧道底部 1 m。

(2) 洞内加固措施。首先通过土仓壁向刀盘内连续注入膨润土;其次在盾构掘进出渣量较大地段进行二次补强注浆,同时在尾盾后面第 6 环注一环双液浆,形成隔离环,提高螺旋输送机更换期间的地层稳定性。

3) 螺旋输送机改造

更换后的螺旋输送机额定扭矩为 210 kN·m,并设置上限值,上限值为 150 kN·m,避免螺旋输送机在高扭矩状态下长期运行。

4.6.2.7 管片旋转

苏坡立交站—清江路口站右线在掘进到 300 环后,拼装成型的管片与设计要求的拼装位置相比较,旋转了一定的角度,特别是进入圆曲线后,不易调整,使人形踏板、循环水管支架铺设困难,同时也增加了封顶块的拼装难度。

1) 原因分析

(1) 千斤顶编组不合理,使管片受力不均匀,管片产生相对转动;拼装时管片的位置安放不准确,导致拼装时形成旋转。

(2) 千斤顶的受力方向与环面不垂直,盾构推进时就会产生使管片转动的力矩,导致管片旋转。

(3) 盾构长时间往同一个方向旋转,盾构自身的反扭矩使管片旋转,刀盘换向时,因扭矩大造成管片旋转。

2) 解决措施

(1) 控制好盾构推进的姿态,千斤顶编组情况要使管片受力均匀,避免油压相差过大;调整好管片环面的角度,减少推进过程中产生的转动力矩。

(2) 拼装机操作时要动作平缓,旋转缓慢,这样有利于拼装的准确性,第一块管片拼装时,管片上螺栓的标记要与上环管片对应,保证位置不偏移。

(3) 利用管片之间可相互错动的余地,在第一块管片拼装时,管片纵向螺栓穿进后,利用拼装机把管片向需要纠正的方向旋转一个角度,调整管片偏移量,然后靠拢千斤顶,并拧紧纵向螺栓。

(4) 在盾构掘进过程中,根据滚动角及时调整刀盘的转向,避免一个方向旋转时间过长。

第5章

极软地层盾构处理技术

极软地层(工程上常称作软土地层)广泛分布于我国东南沿海和内陆地区,如上海、苏州、杭州、南京、宁波等地。软土地层其特点主要包括高含水量、高压缩性、高灵敏度、高黏粒含量、低承载力、低透水性、抗剪强度低、固结时间长,即"四高三低一长"的特点。主要包括淤泥、淤泥质黏土、淤泥质粉土等地层。

本章结合土压平衡盾构相关施工案例,通过设备选型、适应性设计以及相关盾构施工控制技术进行分析和总结。

5.1 地层特性与施工难点

5.1.1 地层特性

1) 含水量高、空隙率大

软土的天然含水量一般大于液限,呈软塑或半流塑状态,液限一般在40%~60%,天然含水量大于35%,饱和度大于95%。空隙率一般介于1.0~1.5之间。

软土的天然含水量虽然大于液限,但是只要不被破坏或扰动,仍可处于软塑状态,然而一经扰动,其结构将受到破坏,从而变成流塑状态。

2) 压缩性高

软土属于高压缩性土,压缩系数一般大于 0.5 MPa^{-1},介于 0.5~2.5 MPa^{-1} 之间;压缩指数为 0.35~0.75,其压缩变形大部分生在垂直压力为 0.1 MPa 左右。在受到外载荷作用下,具有变形大而不均匀、变形稳定历时长等特征。

3) 具有触变性

黏性土的抗剪强度随时间恢复的胶体化学性质称为触变性。软土一经扰动,其强度将被削弱,但当扰动停止后,逐渐恢复絮凝结构,强度又得到恢复。软土的灵敏度在 2~4 之间,属中等灵敏度。

4) 透水性低

软土的透水性很低,其渗透系数一般为 $1.0×10^{-8}$~$1.0×10^{-6}$ cm/s,垂直方向的渗透系数通常比水平方向要小一些。

5) 抗剪强度低

软土的抗剪强度很低,抗剪强度的大小与施加载荷的速度和排水固结条件有关。软土的天然不排水抗剪强度一般小于 20 kPa,其变化范围在 5~25 kPa。排水固结条件下,软土的抗剪强度将产生显著变化,固结速率越快,强度增长越快。

5.1.2 施工难点

1) 盾构姿态不易控制

在富水软土地层,含水量高、地层流塑性大,盾构在施工过程中容易出现盾构姿态不受控制的现象,主要表现为盾构在掘进过程中的载头和上浮,长时间停机时易出现盾构下沉。在淤泥质软土地层盾构掘进时,当所受浮力大于自重和上部抗力的总和时,容易导致盾构上浮。

2) 成型隧道管片上浮

管片上浮是指管片脱离尾盾后,因受到集中应力而产生向上运动。在软土地层盾构施工时,管片上浮现象比较严重。管片上浮会造成管片错台、开裂、破损和漏水等问题,严重时影响工程质量。

3) 管片破损

由于软土地层具有高压缩性、高灵敏度、抗剪强度低、承载力低等力学特征,在软土地层盾构施工时,盾构轴线变化大,尾盾间隙难以有效保证,导致管片在拼装过程中或拼装完成后掘进时,管片出现破损。

4) 地表沉降控制难度大

由于软土地层具有高含水量、高压缩性、低强度、易触变、高灵敏性等特点,容易造成地层不能自稳,在盾构掘进过程中,地表沉降量过大。

5.2 盾构适应性选型设计

5.2.1 选型原则和依据

在极软地层的盾构选型极为重要,对于施工安全、进度、成型隧道质量等关系重大。盾构选型是盾构施工的一个关键步骤,一般按照适用性、可靠性、先进性、经济性相统一的原则进行。并参照本书第 1 章 1.3.1 节"选型原则和依据"相关内容。

1) 基本功能要求

(1) 土压平衡盾构适用于含水的淤泥质粉质黏土、粉质黏土、粉砂、粉土、粉细砂地层施工。

(2) 具备平衡掌子面水土压力的能力,控制地表隆陷值不超过 −30~+10 mm。

(3) 具备渣土改良功能,配置有膨润土、泡沫、高分子材料等注入系统。

(4) 控制系统具有自动及手动控制模式,能自动控制推进力、刀盘扭矩、推进速度、土仓压力、螺旋输送机转速、螺旋输送机渣门开度等参数。

(5) 合理的盾构重量防上浮。

(6) 盾构必须配备主动铰接装置,满足最小转弯曲线半径和设计坡度,千斤顶的行程满足更换第二道尾盾刷的要求。

(7) 激光导向系统,有足够的掘进方向控制能力及自动纠偏能力,能对盾构姿态进行监测及控制,并能显示报警,以便对盾构进行及时调整和采取必要措施,确保隧道掘进的质量和安全。

(8) 管片注浆采用同步注浆系统,注浆管路外置,及时有效地对衬砌背部和地层间的空隙进行填充。

(9) 配备超前钻机及注浆系统。

(10) 配备有效耐久的尾盾密封装置。

2) 刀盘设计选型的原则

(1) 刀盘宜采用面板式或复合式结构,并具有足够的强度。

(2) 由于黏土和粉土受盾构刀盘旋转切削后,土颗粒都向刀盘中心堆积,造成该处流动性较差,容易结块。因此,在刀盘中心区域应合理设置泡沫和膨润土注入口,做好渣土改良,并设置主动搅拌棒,防止砂土固结。

(3) 为减少砂土对刀盘的磨损,应对刀盘的面板与外周区域做好耐磨防护和磨损检测。

5.2.2 极软地层适应性设计

1) 刀盘及刀具

刀盘开口率一般设置为30%~45%,中心开口率适当加大,刀盘开口均匀布置。刀盘设有软土及软岩开挖的撕裂刀、切刀及刮刀,满足砂层、黏土及淤泥层等软弱地质条件下的掘进要求,而且撕裂刀刀座具有通用性,滚刀和撕裂刀可以互换,满足软岩地层的开挖。

刀盘外周堆焊网格状耐磨硬质合金,提高耐磨性能,延长使用寿命。在刀盘和前盾隔板上设置搅拌棒,对刀盘仓内的渣土、添加剂等进行强制搅拌,提高渣土的流塑性,增加其和易性,使土仓中的土体具有良好的流动性和止水性,便于出渣。

2) 压力控制系统

盾构具有先进且完善的土压平衡系统,土仓压力隔板有4个土压传感器,可以对土仓内不同位置的压力进行实时监控;可通过螺旋输送机的无级变速功能精确控制出渣量。此外,通过控制系统可以对土仓压力、掘进速度、螺旋输送机出渣速度、泡沫等添加材料的注入量及参数进行全自动或手动控制,确保在掘进过程能达到良好的动态压力平衡效果。

3) 渣土改良系统

盾构配有泡沫系统和膨润土注入系统作为渣土改良系统。

(1) 泡沫注入系统。泡沫系统为单管单泵系统,可实现单管单泵控制,能够高效地完成盾构在砂层、残积土层及淤泥质土层等地层掘进过程的渣土改良,有效防止"泥饼"形成。泡沫喷口总成可从刀盘背面抽出,便于维修或更换。

(2) 膨润土系统。由两台加泥泵、流量计、压力计、阀及管路等组成。加泥箱采用卧式搅拌,液压驱动。压力、流量等可以在操作显示屏上进行操作、设定。

(3) 防喷涌设计。螺旋输送机采用轴式螺旋输送机,配置有双闸门系统、聚合物注入系统和保压泵接口,具备断电自动关闭螺旋输送机闸门的功能。

(4) 防泥饼设计。在盾构中心隔板上设置泥饼检测通道,配置球阀和堵塞棒。当刀盘扭矩和推力变化较大时,利用泥饼探测管探测土仓中心区间是否存在泥饼。

(5) 超前注浆系统。盾构设计时考虑完善的超前注浆方案。盾体圆周和前盾隔板均设置有超前注浆孔,在必要时可对开挖面前方进行超前注浆和地层加固。

(6) 尾盾注浆系统。在常规尾盾注浆口设计的基础上,在上部增设2个注浆口,尾盾注浆口配置10(=4×2+2)根。在砂层、淤泥质等地层掘进过程中,根据现场情况适当调整注浆管路连接位置,保证顶部注浆量,防止拱顶注浆填充率不足时,拱顶形成空洞,可有效减少地面沉降,有利于减少管片上浮。

5.3 极软地层加固处理技术

盾构在极软地层施工过程中,端头加固的成败直接影响到盾构能否安全始发与到达。因此,必须重视软土地层端头加固方案的合理性和加固质量的控制,合理选择施工工法。

目前,端头加固主要有三轴搅拌桩、旋喷桩、冷冻及注浆等施工工法。端头加固可以单独采用一种工法或采用多种工法相结合的加固手段,主要取决于地质情况、地下水、覆盖层厚度、盾构直径、盾构机型、施工环境等因素。同时考虑施工安全性、方便性、经济性、进度等。

5.3.1 三轴搅拌桩

三轴搅拌桩是利用水泥浆液作为固化剂,通过搅拌桩机搅拌叶片强行将水泥浆液和土体搅拌混合,经过一系列的物理和化学反应,使原来软土硬结成具有整体性、水稳定性和一定强度的土体,从而提高地基的强度和稳定性。

三轴搅拌桩适用于处理正常固结的淤泥与淤泥质土、粉土、饱和黄土、素填土、黏性土以及无地下水的饱和松散砂土等地层。三轴搅拌桩施工质量控制主要指标为水泥掺入量、提升速度、喷浆的均匀性和连续性。

三轴搅拌桩施工工艺示意图、施工工艺流程图分别如图5-1、图5-2所示。

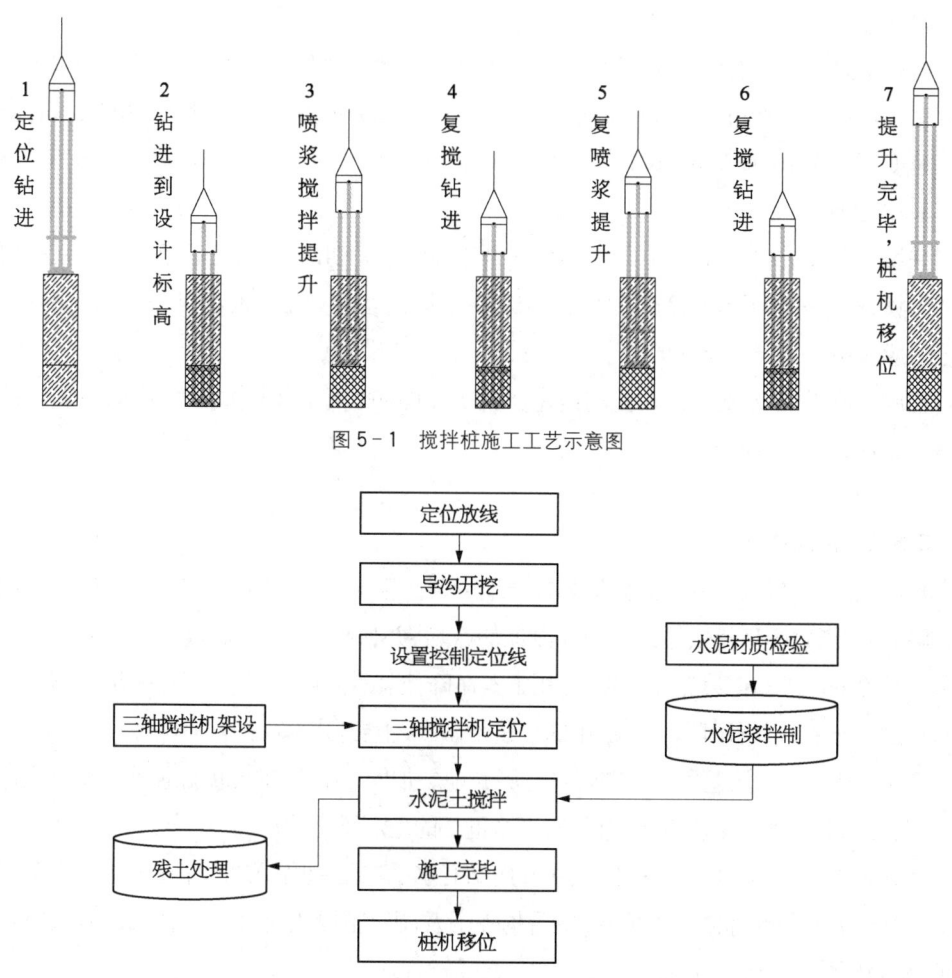

图5-1 搅拌桩施工工艺示意图

图5-2 三轴搅拌桩施工工艺流程图

5.3.2 旋喷桩

高压旋喷桩是指以高压旋钻的喷嘴将水泥浆喷入土层与土体混合,形成连续搭接的水泥加固体。高压喷射注浆法适用于处理淤泥、淤泥质土、流塑软塑或可塑黏性土、粉土、砂土、黄土、素填土和碎石土等地层,但不适用于含有动水的地层。施工占地少、振动小、噪声较低,但容易污染环境,成本较高。高压旋喷桩类型包括单管法、双重管法和三重管法。

1) 单管法

高压水泥浆直接切割破坏土体,使浆液与土体上崩落下来的土搅拌混合,经过一定时间凝固固结。单管只喷水泥浆液,桩径最小,桩径一般小于等于 0.6 m,一般用在松散、稍密砂层中,水泥用量一般小于 200 kg/m,正常施工速度一般在 20 cm/min。

2) 双重管法

同时喷射高压浆液和空气,两种介质冲击破坏土体,最后水泥浆液和分散土体固结,形成固结体。桩径一般 0.6~0.8 m,一般用在中密砂层中,水泥用量一般小于 300 kg/m,正常施工速度一般在 10~20 cm/min。

3) 三重管法

采用水泥浆液和空气及高压水,其机理是用高压水去切割土体,然后用水泥浆填充切割后的土体,桩径一般 1.0~1.2 m,可以在圆砾层内施工,水泥用量一般在 400 kg/m,正常施工速度一般在 10~20 cm/min。

在旋喷施工中,水泥浆的用量和提速、灌浆压力、喷嘴大小都有关系的,所以在施工前得先做试验桩,确定合理施工参数和桩径。

5.3.3 冷冻法

冷冻法适用于富水砂层、淤泥层等复杂地层条件施工,其工艺就是利用冷冻机对冷冻液进行降温,并通过循环管路输送到需要冷冻的区域,并保持温度,使温度向外扩散产生冻结效果。其冷冻原理和电冰箱差不多,先用氟利昂降低盐水温度,冷盐水通过一根根打入土层的管道进入土层,不断循环,把土层中的热量带出来,土层慢慢降温,最后冻结。

适用范围:本工法适用于软弱含水土层的地层加固、洞门加固、联络通道以及类似地层的加固施工,对于动水层质量不宜保证,含水量低的地层不适用。

在软土地层中施工时,可采用"工作井内钻孔水平冻结加固"方案,即在工作井内利用水平冻结和部分倾斜孔冻结加固地层,使盾构外围及洞口范围内土体冻结,形成圆柱加板块、强度高、封闭性好的冻结帷幕。

5.4 盾构开挖面稳定控制技术

5.4.1 开挖面稳定机理

软土地层土压平衡盾构开挖面稳定的机理,可按工程地质条件分为黏性土层的开挖面稳定机理和砂质土层的开挖面稳定机理两大类。

1) 黏性土层的开挖面稳定机理

在粉质黏土和粉质砂土等黏性土层中盾构掘进施工时,由刀盘旋转切割下来的土体进入密封土仓后,可对开挖面地层形成被动土压力,与开挖面上的主动土压力相抗衡。在密封土仓和螺旋输送机内有足够多的切削土体时,产生的被动土压力即可与开挖面上的主动土压力大致相等,使开挖面的土层处于稳定状态。

在密封土仓的土压与开挖面地层的土压保持平衡的状态下,如在盾构推进的同时,启动螺旋输送机排土,使排土量等于开挖量,即可使开挖面地层始终保持稳定。由于由刀盘切削下来的土体强度一般低于开挖面地层的原状土的强度,易于流动,且即使在内聚力较大的土层中,刀盘的搅拌作用也可以使渣土的流塑性增大,因而采用螺旋输送机转速和出土口装置予以控制。出土口装置一般采用滑动闸门,对流塑性大的松软土体,一般设置为双闸门。

当地层含砂量超过一定限度时,泥土流塑性将明显变差,密封仓内的土体因固结作用而被压密,导致渣土难于排送,甚至被迫停止盾构掘进。出现这种情况时,可向密封仓内注入水、膨润土或泥浆等添加剂,同时进行搅拌,以期适当改善仓内土体的流塑性,使可顺利排土。

2) 砂质土层的开挖面稳定机理

在砂土、砂砾等砂质土层中盾构掘进施工时,因土的摩擦力大、渗透系数高、地下水丰富等原因,一般单靠掘进提供被动土压力,常不足以抵抗开挖面的土、水压力;此外,由于土体的流动性差,使密封仓内充满砂质土体后,原有的盾构推力和刀盘扭矩常不足以维持正常掘进切削的需要,密封仓内的渣土也不易流入螺旋输送机和排出。因此,需要向密封仓内注入水、泡沫剂、膨润土或泥浆等添加剂,同时进行充分搅拌,改善仓内土体的流塑性和止水性,并合理控制螺旋输送机转速和出土闸门开度,控制出土量,使开挖面保持稳定。

5.4.2　软土地层的变形机理

在外载荷作用下,土体将产生沉降变形。软土的沉降可分为瞬时沉降和固结沉降。其中固结沉降包括主固结沉降和次固结沉降。主固结沉降是固结沉降的主要部分,是指饱和或接近饱和的黏性土在外载荷作用下,随着超静空隙水压力的消散,土骨架产生变形所造成的沉降(固结压密)。主固结沉降速率取决于空隙水的排出速率。次固结沉降是指主固结过程(超静空隙水压力消散过程)结束后,在有效应力不变的情况下,土骨架仍随时间继续发生变形所造成的沉降。这种变形的速率与空隙水排出的速率无关,而取决于土骨架本身的蠕变性质。

一方面,在骨架应力作用下,由于颗粒表面所吸附的水(气)的黏滞性、颗粒的重新排列和骨架体的错动具有时间效应,致使土体变形与时间有关。另一方面,土体内部应力的调整,也与时间有关。土体变形和应力与时间有关的现象称为土的流变。流变是软土的重要工程性质之一。由于黏性土的流变性,土体在相对稳定的状态下随暴露时间的延长而产生移动是不可避免的。

软土具有固结和流变的特性,因此软土地区的隧道变形具有变形量大、变形持续时间长和影响范围广等特点。

软土地层的变形机理比较复杂，除以上内容外，还应参照本书第 2 章 2.3 节"盾构开挖面稳定控制技术"相关内容。

5.4.3 主要控制措施

1) 盾构开挖面压力控制

土压平衡盾构施工过程中，为了确保开挖面的稳定，需要维持土仓压力，压力的控制遵循以下原则：一是土仓内土压力应足以维持刀盘前方的围岩稳定，不致因土压偏低造成土体坍塌、地下水流失；二是尽可能减小土仓内的土压力，以降低掘进扭矩和推力，提高掘进速度，降低土体对刀具的磨损，以最大限度地降低掘进成本。

在软土地层施工过程中，一般情况下土仓压力设定为理论值的 105%～115%，并根据地表沉降监测数据进行优化调整，如隆起过大则应适当调低压力设定值，如发生沉降过大则应适当调高压力设定值。

2) 掘进参数优化

由于地层、周边环境和盾构配置的差异，在盾构始发段应通过试掘进选定合适的掘进参数，通过加强施工监测，不断完善施工工艺和掘进参数，严格控制地面沉降。

3) 合理的同步注浆参数

同步注浆是控制或减少地层损失的关键措施。设置合理的注浆压力和注浆量、选用优配的注浆材料等，在盾构掘进过程中，及时填充衬砌环外围土体空隙，能有效控制地表沉降。

4) 渣土改良

根据软土地层特性，盾构在掘进过程中，选择适当的渣土改良方案，提高渣土的流塑性、止水性，使渣土具有较好的土压平衡效果，利于稳定开挖面，控制地表沉降。

5.5 极软地层盾构掘进技术

5.5.1 掘进控制技术

1) 盾构轴线控制

盾构在掘进过程中，保持盾构掘进轴线适当低于隧道设计轴线，保证隧道轴线偏差控制在设计允许范围内，提高成型隧道质量。

软土地层盾构轴线控制参考指标一般为 −30～40 mm。

2) 掘进参数设置

(1) 土仓压力。一般来说土仓压力的调整应根据掘进过程中地质、埋深及地表沉降监测信息,不断进行参数优化。一般情况下,软土地层压力设定值应为理论计算值的105%~115%。

(2) 掘进速度。在正常段盾构掘进时,推进速度应控制在≤45 mm/min;小曲线(≤350 m)地段掘进时,掘进速度应控制在≤25 mm/min,避免速度过快出现姿态偏差过大。掘进速度过快时,掘进油缸行程差变化加快,姿态控制难度增加。

在曲线段掘进过程中,当水平或垂直偏差≥50 mm时,需采取纠偏措施,掘进速度宜控制在≤15 mm/min,以便满足调整姿态的同时适应曲线段转弯。

(3) 推进油缸操作。在盾构掘进过程中,当出现管片上浮情况时,合理操作盾构上部、下部推进油缸,适当提高上部和下部油缸推力差,一般调整范围为2 000~5 000 kN。

(4) 同步和二次注浆。隧道开挖完成后,由于软土地层高流变的特性,尾盾管片背后注浆时间、注浆压力、隧道埋深对地表沉降产生较明显的影响。在盾构掘进过程中,要及时进行同步注浆和二次注浆,注浆压力和注浆量的控制应根据隧道埋深、地表监测数据及时进行调整,以保证注浆效果,使得周围土体得到有效支撑,地表沉降得到有效控制。

3) 管片拼装质量控制

当管片脱出尾盾后,应立即进行管片螺栓复紧,并及时进行二次注浆,提高成型管片稳定性,减少或避免管片出现上浮。

5.5.2 姿态控制与调整

在软土层盾构掘进时,盾构姿态较难控制,由于软土地层具有含水量高、空隙率大、压缩性高、强度低、灵敏度高和易触变、流变的特性,地层自稳性能极差,在外动力作业下土体结构极易破坏,隧道穿行于软土地层中盾构姿态极不理想,当盾构轴线偏离设计轴线时应及时进行调整。

1) 盾构姿态控制和调整

盾构姿态控制和纠偏控制参照本书第2章2.4.3节"盾构姿态控制"。

2) 纠偏注意事项

(1) 盾构姿态发生偏移过大时,需进行纠偏操作,纠偏不宜过急,每环纠偏量应控制在10 mm以内。

(2) 在纠偏过程中,应考虑先保持住水平或垂直姿态中的一个,单独单方位进行纠偏,如先稳定住水平姿态,调整垂直姿态,待垂直姿态纠偏完成后,再保持垂直姿态,纠正水平姿态。

(3) 在纠偏过程中应充分考虑尾盾间隙,在适应尾盾间隙的情形下进行纠偏。否则,因管片外壁对盾壳内壁的限制与挤压,将导致纠偏效果差或管片破损。

3) 盾构主机姿态控制

由于软土地层具有高压缩性、高灵敏度、抗剪强度低、承载力低等力学特征,在软土地层盾构掘进过程中易出现盾构头部下沉、尾盾上浮的"磕头"现象。如某工程根据盾构主机重心分布情况，在尾盾部分抛压一些重物，以此来平衡盾构的重量，逐步调整盾构姿态。

5.5.3 渣土管理

1) 渣土改良

通过向刀盘仓内注入泡沫、膨润土、聚合物等添加剂，在刀盘旋转过程中使渣土与添加剂充分拌和，提高土仓渣土的流塑性和止水性，防止刀盘形成泥饼，使土仓压力分布均匀，螺旋输送机排土顺畅，保证建立良好的土压平衡，有效控制地表沉降。

2) 出土量控制

出土量管理是盾构掘进的根本，是保证控制地层损失率的最直接、最有效的手段。出土量控制必须以渣土体积控制为主，重量复核为辅。隧道内值班人员对每一车渣土进行测量并进行记录，渣土运至井口进行垂直吊装时由龙门吊司机对每一箱渣土重量进行记录。

以推进 1.2 m 长度计算，掘进的土石方量(V)计算方法参照第 4 章 4.4.2.3 节式(4-2)，可得 $V=45 \text{ m}^3$。

在盾构施工过程中，对掘进所排出的渣土样本进行分析，判断地质情况，根据不同地质情况，对出土量进行优化管理。每天及时检查对应的地面是否存在异常；当出土量超标时，需加大检查频率，派专人监控。

5.5.4 同步注浆

5.5.4.1 同步注浆

同步注浆施工流程和要求参照本书第 2 章 2.4.5 节相关内容。

5.5.4.2 同步注浆浆液配制

1) 注浆配比

在盾构施工过程中，注浆配比可根据软土地层特性以及周边环境条件，通过现场试验优化确定。同步注浆材料初步配比见表 5-1，淤泥质地层同步注浆调整配比见表 5-2。

表 5-1　1m³ 同步注浆材料初步配比

水泥(kg)	粉煤灰(kg)	砂(kg)	膨润土(kg)	水(kg)
25	800	300	25	500

表 5-2　1m³ 淤泥质地层同步注浆调整配比

水泥(kg)	粉煤灰(kg)	砂(kg)	膨润土(kg)	水(kg)
25	700	400	125	500

2）浆液主要性能指标

同步注浆浆液的主要物理力学性能参考本书第 4 章 4.5.5 节相关内容。

5.5.5 二次注浆

5.5.5.1 浆液配比选择

二次注浆一般根据已有施工经验选择施工配比，双液浆浆液配比见表 5-3。

表 5-3 双液浆浆液配比

浆液名称	水玻璃（A 液）	水泥浆（B 液）	A、B 液混合体积比
双液浆	35°Bé	0.8～1.0	1∶1～1∶0.3

5.5.5.2 二次注浆设备选择

二次注浆采用自备的 KBY-50/70 双液注浆泵。注浆管及孔口管自制，其加工应具有与管片吊装孔的配套能力，能够实现快速拆装以及密封不漏浆的功能，并配备泄浆阀。

5.5.5.3 二次注浆质量保证措施

（1）注浆前进行详细的浆材配比试验，选定合适的注浆材料及浆液配比，保证所选浆材配比、强度、耐久性等物理力学指标符合设计要求。

（2）二次注浆压力一般应大于同步注浆压力。

（3）成立专业注浆作业组，由富有经验的工程师负责注浆技术工作。

（4）在可能或需要的情况下，对拱顶部分采用超声波探测法通过频谱分析进行检查，对未满足要求的部位，进行补充注浆。

5.5.5.4 二次注浆效果评价

一般情况下，二次注浆压力达到设计注浆压力则结束注浆，视注浆效果可再次进行注浆。根据南京、苏州等地工程经验，在软土地层中二次注浆后管片背后基本上没有流水现象，管片后期位移较小，地表后期沉降也控制在较小范围，满足相关规范要求。

5.5.6 监控测量

1）施工监测的目的

监测是对工程施工质量及其安全性用相对精确之数值表达的一种定量方法和有效手段，是对工程设计经验安全系数的动态诠释，是保证工程顺利完成的必需条件。在预先周密安排好的计划下，在适当的位置使用先进的仪器进行监测可收到良好的效果，特别是在工程师根据监测数据及时调整各项施工参数，使施工处于最佳状态，实行"信息化"施工方面起到日益重要的、不可替代的作用。

软硬不均与极软地层盾构处理技术

通过监测工作,要达到以下目的:及时发现不稳定因素;验证设计,指导施工;保障业主及相关社会利益;分析区域性施工特征。

2)施工监测的意义

由于隧道穿越的地质条件比较复杂,而工程地质勘察总是局部的和有限的,尤其是穿越粉质黏土或粉砂土层时,有可能引起地表路面、建筑物和管线等变形或沉陷,危及其安全,因而必须了解和掌握施工过程中地表隆陷情况及其规律性,了解因地表隆陷而引起的地表路面、房屋及其他构筑物下沉及倾斜情况,了解围岩与结构物的相互作用力以及管片衬砌的变形情况等。在施工过程中,首先必须制定详细的监测方案,并根据监测成果,及时反馈信息,指导施工,以确保建(构)筑物及作业人员的安全。其次通过对监测信息的分析,指导盾构推进的施工,使掘进参数能够及时根据现有环境的变化而优化,以节省工程成本及减少对周围环境的影响。

3)施工监控测量的方法

日常巡检采用目测结合尺量、丈测,并配以摄、录设备进行,主要进行隧道内、建(构)筑物、河流、桥梁及管线巡视;以及日常监测,包括沉降监测、隧道收敛、重要保护建筑的监测等。盾构法隧道监测频率见表5-4。

表5-4 盾构法隧道监测频率

序号	监测项目	位置	变化速率	监测频率
1	地表(及环境内)沉降点	盾构切口前20环、尾盾后80环	>5 mm/d	2次/d
			1~5 mm/d	1次/d
			0.5~1 mm/d	1次/2 d
			<0.5 mm/d	1次/7~30 d
		80环后	/	1次/月
2	隧道内沉降、收敛	拖车后20环	/	1次/d
		拖车后20~50环	/	1次/2 d
		拖车后50环以外	/	1次/7 d
		80环后	/	1次/月

注:① 停工期间,数据正常时,1次/7~15 d;
② 测点报警时,监测频率根据现场情况适时进行调整。

4)数据分析和处理

对监测数据及时进行分析、处理及反馈,预测围岩及结构和支护状态的稳定性,提出施工参数的调整意见,确保工程的顺利施工。监测数据做到及时、准确和完整,每日提交监测日报表,发现异常现象,更要加强监测。监测报表注明对应的施工工况、各监测点的日变形量、累计变形量等要素及工况平面分布图等施工信息,相关各方分析监测结果反映的情况,监测数据如达到或超过报警值时及时通报有关各方,以尽快采取有效措施。各监测项目警戒值见表 5-5。

表 5-5　各监测项目警戒值

序号	监测内容	变化速率报警值 (mm/d)	累计报警值 (mm)	限值 (mm)
1	地表沉降	±3(连续 2 d)	隆起/+7 下沉/−20	+10 −30
2	隧道拱底沉降	±3	±20	±30
3	收敛	±2	±10	±13
4	刚性管线	±2	±20	/
5	柔性管线	±5	±20	/
6	建筑物沉降	±3(连续 2 d)	±20	/
7	建筑物倾斜	0.3‰	1.5‰	3‰

(1) 数据处理。将原始数据通过科学、合理的方法,用频率分布的形式把数据分布情况显示出来,进行数据的数值特征计算,舍掉离群数据。

(2) 曲线拟合。根据各监测项选用对应的反应数据变化规律和趋势的函数表达式,进行曲线拟合,例如,对现场测量数据及时绘制对应的位移-时间曲线或图标,当位移-时间曲线趋于平缓时,进行数据处理或回归分析,以推算最终位移量和掌握位移变化规律。

5.6　典型案例

5.6.1　杭州地铁 2 号线

5.6.1.1　工程概况

杭州地铁 2 号线一期工程 SG2-13 标段,包括两站三区间,即庆春广场站、庆菱路站、钱江路站—庆春广场站区间(以下简称"钱—庆区间")、庆春广场站—庆菱路站区间(以下简称"庆—庆区间")、庆菱路站—建国路站区间(以下简称"庆—建区间")。施工起点里程:SDK18+338.27,终点里程:SDK21+546.185,标段全长 3 207.915 m。

区间采用盾构施工,地铁盾构隧道外径 6 200 mm,内径 5 500 mm,采用钢筋混凝土预制管片单层衬砌(6 块),管片厚度 350 mm,宽度 1.2 m,管片衬砌环采用 C50 钢筋混凝土,抗渗等级 P10。

5.6.1.2 工程地质

1) 地质状况

本工程地质主要属冲海积相沉积平原地貌单元,地貌形态单一,工程场地内地势较平坦,场地地面标高一般在 5.94~7.89 m。场地原地形大部分为鱼塘,后建设钱江新城回填而成。浅表层为厚 1~5 m 的填土,其下为厚度 19~24 m 的粉土和粉砂层,以下为厚度 1~2 m 的高压缩性流塑状的淤泥质土,局部夹粉砂,再下部依次为可塑状粉质黏土、具灵敏度的软土成因的灰色黏土、埋深 32.9~41.2 m 的古钱塘江河床堆积的含砾粉砂和圆砾层。

(1) 钱—庆区间地质情况。该区间隧道洞身穿越的地层主要为黏质粉土、砂质粉土夹黏质粉土、砂质粉土夹粉砂、粉砂夹砂质粉土,隧道底板主要位于砂质粉土夹粉砂、粉砂夹砂质粉土中。

(2) 庆—庆区间地质情况。该区间隧道洞身穿越的地层主要为粉砂夹砂质粉土、砂质粉土、淤泥质黏土、粉质黏土,隧道底板主要位于粉砂夹砂质粉土、砂质粉土、淤泥质黏土、粉质黏土中。

(3) 庆—建区间地质情况。该区间隧道洞身穿越的地层主要为粉土、淤泥质黏土和粉质黏土,隧道底板主要位于淤泥质黏土、粉质黏土中。

2) 不良地质对施工的影响

本工程主要液化地层为砂质粉土、粉砂夹砂质粉土地层。场区总体为轻微地震液化场地。

(1) 浅层天然气。浅层天然气的气源层主要为浅海相淤泥质土层,根据工程经验,沿线浅层天然气一般为局部富集。对于明挖施工车站,浅层天然气不易汇集,对施工影响较小,但需在施工期间加强监测。对于区间隧道,由于气源层上覆土层为透水、透气性好的粉土、砂土层,下卧层为透水、透气性能差的粉质黏土层,均无存气条件,故区间施工无须考虑沼气的影响,但需在施工期间加强监测。

(2) 特殊岩土。本标段范围内的特殊岩土主要为流塑状淤泥质土层,该层为浅海相沉积层,具有低强度、高压缩性、高灵敏度、大空隙率、高蠕变性,有较明显的流变、触变特性。

5.6.1.3 工程重点和难点

1) 极软地层联络通道施工难度大

(1) 原因分析。联络通道处于交通繁忙的庆春东路正下方,冰冻法施工的安全和后期融沉控制是施工的重点。

(2) 主要对策。

① 必须根据地层温度的测定来确定地层的冻结状态。隧道内温度高时,需要采用盐水循环设备及对冻结地面采取保冷措施。

② 必须注意由冻结管损坏等引起的盐水泄漏。通常冻结管铺设后进行耐压试验,开挖

冻结管附近的冻土时,应在确认冻结管的位置后再进行。

③ 尤其是本标段联络通道位于淤泥质粉质黏土夹粉土、淤泥质黏土夹粉土,冻胀、融沉现象较明显。对解冻产生的地表下沉,可用循环温水强制后,用化学加固等填充空隙的强制解冻方式来进行控制。

④ 施工前制定详尽应急预案,提前做好资源储备。

⑤ 内部结构施工过程中加强质量管控,保证内部结构内实外美。

2) 在粉细砂和淤泥质粉质黏土地层盾构掘进姿态控制难度大

(1) 原因分析。本标段钱—庆区间隧道洞身完全穿越粉土、粉细砂层,庆—庆区间隧道洞身穿越粉土、粉细砂层和淤泥质粉质黏土层,庆—建区间隧道洞身穿越粉土、淤泥质黏土和粉质黏土,地质条件差,为软弱地层。

粉土、砂性土层在地下水动水压力的作用下,自稳能力差,易坍塌,产生潜蚀、管涌、流砂等工程液化危害;淤泥质软土层具有低强度、高压缩性、高灵敏度、大空隙率、高蠕变性,有较明显的流变、触变特性。特别是隧道洞身的粉土、粉细砂层,盾构掘进扰动后极易液化导致刀盘上部土层超挖,从而导致盾构上浮,姿态控制困难,在该地层中,杭州多台盾构出现上浮现象。

(2) 主要对策。

① 在掘进粉细砂层和淤泥质粉质黏土层软弱地层前,进行盾构掘进参数的优化,适当提高土压力,减少上部土体超挖,同时将盾构姿态适当调低,低于设计值 30 mm 左右。

② 合理进行盾构推进千斤顶编组,在软弱地层掘进中保证上、下部油缸推力差,可平衡盾构在软弱地层中的浮力。

③ 掘进过程中适当开启盾构仿形刀,适当超挖下部土体,同时严控土压力、减少盾构姿态调整、减少对盾构上部粉细砂层的扰动,从而保证刀盘上部土体稳定、不液化、不坍塌,保证盾构姿态不因上部土体减少而上浮。

④ 严格控制出渣量,避免因出渣过多而超挖,对周边地层产生较大扰动。

⑤ 优化同步注浆浆液配比,适当增加水泥用量和砂用量,保证浆液稠度,如果掘进过程中盾构出现上浮现象,注浆时可只开上部两个注浆口进行注浆。

⑥ 及时进行壁后二次双液注浆和脱出尾盾管片拉杆焊接,保持隧道的整体稳定性。

⑦ 考虑到本工程富水砂性土层及淤泥质黏土层掘进时盾构浮力较大,必要时在盾构中盾中增加配重,增加盾构主机的总重。

⑧ 富水地段和其他含水地层掘进时,可向刀盘面、土仓内和螺旋输送机内注入膨润土,并增加对螺旋输送机内注入的膨润土,以利于螺旋输送机形成土塞效应,防止涌水,减少超挖。

3) 浅覆土段盾构上穿地铁 4 号线、下穿新开河及沪杭线施工难度大

(1) 原因分析。钱—庆区间上穿已成型的地铁 4 号线隧道,上行线距离 4 号线隧道距离

为 2.756 m(下行线为 2.18 m),该段隧道覆土仅 5.56 m,小于隧道直径 6.2 m,为浅覆土隧道。隧道上部土层为黏质粉土、黏质粉土夹砂质粉土。

钱—庆区间盾构自庆春广场站始发后约 50 m 下穿新开河,其中上行线与新塘路新开河桥桩距离为 2.64 m,下行线与庆春东路新开河距离为 4.94 m,区间隧道至地表覆土深度为 7.08 m,上行线隧道至河底覆土深度为 4.21 m,上行线隧道至河底覆土深度为 4.32 m(水深 1 m,淤泥厚 0.2 m)。隧道上部土层为黏质粉土、黏质粉土夹砂质粉土。

庆—建区间上下行线均需下穿沪杭线,两隧道法线方向与铁路的实际夹角分别为 56.5°和 54.6°。隧道顶覆土深 15.72~15.84 m(地面标高 6.38 m)。隧道与铁路下穿区域包夹地层为杂填土、砂质粉土夹粉砂、粉砂夹砂质粉土。

在浅覆土段和下穿既有线盾构施工过程中,若参数控制不恰当,可能导致地表大量沉降,对地表管线及建(构)筑物造成破坏。

(2) 主要对策。

① 在掘进过程中,必须采取以下常规措施:加强地面及桥梁、河岸沉降观测,根据监测结果调整设计参数及采取必要的措施;严格控制正面土压力、出土量及推进速度,保持开挖面的平衡和稳定;保持盾构推进中姿态平衡,防止超挖欠挖;加强盾构同步注浆及二次注浆管理,管片与土层之间间隙及时回填密实等。除了上述,在盾构下穿钱—庆区间范围的新开河小桥施工中,在河道范围上、下行线还要设置钢筋混凝土预制块进行压重,抵抗隧道上浮。

② 穿越前,进行地面标高及隧道轨面标高核查,确定真实覆土厚度;同时做好浅覆土段隧道沿线建(构)筑物调查。

③ 在穿越浅覆土段前进行模拟段掘进,摸索出最佳掘进参数。

④ 在浅覆土段隧道掘进过程中,必须严格控制土压力和注浆压力;在能控制地表沉降的情况下,将土压力和注浆压力的控制值适当降低。

⑤ 必要时,在浅覆土段隧道掘进过程中进行地面堆载。

⑥ 盾构隧道下穿铁路区域前,采取主动加固措施,增加地基土的密实度,减少地基土的软化效应。优化管片设计,提高本区域隧道结构强度和防水性能。

⑦ 盾构下穿铁路区段过程中,必须严格控制土压力和注浆压力,加强地表铁路区段的监测工作。

5.6.1.4 盾构选型

1) **盾构针对性设计**

(1) 选用土压平衡盾构。在土仓内上下左右配置了 4 个具有高灵敏度的压力传感器,通过自动土压系统中的可编程控制器(PLC)能将土仓内的土压传送到操作台上的触摸显示屏显示,并且能自动地与设定土压进行比较,调节螺旋输送机的转速。土压过高过低都会在操作台上报警,操作人员能很好地控制土压平衡,减少地面沉降。

(2) 刀盘结构为辐条加面板型,便于刀具的布置及受力,结构坚固、强度高、刚性大、耐磨程度高,刀盘开口率40%;刀具必须有足够的耐磨性能。

(3) 盾构采用8台55 kW变频电动机驱动,具有较大的扭矩和多挡转速,可适应不同地层的掘进需要。

(4) 具有良好可靠的加泥、泡沫注入系统,用于开挖面、土仓及螺旋输送机中土体的改善。设有自动控制的膨润土及添加剂注入设备和管路,刀盘上有5个注入口能对开挖面的土体进行充分的改善,并且在土仓隔板处、人行闸处及螺旋输送机上也设置若干个膨润土及添加剂的注入口,从而达到改善渣土性质。

(5) 螺旋输送机采用有轴式,配置有双闸门,且螺旋输送机前端叶片及前筒体堆有耐磨材料,抗磨性能优越;螺旋输送机可配置防喷的保压泵装置;螺旋输送机具有应对紧急突发事件的能力,如紧急停电时螺旋输送机出土闸门可以通过操作台边上的开关关闭,并且在主机内及操作室内的操作台上各有一个紧急停止开关。

(6) 推进油缸和铰接油缸布置具备良好的纠偏性能,保证能在不均匀地层中的轴线控制。

(7) 具有良好可靠的同步注浆注入系统,能及时填充管片与地层的间隙,减小沉降。同步注浆注入系统既可以采用单液浆,也可以采用双液浆,并具有超前钻探和加固的能力。

(8) 具有双仓式气压人行闸设计,设置土仓自动调压装置,保证更换刀具的便利及人员的安全,以适应砂层中的换刀及处理障碍物要求。

(9) 具备高精度的盾构导向测量系统。配备由美国Trimble公司生产的5603光波自动全站仪,导向精度高,能实时反映盾构的当前位置和理论位置,并提供调整指示。

2) 盾构主要技术参数

结合地质和工程实际情况以及盾构现状,选用日本小松ϕ6 340 mm土压平衡盾构,具体参数见表5-6。

表5-6 盾构主要技术参数

名　称	项　目	参　　数
盾构类型		土压平衡盾构
盾构型号		TM634PMX
适应工作条件	地层土质种类	黏土、粉质黏土、砂质粉土、粉砂、中粗砂
	最小转弯曲线半径	盾构主机能满足150 m,整机250 m
	最大坡度	40‰~50‰
管片	内径×外径×宽度	(5 500×6 200×1 200)mm
	重量	4.5 t

(续表)

名称	项目	参数
整机综述	整机总长(含后配套)	66.88 m
	主机长度	8.68 m
	总重	约 370 t
	最大掘进速度	85 mm/min
	最大推力	37 730 kN
	装备总功率	约 1 125 kW
	开挖直径	6 370 mm
	前盾外径、盾壳厚度	6 340 mm、40 mm
	中盾外径、盾壳厚度	6 340 mm、40 mm
	尾盾外径、盾壳厚度	6 340 mm、40 mm
	尾盾间隙	30 mm
	尾盾密封	3 道
	土压传感器	4 个土仓、2 个螺旋输送机
	液压传感器	5 个推进系统、1 个螺旋输送机
	最大工作压力	0.3~0.4 MPa
	最大设计压力	0.6 MPa(除尾盾密封外)
刀盘及刀具	形式与支撑方式	面板式刀盘,中间支撑
	开挖直径	6 370 mm
	刀盘厚度	475 mm
	开口率	40%
	泡沫注入口	5 个
	搅拌棒	刀盘上 6 个,土仓隔板上 2 个
	中心刀	1 把
	切削刀	78 把
	周边刮刀	12 把
	先行刀	先行刀 A12 把、先行刀 B66 把
	双刃刮刀	4 把
	各种刀具高差设置	切削刀: 80 mm;先行刀 A: 90 mm;先行刀 B: 110 mm
	超挖刀	2 把
	超挖刀形式	油缸驱动
	最大超挖量	125 mm(油缸行程 135 mm)
	换刀方式	背装式,可在土仓中换刀
	刀间距的布置	全段面切削
刀盘驱动	驱动形式	变频电机
	转速	0.25~1.3 r/min
	额定扭矩	6 434 kN·m
	脱困扭矩	7 721 kN·m
	扭矩系数	$\alpha=25.3(100\%)$;$\alpha=30.3(120\%)$
	驱动功率	55×10=550 kW
	主轴承外径	3 600 mm
	主轴承寿命	10 000 h
	工作压力	1 MPa
	主轴承密封形式	机械迷宫密封+1 道唇形(4 唇齿)密封+3 道 MY 形密封

(续表)

名称	项目	参数
推进系统	最大总推力	37 730 kN
	油缸数量	22 根
	油缸行程	2 150 mm
	最大推进速度	85 mm/min(22 个油缸同伸)
	最大回缩速度	250 mm/min(22 个油缸同缩)
	位移传感器数量	4 只(3 只外置式,1 只内置式)
	工作压力	32.4 MPa
	推进油缸分区数量	4 区
铰接系统	形式	主动式
	铰接油缸数量	12 根
	铰接油缸行程	230 mm
	最大总推力	2 883 kN
	最大回缩力	1 617 kN
	工作压力	33.3 MPa
	位移传感器数量	4 只
	铰接油缸分区数量	4 区
	最大转角-垂直/水平	1°/1.5°
	密封形式	中空凸形
	密封数量	1 道
	最大承压力	1 MPa
管片安装机	形式	圆盘形
	驱动方式	液压驱动
	自由度	6 个
	平移行程	1 000 mm
	提升行程	700 mm
	旋转角度	左右 200°
	控制方式	有线/无线 2 种
	旋转速度	0.2 或 1.2 r/min
	起吊能力	222 kN
管片吊机	形式	管片吊机行走为齿轮齿条转动,管片吊机为电动环链葫芦
	数量	2+1(台)
	起吊能力	2 台 32 kN+1 台 50 kN
	控制方式	无线
螺旋输送机	形式	有轴式,前后伸缩,后置式 2 道出土闸门
	驱动功率	90×2=180(kW)
	最大扭矩	71.8 kN·m
	最大转速	22 r/min
	输送能力	233 m³/h
	外径	711.2 mm
	叶片外径×节距	650 mm×P600 mm
	伸缩行程	1 000 mm
	闸门配置方式	2 个闸门,后置式螺旋机闸门留有保压泵渣装置接口
	通过最大粒径	理论粒径 210 mm×500 mm

(续表)

名　称	项　目	参　数
皮带输送机	形式	电机驱动
	驱动功率	37 kW
	皮带宽度	800 mm
	带速	170 m/min
	输送能力	500 m³/h
人仓	仓室数量	2个
	容量	2+1(人)
	仓门数量	4个
	工作压力	0.3 MPa
同步注浆系统	浆液类型	双浆液(A液、B液)
	盾壳上注浆管布置形式	外置式
	注浆管路数量	4处(每处：1根A1液管、1根B液管、1根尾盾油脂管)
	能力	1台活塞泵(流量12 m³/h，最大压力6 MPa，功率30 kW)，1台螺杆泵(B液泵：流量20 L/min、压力1.5 MPa、功率1.5 kW)
	储浆罐容量	8 m³
	压力传感器数量	4只
同步注浆箱搅拌器	叶片外径	816 mm
	转速	22 r/min
泡沫注入系统	泡沫泵数量	1. 泡沫泵：流量5 L/min，最大压力0.8 MPa，功率0.55 kW，数量1台；2. 水泵：流量133 L/min，最大压力0.8 MPa，功率11 kW，数量1台
	发泡枪	3个
	注入口数量	5个
	能力	60 m³/h
	型号和生产厂家	ETK-65-C 郑州瑞申机器制造有限公司
膨润土注入系统	膨润土泵数量	流量170 L/min，最大压力2.5 MPa，功率15 kW，数量2台
	注入口数量	5个，与泡沫系统共用
	能力	20.4 m³/h
	浆箱容量	12 m³
	泵站形式	气动，220 L大桶
尾盾油脂系统	流量×压力	0.9 L/min×8.8 MPa
	注入点	16
	盾壳上管路布置形式	外置式
	压力检测	16点
	泵站形式	气动，200 L大桶
集中润滑油脂系统	流量×压力	0.6 L/min×15.7 MPa
	注入点	刀盘密封、螺旋机驱动密封、螺旋机闸门、中心回转接头
	压力检测	4点

(续表)

名称	项目	参数
导向系统	形式 精度 摄像头数量	美国 Trimble 公司 5603 光波自动全站仪 1 s 2 台
监视系统	显示屏数量 拖车数量	1(彩色) 6 节
后配套	后配套轨距 能力	615＋970＋615＝2 200(mm) 8.4 m³/h
冷却水系统	功率 型号	2.2 kW BLT-60A
空气压缩机	功率 容量 额定压力 数量 储气罐 功率	45 kW 6 m³/h 1 MPa 2 0.6 m³×2 个 11 kW
电力系统	初次电压 二次电压 主变压器 辅助变压器 变压器防护等级 电缆储存形式及容量 刀盘驱动	10 kV 230/400 V 1 400 kV·A 5＋2(kV·A) IP55 第五节右台车,"8"字形盘 550 kW
功率	超挖刀 推进系统 管片安装机 螺旋输送机 皮带输送机 注浆泵 砂浆储存罐的搅拌器 液压油过滤泵 主轴承润滑 管片吊机 排水泵 冷却水系统 二次通风机 空压机 泡沫系统 其他设备 总功率	11 kW 75 kW 45＋11(kW) 90×2＝180(kW) 37 kW 30 kW 11 kW 1.5 kW 0.75 kW 16.4 kW 选购 2.2 kW 11 kW 45×2＝90(kW) 11.55 kW 41.60 kW 1 125 kW

3) 刀盘及刀具配置

(1) 刀盘针对性设计。刀盘结构设计充分考虑了砂层、粉黏土及强～中风化岩层(强度低、遇水软化,单轴抗压强度为5MPa)的掘进要求。

① 具有足够的刚度和强度,用于支撑开挖面和承受掘进中的推力及扭矩。

② 尽可能保证盘面上有足够的刀具数量、种类和合适的安装位置有效开挖,并且保证足够的寿命。

③ 合适的刀盘开口率(40%)以保证渣土进入土仓的顺畅性。

④ 刀盘配置较多的先行刀,提高刀盘的耐磨性。

⑤ 刀盘上合理配置5个添加剂注入口,保证添加剂均匀注入开挖面。

(2) 刀盘结构。刀盘主体结构为面板式,钢板焊接结构。由辐条、面板、侧板、筋板、外缘板、后盖板、耐磨合金条和支撑梁焊接而成,整体性强。为了防止中央部位的堵塞,在有限中央部位尽可能增加开口。

刀盘为辐条面板型(6根辐条加封板),中间支撑方式,在各辐条及面板上设置了切削刀具及先行刀,可以顺时针或逆时针回转对开挖面进行掘削的构造。考虑到黏性土层中施工时,可能会产生刀盘泥饼,因此,辐条设计为6条,设定开口幅度550 mm,开口率40%,对黏土、砂层等土质都能很好地适应。

刀盘设计充分考虑了地层对刀盘具有较大的磨损性,因此,在刀盘上配置了先行刀、在刀盘外周易磨损区域堆焊了大量的网格状耐磨硬质合金,如刀盘面板外周、搅拌棒、刀盘边缘板和滚刀刀座等处;安装有刀盘外周保护刀具,大大提高了刀盘的耐磨性能,并延长其使用寿命。

刀盘前面5个添加剂注入口设有橡胶逆流防止阀(单向阀),以防止管路被泥砂堵塞,在人行闸内的中心旋转接头后部留有液压快速接头,其构造能承受高压油,如果注入口被堵塞时,可接上油压管路,通过所设置的一套液压疏通装置,用油泵向刀盘加泥系统管路加注最大为14 MPa左右的液压油进行疏通。

(3) 改善砂层流塑性、止水性的措施。为了改善砂层掘进中渣土的较差流塑性、止水性,采用以下措施:

① 配置自动泡沫和添加剂注入系统,可根据需要向开挖面注入泡沫和膨润土及其他聚合物,改善渣土的流动性。

② 在刀盘盘面和土仓壁处设置了共计9个添加剂注入口,其中刀盘5个、土仓壁4个,可充分全面地向开挖面和土仓注入泡沫及其他添加剂。

③ 为了防止砂层流塑性、止水性差的现象发生,刀盘开口的设计使渣土进入土仓的通道流畅;土仓空间较大,中心障碍物少,表面平滑,可有效增加添加剂与渣土的混合效率。

④ 刀盘上设有外周5个、内周2个搅拌棒,可以随着刀盘一起转动,在前盾仓壁上的2

个固定搅拌棒可起到搅拌渣土的功能,对土仓中的废弃土体进行强制搅拌,使注入在开挖面上或土仓中的添加材料(加泥、水、气泡)与切削下来的土体在土仓中进行充分的搅拌,提高土体的塑性流动性,使在土仓中的废弃土体具有良好的流动性和止水性。

(4) 刀具配置。在刀盘上配置了用于软土层切削的刀具,包括正面切削刀、周边刮刀、中心切削刀、先行刀,可以切削破碎天然单轴抗压强度在 10 MPa 以下的各类风化岩和软土。

刀具超硬刀片材质采用 JIS-M3916(日本标准)规定的矿山工具用超硬刀片材质,考虑到本工程在砂砾层和软弱的土质中使用,参照许多同类土质的施工实例,采用耐冲击性及耐磨性优越的材质。

在刀盘上配置安装了 66 把先行刀及 12 把周边先行刀,先行刀高于面板 110 mm,比主切削刀(80 mm 高)高 30 mm,切削时,先对开挖面进行切削,以减轻对主切削刀及面板的磨损。

5.6.1.5 盾构始发掘进

1) 庆—建区间工程地质

庆—建场地属钱塘江冲海积平原地貌单元,工程场地内地势较平坦,场地地面标高一般在 5.49~7.25 m。主要为粉土、淤泥质黏土和粉质黏土。

2) 地基加固

根据始发段的地质条件,隧道进洞处的加固形式主要采用三轴搅拌桩配合三重管高压旋喷桩进行加固,加固范围参照本章 5.4 节相关内容;围护结构与搅拌桩之间的 50 cm 接缝采用三重旋喷进行加固。

三轴搅拌桩采用 P42.5 号普通硅酸盐水泥,水泥三轴搅拌桩采用 $\phi 850@600$,水泥采用 P42.5 级普通水泥,实桩水泥掺量为 20%,空桩水泥掺量为 7%,水灰比为 1.2~1.5。三重管高压旋喷桩水泥采用 P42.5 级普通水泥,水泥掺量 35%,水灰比为 0.7~1.0,压缩空气压力为 0.6~0.8 MPa,水压 30 MPa。

3) 降水设计

降水范围为盾构始发加固区,涌水量为

$$Q = \frac{1.366K(2H-S)S}{\lg R_0/r_0} \tag{5-1}$$

式中 Q——基坑涌水量(m^3/d);

K——含水层渗透系数(各层加权后平均 0.17 m/d);

H——含水层厚度(取为 18.2 m);

S——降深(取为 14.1 m);

R——影响半径,$R = 2S\sqrt{HK} = 49.6(m)$;

r_0——基坑等效半径(取为 9.7 m);

R_0——引用影响半径, $R_0=R+r_0=59.3(m)$。

计算涌水量 $Q=92.8 \text{ m}^3$。

根据车站施工时所做的抽水试验,单井抽水(井型号相同)24 h,出水量为 19.2 m^3/d,井数 $n=1.2Q/19.2=5.8$。

在加固效果满足始发要求的前提下,为更好地确保始发过程安全、防止突泥涌水,可提前在加固区周围施作 6 口降水井,根据实际情况,在确保周边环境安全的前提下,进行施工降排水。

4) 洞门密封装置安装

洞门密封装置安装顺序为:洞门圈预埋钢环(始发井施工时已预埋)→帘布橡胶板→折页压板→垫圈→螺母。洞口预埋钢环随盾构井二衬结构的施工而完成。要求其预埋螺栓的间距误差不大于 2 mm。

密封胶板、压板及扇形板严格按设计要求在专业加工厂加工制作,误差符合设计要求。安装要求:密封装置中心应位于盾构实际始发中心线上,误差不大于 10 mm,密封胶板与始发洞门井壁紧密接触,螺母紧固有效。

在安装帘布橡胶板前先检查螺栓丝扣,同时必须确保螺栓拧结牢固。螺栓检查合格后,安装帘布橡胶板;帘布橡胶板安装完成后安装折页压板,折页压板外侧加垫圈并以螺母拧结固定折页压板,施工时必须确保螺母拧结牢固。为防止盾构推进时,刀盘损伤帘布橡胶板,在盾构向前推进前应在帘布橡胶板外侧及边刀上涂抹黄油,并在刀盘完全通过帘布后,进一步确认帘布情况。

5) 盾构始发掘进准备

当盾构安装、调试结束并一切正常后,进入掘进状态。洞门混凝土凿除后及时推进盾构,盾构推进前,要严格检查在土仓内是否有大的混凝土块;若有,要及时清理,避免卡在螺旋输送机内。尾盾钢刷中必须充满尾盾油脂。掘进过程加强观察止水装置密封效果,以防止土体从间隙中过度流失而造成地面的沉降。

(1) 盾构始发前,需检查核实各电缆、电线及管路的连接是否留有足够的供盾构前进需要的裕量;人员组织及机具设备配备是否到位等。检查基座、反力架、洞口密封是否满足设计要求。

(2) 盾构推进前,为了减小盾构的推进阻力,可在盾构的基座轨道上涂抹黄油;为避免刀盘上刀具进洞门时损坏洞门密封装置,可在刀盘和刀具上涂抹黄油。

(3) 为了防止始发初期从洞门预埋注浆管处注浆时浆液进入同步注浆的管路内,在注浆前需将同步注浆管路出口处用尾盾油脂加以密封。

(4) 盾构始发姿态人工测量。始发前的负环管片拼装好并定位后,刀盘到达洞门位置里程,始发推进前必须进行盾构姿态复测,以确定盾构的平面位置、高程以及盾构中心轴线的坡度。盾构的高程与设计高程的差值应小于±5 mm,平面位置与设计的差值应小于±10 mm,坡度误差应小于2%。

6) 施工参数控制

(1) 加固区内推进。正面平衡压力为

$$P = k_0 \gamma h \tag{5-2}$$

式中 P——平衡压力(包括地下水);

γ——土体的平均重度;

h——隧道埋深(m);

k_0——土的侧向静止平衡压力系数,初定为0.7。

具体施工设定值根据盾构埋深、所在位置的土层状况以及监测数据进行动态调整。

盾构处于加固区域时,正面的土质较硬,为控制推进轴线、保护刀盘,在这段区域施工时,平衡压力设定值应略低于理论值,且在掘进过程中,根据盾构推力与地面监测情况等相关参数做微调。推进速度不宜过快(1 cm/min以内为宜),使加固区土体得到充分切削,根据情况适当开启超挖刀。

(2) 加固区后推进。盾构出加固区后,为防止正面土质变化而造成盾构突然"低头",依据上述正面平衡土压力设置方法计算,将平衡压力值设定为略高于理论值。在推进过程中,根据地面监测信息对平衡压力设定值、推进速度等施工参数做及时调整。

盾构出加固区后,为了更好地掌握盾构的各类参数,将盾构始发段100 m作为盾构推进试验段,此段施工时应注意对推进参数的设定、地面变形与施工参数之间的关系,并对推进时的各项技术数据进行采集、统计、分析,争取在较短时间内掌握盾构的操作性能,确定盾构推进的施工参数设定范围。此阶段施工重点要求做好以下工作:

① 掌握盾构的操作方法和机械性能,为后续掘进提供经验。

② 了解和认识隧道穿越土层的地质条件,掌握这种地质条件下土压平衡盾构的施工方法。

③ 通过本段施工,加强对地面变形情况的监测分析,掌握盾构推进参数及同步注浆的量。

④ 当尾盾进入洞门后,利用管片注浆孔,进行洞门注浆,一方面防止洞口漏水,另一方面为将来洞门密封创造条件。

在加固区后盾构试掘进期间,确保盾构正面沉降控制良好的情况下,尽可能保证盾构匀速通过,减少盾构纠偏量和纠偏次数,以便控制盾构姿态良好。

(3) 出渣量控制。每环理论出土量参考本章5.5.3节相关内容,可知每环出土量 $V = 45 \text{ m}^3$。

$$\frac{\pi}{4} \times D^2 \times L = \frac{\pi}{4} \times 6.34^2 \times 1.2 = 37.88 \text{ m}^3 / \text{环}$$

盾构推进出土量控制在 98%～100%之间,即 44.1～45 m³/环。

在盾构掘进过程中,要注意推进速度和出土量相匹配,避免因超挖或欠挖,引起地面的较大隆沉。

(4) 掘进速度。加固区内的掘进速度应控制在 1 cm/min 以内。正常掘进时速度宜控制在 2～4 cm/min 之间。特殊区段,可根据监测数据适当加快或放慢掘进速度。

(5) 推力设定。盾构始发的推力主要由下述因素决定:盾构外周(盾壳外层板)和土体之间的摩擦阻力或黏附阻力、盾构正面阻力、管片和尾盾刷之间及盾构与始发基座轨道之间的摩擦阻力。

施工时根据理论计算值为目标值控制盾构千斤顶总推力,并根据具体情况做相应调整。

(6) 管片拼装。在管片拼装过程中严格把握控制好衬砌环面的平整度、环面的超前量、椭圆度等。根据高程和平面的测量报表和管片间隙,及时调整管片拼装的姿态。

管片拼装控制要点如下:

① 严格控制环面平整度。自负环做起,且逐环检查,相邻块管片的错台应小于 4 mm,每块管片不能凸出相邻管片的环面,以免邻接块接缝处管片碎裂。

② 环面超前量控制。在盾构施工中,需经常检测管片圆环环面与隧道设计轴线的垂直度,当管片超前量超过控制量时,及时纠正,保证管片环面与隧道设计轴线的垂直。

③ 相邻环高差控制。相邻环高差量的大小直接影响到建成隧道轴线的质量及隧道有效断面,因此必须严格控制环高差不超出允许范围内。

④ 隧道椭圆度控制。每环拼装时,及时测量隧道椭圆度,不合格的及时纠正,直到椭圆度达到要求后再进行下一环的推进。

⑤ 在拼装之前清除尾盾拼装部位的垃圾,并检查管片的型号、外观及密封材料的粘贴情况,如有损坏,必须修复后才可拼装。第一块定位管片的拼装质量将直接会影响整环管片拼装质量及其与盾构的相对位置,除保证其与前环管片无错台、居中拼装等一般要求外,还应保证其与隧道轴线的垂直度。

⑥ 千斤顶按拼装管片的顺序相应缩回,拼装好后及时靠拢千斤顶,防止盾构后退。拼装结束后,伸出全部千斤顶并控制到所需的顶力,再进行下一管片的拼装,这样逐块进行完成每环的拼装,防止盾构姿态发生突变。

⑦ 成环管片均有纵、环向螺栓连接,其连接的紧密度将直接影响到隧道的整体性能和质量。因此在每环衬砌拼装结束后及时拧紧连接衬砌的纵、环向螺栓;在推进下一环时,应在千斤顶顶力的作用下,复紧纵向螺栓;当成环管片推出拖车后,再次复紧纵、环向螺栓。

(7) 尾盾油脂压注。在拼装负环前,尾盾钢刷中必须填充满手涂型尾盾油脂。在盾构推进过程中,采用均匀压注尾盾油脂的方式,以确保尾盾的始终良好密封性,防止尾盾渗漏现象。盾构尾盾油脂的压注是特别重要的一项工序。

每一环的压注量为 20 kg(根据实际情况进行调整),如遇特殊情况,可按实际情况加大尾盾油脂的压注量。压注压力为 0.25～0.5 MPa。

(8) 盾构纠偏控制。在盾构施工中根据不同土质、覆土厚度和不同曲率的曲线段,配合地面监测信息,结合推力、推进速度和出土量三者的相互关系,保持推进坡度相对的平稳,控制一次纠偏的量,减少对土体的扰动。同时根据推进速度、出土量和地层变形的监测数据,及时调整注浆量,从而将轴线和地层变形控制在施工规范允许范围内。

在施工中为了防止较大偏差的发生,将采取以下针对措施:

① 合理控制区域油压。盾构的轴线控制是盾构施工中的一个重要环节,盾构依靠千斤顶的推力向前推进。为便于轴线控制,将千斤顶设置分成不同区域,推进时通过调整区域油压,实现盾构沿设计轴线方向推进。

在切口平衡压力正确设定的前提下,严格控制各区域油压,同时控制千斤顶的行程,合理纠偏,做到勤纠,减小单次纠偏量。

② 正面平衡压力控制。由于地质条件、地面附加载荷等诸多因素不同的制约,将导致刀盘前方土压力有所差异,为此需及时调整和管理。

③ 均衡施工。盾构推进应尽可能做到连续性,减少不必要的停顿,以防止盾构下沉。

(9) 同步注浆和二次注浆。参照本章 5.5 节同步注浆及二次注浆相关要求进行控制。

① 同步注浆。每环的压浆量一般为建筑空隙的 130%～250%,即每推进一环同步注浆量为 2.2～4.15 m^3。泵送出口处的压力应控制在略大于周边水压力,一般为 0.3～0.5 MPa,始发段压力按照最小控制,确保能够注入即可。

压浆量和压浆点视压浆时的压力值和地层变形监测数据而定。

当盾构推进至 5 环时,进行同步注浆施工。此时离洞门仍较近,为防止注浆击穿洞门密封装置,注浆量应适当减少,控制在 2 m^3 左右,注浆压力可以适当减小,注浆时派专人对洞门密封装置进行观测,避免因压浆击穿而发生渗水涌砂等。

同步注浆的浆液材料主要有粉煤灰、砂和膨润土等。本工程浆液配比初步定为表 5-7 所示配比,在施工时根据实际情况可做微调。

表 5-7　1 m^3 同步注浆浆液配比

膨润土(kg)	水泥(kg)	粉煤灰(kg)	砂(kg)	水(kg)	稠度(cm)
72.5	90	430	843	适量	9～11

浆液主要性能指标参考本书第 4 章 4.5.5 节相关内容。

② 二次注浆。推进过程中,根据地面监测情况,若有必要可采取二次注浆,注浆量的控制根据变形信息确定。二次补压浆浆液配比见表5-8。

表5-8 二次注浆浆液配比(重量比) （kg/m³）

A液			B液
水泥	粉煤灰	水灰比	水玻璃(L)：水
100	100	0.7	1：1

二次注浆属一道重要工序,施工中指派专人负责,对注入位置、注入量、压力值做好详细记录,并根据地层变形监测信息及时调整,确保注浆施工质量。

7) 常见问题的预防或处理

(1) 加固效果不好。端头土体加固的效果不好是在始发过程中经常遇到的问题。采取的主要措施是必须根据端头土体情况选择合理的加固方法,而且要加强过程控制,特别是要严格控制一些基本参数。对于加固区与始发井间形成的必然间隙要采取其他方式处理,如果经评估加固效果无法满足始发要求,对加固薄弱部分重新在地面引孔进行注浆加固。

(2) 洞门失稳。主要表现为土体坍塌和水土流失两种,其主要原因也是由于端头加固效果不好所致。在小范围的情况下可采用边破除洞门混凝土,边利用喷素混凝土的方法对土体临空面进行封闭。如果土体坍塌失稳情况严重,只有封闭洞门重新加固。

(3) 始发后盾构"叩头"。始发推进后,在盾构抵达掌子面及脱离加固区时容易出现盾构"叩头"的现象,根据地质条件不同可能出现超限的情况。为此,通常采用抬高盾构机的始发姿态、合理安装始发导轨以及快速通过的方法,尽量避免"叩头"或减少"叩头"的影响。

(4) 密封效果不好。洞门密封的主要目的也是在始发掘进阶段减少土体流失。当洞门加固达到预期效果时,对于洞门环的强度要求相对较低,否则要在盾构推进前彻底检查和确定洞门环的状况。在始发过程中若洞门密封效果不好时可及时调整壁后注浆的配比,保证注浆后尽早封闭,也可采用在洞门密封外侧向洞门密封内部注快凝双液浆的办法解决。

(5) 尾盾失圆。在正常情况下,在盾构组装阶段,由于尾盾内部没有支撑,尾盾的自重会使尾盾圆度出现失圆现象。在尾盾焊接前,应对尾盾圆度进行测量并进行调整,调整完成后才能进行焊接。焊接时应使用两把焊枪分别在同一侧焊缝的内外两侧同时进行,并采用分段焊接的方式先进行位置固定,以减少焊接时对尾盾产生的变形。一般尾盾竖直方向和水平方向的直径偏差不宜超过 20 mm,如发现严重偏差,只能再对尾盾进行割除,调整圆度后再重新进行焊接。

(6) 支撑系统失稳。支撑系统在某些情况下由于盾构推进中的瞬时推力或扭矩较大而产生失稳,这样将导致整个始发工作的失败。对于支撑系统的失稳只能从预防角度进行,同时在始发阶段对支撑系统加强人工观测,如发现异常,应立即通知操作手停止掘进,对支撑系统进行加固处理后,再进行掘进。

(7) 地面沉降较大。在始发阶段需尽早建立盾构的适合工况,并严密注意出土量及土压情况,同时加大监测频率,控制地面沉降值。

盾构隧道始发技术是盾构施工技术的关键,也是盾构施工成败的一个标志,必须要全力做好。同时还应确保盾构连续正常地从非土压平衡工况过渡到土压平衡工况,以达到控制地面沉降、保证工程质量等目的。

5.6.1.6 盾构上跨 4 号线施工方案

1) 概述

(1) 钱—庆区间与 4 号线相对位置关系。钱—庆区间上下行线均上跨已成型的 4 号线钱江路站—景芳站区间下行线,钱—庆区间与 4 号线出钱江路站后线间距(净距)约 10 m,直至上跨处,上跨处夹角约 23°,相交范围 2 号线净距 4~5 m。上跨处钱—庆区间上行线距 4 号线下行线隧道净距 2.598 m,钱—庆区间下行线距 4 号线隧道净距 1.876 m。钱—庆区间上跨 4 号线处地层为黏质粉土夹砂质粉土、砂质粉土夹粉砂、粉砂夹砂质粉土。

(2) 穿越区段 4 号线加固方案。根据钱—庆区间设计单位提供的技术资料,地铁 4 号线隧道设计时,在左线相交处 20 m 范围内增加了全环洞外 2 m 范围内双液注浆加固,如图 5-3 所示。

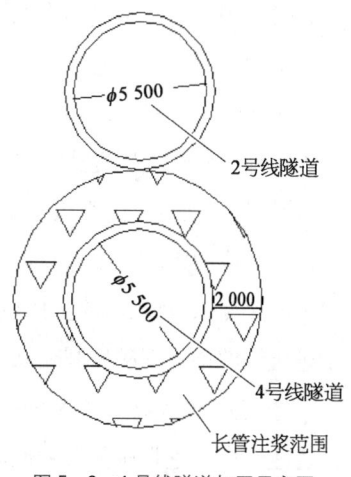

图 5-3　4 号线隧道加固示意图

2) 施工重点和难点

(1) 盾构区间隧道底面与 4 号线隧道顶面距离较小,下行线最小距离仅为 1.876 m,且包夹地层主要以砂质粉土夹粉砂、粉砂夹砂质粉土为主,地层性状较为软弱,遇扰动地层完整性极易发生改变,由于地层的开挖导致地层损失使下卧层土体产生回弹变形,4 号线隧道易发生隆起现象。

(2) 由于 2 号线距离 4 号线隧道较近,在新建隧道推进过程中,受到包夹土层的挤压作用,导致周围土体回弹有明显的时间顺序,使得既有线路会产生沿推进方向的扭转变形,且中部的扭转量明显大于端部的扭转量,既有隧道扭转严重时会造成管片开裂现象。

(3) 区间线路为避开 4 号线既有隧道,从庆春广场始发后以 18‰的纵坡上坡,上跨 4 号线后,再以 10‰的坡度下坡进入钱江路站,线路纵坡较大且边坡较为急促,同时,新建区间与既有区间距离较小,这给盾构姿态的调整带来了较大的难度,如姿态调整过频过急,极易对周围土体造成扰动,特别是穿越段下卧土层必将受到过大扰动,对既有线路造成较大的影响。

(4) 上跨 4 号线段,区间上覆土厚度较薄,上行线约为 6 m,下行线约为 6.2 m,地层主要以黏质粉土、黏质粉土夹砂质粉土为主,其地层强度较低,稳定性较差,推进过程中极易造成地层失稳,导致地表沉降较大,因此这给盾构掘进参数的制定提出了较高的要求。

3) 主要施工措施

根据地铁 2 号线与 4 号线的空间相对位置,将影响段确定为上跨相交范围前后 20 环,受到刀盘到达前对土体挤压、推进过程中上覆土卸载、同步注浆压力、土体摩擦力等一系列因素的影响,将既有隧道分为前期沉降、隧道通过时隆起、隧道穿越后一段时间的隆起和后期沉降四个阶段。

(1) 主要施工参数设定。

① 土压设定。隧道开挖面主要以砂质粉土夹粉砂为主,根据区间工程岩土工程勘察报告提供的地质情况及隧道埋深等情况,理论计算切口平衡压力为 0.14 MPa。

实际施工过程中,参考理论土压力计算值设定土仓压力,拟定土压力为 0.1~0.15 MPa,施工过程中应根据掘进速度、出土量、地面监测结果以及 4 号线监测结果适时调整土仓压力,特别是此次施工的重点是确保 4 号线既有隧道稳定,土仓压力在到达前和到达时将对既有线路造成一定的挤压,同时,相对粉土等软弱地层,其地层灵敏度较高,外在载荷作用将引起土的触变,经扰动后的土体重新固结会产生很大的变形,因此应避免土压剧烈波动,每环掘进土压波动范围应控制在 0.02 MPa 以内。

② 速度控制及姿态纠偏。在穿越施工过程中,盾构推进速度对土体扰动有很大关联,掘进速度应匀速且避免较大波动,拟定穿越段施工掘进速度为 20 mm/min,穿越前后掘进速度为 25 mm/min,并尽量减少由于机电故障、管片运输、非及时出土等造成的非工序性停顿。同时,上穿段平面线路主要处于 $R=400$ m(420 m)的圆曲线上,在施工过程中不可避免地要进行相应的纠偏,这样开挖横断面形成一椭圆形,其截面面积大于盾构的截面面积,地层损失不可避免;同时纠偏过程中会对土体造成侧面挤压,增大了土体的扰动,过大、过急纠偏将使上穿段 4 号线上覆土层卸载严重,造成 4 号线出现上浮现象。因此盾构纠偏时,应缓和纠偏,根据线型前预判,以减小对 4 号线的影响。

③ 出渣量及渣土改良。每环理论出渣量参考本章 5.5.3 节相关内容。

在施工过程中,根据地面沉降监测数据调整出渣量,同时,可通过向土仓内添加泡沫剂对渣土进行改良,增加渣土的流塑性,控制螺旋输送机出土的稳定性。

④ 同步注浆。为确保管片壁后填充密实,且能够短时间内具有相应的强度,同步注浆选择硬性浆液,且注浆时应确保所有注浆管(4 根)同时注浆,严格执行不注浆不掘进。结合工程施工经验,上跨段同步注浆浆液配比见表 5-9。

表 5-9 1m³浆液配比

水泥(kg)	粉煤灰(kg)	膨润土(kg)	砂(kg)	水(kg)	减水剂(kg)	稠度(cm)
110	330	77	880	387	21	9～11

根据试配该浆液能够在 8 h 左右凝结,注浆压力不应过大,在上跨施工期间,同步注浆压力控制在 0.15～0.2 MPa。

(2) 主要技术措施。为保证盾构上穿过程中施工安全,根据设计及施工需求制定措施如下:

① 将盾构拼装压力调至最大(3 000 kN),防止拼装过程中盾构后退引起的土压波动。

② 将上跨处 2 号线隧道两侧各 12 环管片纵向螺栓强度由 5.8 级调整为 8.8 级。

③ 上跨处壁后注浆。在钱—庆区间上行线 SDK18+550～SDK18+586(30 环)、下行线 XDK18+520～XDK18+564(37 环)范围内每环管片增设 3 个注浆孔。利用管片预设注浆孔进行隧道下部 120°洞内双液注浆加固土体,加固范围为隧道周围 1.5 m。

注浆压力控制在 0.2～0.25 MPa,在注浆过程中,做好地面和 4 号线隧道的监测工作,当出现异常时立即停止注浆。拟定浆液配比见表 5-10。

表 5-10 双液浆配比

项目	名称	参数设置
A 液	水∶水泥	0.75～1.5∶1
B 液	水玻璃浓度	35°Bé
外加剂	膨润土/黏土/微膨胀剂	0～2.5%/NaH_2PO_4/<3%等
A∶B		1∶1～0.3

5.6.1.7 庆—建区间下穿沪杭线施工

1) 工程概况

庆—建区间自庆菱路站始发,沿庆春东路下掘进,右转下穿凯旋路、沪杭铁路、贴沙河、环城东路后转至凤起路,最后抵达建国路站西端头。

庆—建区间上下行线均需下穿沪杭线,其中上行线下穿段 2 号线区间里程为 SDK20+546.63～SDK20+553.682,下行线下穿段 2 号线区间里程为 XDK20+547.217～XDK20+554.158,2 号线区间上下行线中心线下穿沪杭铁路下行线里程分别为 SDK199+811、SDK199+825.5。

两隧道法线方向与铁路的实际夹角分别为 56.5°和 54.6°,则上行线隧道切入铁路范围为第 239～248 环,下行线隧道切入铁路范围为第 240～249 环,加固区范围内,出入段线的盾构与铁路方向平行中心水平间距为约 14.5 m(垂直线中心间距约 12 m)。隧道顶覆土深15.72～15.838 m(地面标高 6.38 m)。铁路与地铁隧道关系如图 5-4 所示。

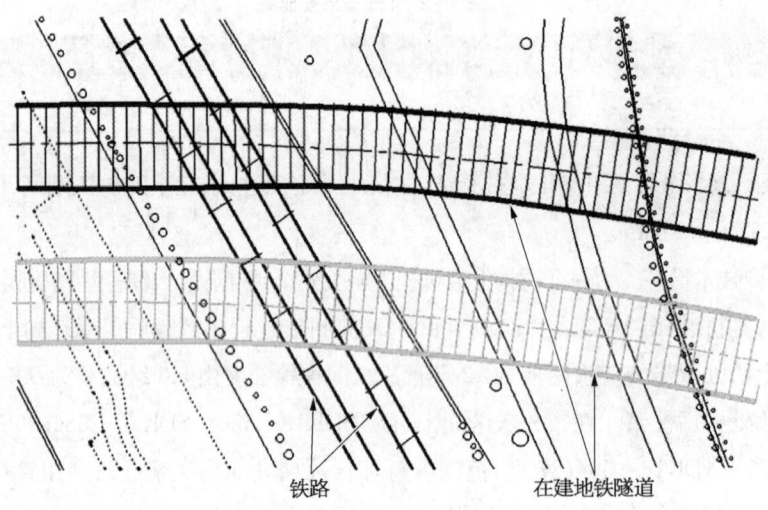

图 5-4　铁路与地铁隧道位置关系

2）工程地质

庆一建场地属钱塘江冲海积平原地貌单元,工程场地内地势较平坦,场地地面标高一般在 5.49～7.25 m。其中下穿铁路段主要为粉土、淤泥质黏土、粉砂夹砂质粉土、粉质黏土。

3）既有线加固方案

(1) 加固目的。增加地基土的密实度,改善地基土的承载能力,增强地基土的抗渗性能,减少因地铁施工和运营期的土体流失,减少地基土的软化效应。

(2) 铁路预加固方案。加固方案采取分块加固,即分为主加固区、旋喷桩加固区和次加固区。加固范围由盾构隧道向两侧各外延不少于 3 m;注浆加固深度为由③1 层土层顶部至⑥2 层底 1.0 m,共 21.31 m。旋喷桩的深度为地表至加固区底部下 1 m,隧道通过的位置采取同样的加固方式。

① 主加固区。即路基两侧的旋喷桩之间范围,劈裂注浆加固。加固深度 21.31 m(自地面 6.38 m 标高下为 24.73 m),水泥掺入量 30%,静力触探指标不小于 1.0 MPa。

② 次加固区。即旋喷桩外侧 10 m 范围(贴沙河一侧 8 m),压密注浆加固。加固深度 21.31 m(自地面 6.38 m 标高下为 24.73 m),水泥掺入量 25%,静力触探指标不小于 0.8 MPa。主加固区、次加固区的加固要求逐渐降低,在强度及刚度上形成过渡。

③ 旋喷桩加固。采用桩径 0.8 m 高压旋喷桩帷幕,搭接 20 cm,桩长 22.31 m(自地面 6.38 m 标高下为 25.73 m),高压旋喷桩 28 d 无侧限抗压强度不小于 2.0 MPa,水泥掺入量 35%。

④ 布孔方案。注浆加固采用在铁路路基两侧布孔,布孔密度 1 m×1 m(斜长),梅花形布置,注浆孔斜插入注浆区域。

⑤ 注浆效果检查。满足设计强度要求;加固后透水性土的渗透系数应比加固前至少提

高一个数量级;钻孔检查孔数不少于总孔数的5%,根据取芯浆液填充情况直观判断注浆效果。

4) 盾构隧道加强设计

(1) 管片设计。将铁路两侧约30 m范围由深埋管片调整为最高等级的超深埋管片,即增大配筋,主筋由直径25 mm、20 mm调整为直径28 mm。

(2) 增设注浆管。将下穿段管片预留注浆孔由6个调整为9个。

(3) 管片防水。管片间防水调整为变形缝防水,即由单道防水条调整为双道防水条。

5) 施工参数优化

将盾构到达影响范围之前的50环(60 m)作为模拟试验段,及时总结盾构机穿越该类土层的最佳参数,掌握控制地表沉降的措施,并通过以往施工经验与地表沉降结果不断优化盾构推进参数,不断完善施工工艺,控制地表变形,为盾构穿越笕杭铁路提供参数依据。

6) 控制措施

盾构施工对周边土层影响程度受控因素较多,主要为土仓压力、推进速度、总推力、出土量、刀盘转速、注浆量和注浆压力等施工参数的影响,必须做好施工参数选择和优化。

(1) 土压设定。根据铁路加固方案,完成铁路下方土体加固后,主加固区加固强度应不小于1.0 MPa,次加固区应不小于0.8 MPa,旋喷桩加固区不小于2.0 MPa,整个下穿过程完全处于加固土体内,因此实际施工过程中,应参考理论土压力和加固土体的实际强度设定土压力,拟定土压力设定为0.1~0.12 MPa,施工过程中应根据掘进参数和监测结果适时调整土仓压力,避免加固土体因挤压以及土体超挖失稳造成地面隆起和过大沉降,保证铁路线道床基础稳定,特别是在进入加固土体后,应严格控制土仓压力,避免土压剧烈波动,每环掘进土压压力控制均在0.02 MPa以内。

(2) 速度控制及姿态纠偏。在穿越施工过程中,盾构推进速度及姿态的调整对土体扰动有很大关联,本工况掘进速度应匀速且避免较大波动,拟定穿越段施工掘进速度为20 mm/min,并尽量减少由于机电故障、管片运输、非及时出土等方面造成的非工序性停顿。

同时,下穿段平面线路主要处于$R=310$ m的圆曲线上,因此施工过程中不可避免地要进行相应的纠偏,这样开挖横断面形成一椭圆形,其截面面积大于盾构机的截面面积,地层损失不可避免;同时纠偏过程中会对土体造成侧面挤压,增大了土体的扰动,因此在下穿施工中应避免过大、过急纠偏,做到根据平面曲线提前预判,结合转弯环管片及管片贴超缓和纠偏,减小对既有铁路的影响。

(3) 出土量及渣土改良。每环理论出土量(V)参考本书第4章4.4.2.3节式(4-2)进行计算,可得出$V=45$ m³。

盾构推进出土量控制在98%~100%之间,即44.1~45 m³/环。

在施工过程中,根据地面沉降监测数据调整出土量,同时,可通过向土仓内添加泡沫剂对渣土进行改良,增加渣土的流塑性,控制螺旋输送机出土的稳定性,避免出现喷涌现象,造成土压力波动加大。

(4) 同步注浆和二次注浆。在盾构下穿前土体经前期注浆加固后已具备一定强度,同步注浆浆液相比自然土层其扩散性受到一定影响,如注浆量及注浆压力不当,可能造成土体受到挤压,造成土体扰动加大或地面隆起。因此,拟定该区域每环的压浆量为建筑空隙的180%~210%,做到及时填充壁后空隙。浆液配比见表5-11。

表5-11 1 m³浆液配比

水泥(kg)	粉煤灰(kg)	膨润土(kg)	砂(kg)	水(kg)	减水剂(kg)	稠度(cm)
110	330	77	880	387	21	9~11

根据试配该浆液能够在8 h左右凝结,注浆压力不应过大,下穿施工期间,同步注浆压力控制在0.15~0.2 MPa。

参照本章5.5节相关内容做好二次注浆工作。

5.6.2 苏州轨道交通4号线

5.6.2.1 工程概况

苏州轨道交通4号线Ⅳ-TS-08标包含两站两区间,即宝带东路站、石湖路站及宝带东路站—石湖路站、石湖路站—红庄站区间。

区间采用盾构施工,盾构隧道外径6 200 mm,内径5 500 mm,采用钢筋混凝土预制管片单层衬砌(6块),管片厚度350 mm,宽度1.2 m,管片衬砌环采用C50钢筋混凝土,抗渗等级P10。

5.6.2.2 工程地质

1) 地质状况

工程场区内地势平坦、水系发育,系典型的江南水网。岩性主要为黏土、粉质黏土、粉土、粉(细)砂等。

(1) 宝带东路站—石湖路站区间。本区间隧道覆土层依次为淤泥、杂填土、素填土、黏土、粉质黏土、粉土夹粉砂、粉质黏土、粉砂夹粉土、粉土夹粉砂、粉质黏土。主要穿越④$_1$粉质黏土层、④$_2$粉砂或粉土层、④$_3$粉土夹粉砂层及⑤$_1$粉质黏土层。宝带东路站—石湖路站区间隧道地层比例如图5-5所示。

(2) 石湖路站—红庄站区间。本区间隧道主要穿越④$_1$粉质黏土层、⑤$_1$粉质黏土层以及⑤$_2$粉砂夹粉土层。石湖路站—红庄站区间隧道地层比例如图5-6所示。

2) 不良地质对施工的影响

本工程主要液化地层为粉土夹粉砂层地层。场区总体为轻微地震液化场地。

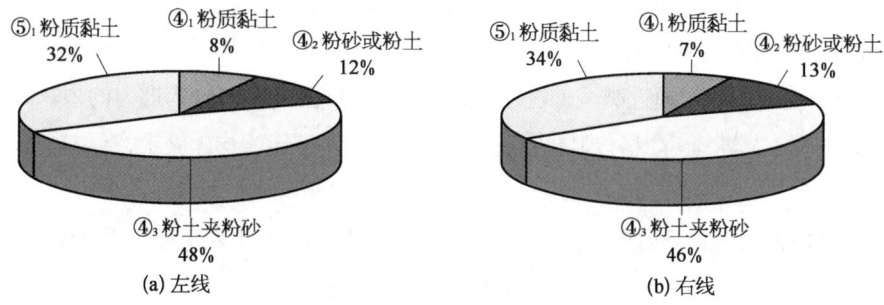

图 5-5 宝带东路站—石湖路站区间隧道地层比例图

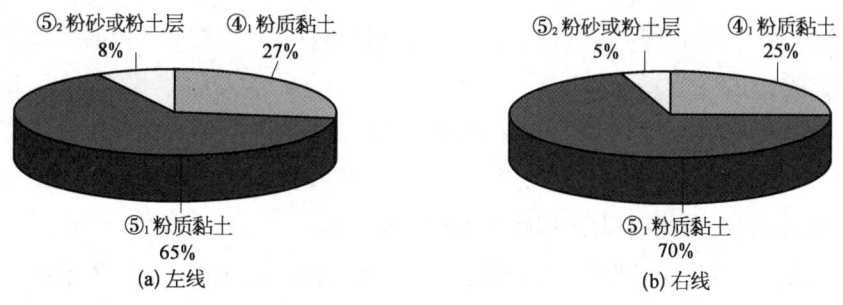

图 5-6 石湖路站—红庄站区间隧道地层比例图

(1) 微承压水含水层由晚更新世沉积成因的③₃粉土层、④₃粉土、④₂粉土或粉砂层组成,其隔水顶板为③₁、③₂黏性土层,隔水层底板为⑥₁、⑥₂黏性土层,具微承压性。

(2) 承压含水层由晚更新世沉积成因的土层组成,主要为⑤₂粉砂或粉土、⑦₂粉土或粉砂及⑨₁粉土层。

5.6.2.3 工程重点、难点及对策

1) 粉土、粉砂层盾构掘进施工

(1) 原因分析。盾构穿越以上粉砂、粉土夹粉砂及粉砂夹粉土层时,对盾构推进会产生一定的阻力,盾构刀盘切削难度相对较大,且其在动水或承压水、微承压水作用下,易产生管涌或流砂,在排土口出现喷涌现象,尾盾很容易发生漏水、漏砂等情况。盾构穿越后隧道周围的土体不稳定,增大了地面以及隧道后期沉降控制难度。

(2) 主要对策。盾构在粉土、粉砂层中推进时,加强对施工参数的优化,通过施工参数的合理调整,确保隧道稳定和控制地面沉降。

① 盾构土仓平衡压力的控制。由于粉土、粉砂层土体较不稳定,盾构推进的后期地面沉降会相对较大。因此在推进时,可在地面隆起允许的情况下,适当提高盾构的正面平衡压力,使盾构正面的砂性土产生挤压疏干效应,降低土仓内土体的动水压力,防止螺旋输送机中砂土的液化。严格按照土压平衡模式进行掘进控制,确保土仓内土压能有效平衡地层的

水土压力,避免在刀盘位置形成负压区,致使地下水涌向刀盘区域。

② 在粉土、粉砂层中推进时,刀盘所受扭矩及推力将大大增加,所以盾构推进速度宜控制在 30 mm/min 以内。通过减缓推进速度,达到降低刀盘扭矩和盾构推力的效果,同时减少对周边土体的扰动。在严格控制推进速度的情况下,保证连续均衡施工,避免盾构较长时间的搁置。

③ 控制盾构纠偏量。盾构姿态变化不可过大、过频,每环纵坡变化小于 0.2%,水平姿态纠偏量不宜超过 5 mm/环,以控制在 3 mm/环内为宜。

④ 螺旋输送机控制。通过控制螺旋输送机出土速度和出土口的开口度,在出土口形成土塞,起到良好的密封、保压以及防喷的作用。停止推进时一定关闭闸门,紧急情况下,应立即关闭螺旋输送机出土口闸门。可根据掘进速度在操作盘上任意控制闸门的开启度,从而控制螺旋输送机的排土量。

⑤ 同步注浆量的控制。在粉土、粉砂层中施工时,由于粉土、粉砂空隙较大,同步注浆量比一般黏土层要多,在施工中应将注浆量控制在建筑空隙的 180%~250%,采用准厚浆浆液,提高浆液的填塞效果,同时根据监测数据适当调节。

⑥ 渣土改良。做好渣土改良工作,通过向盾构前方压注泡沫剂或膨润土浆液,改善渣土的止水性,提高渣土的流动性,确保土仓内渣土处于塑性状态。

⑦ 二次注浆。穿越粉土、粉砂层时,及时进行衬砌壁后二次注浆,有效弥补因同步浆液收缩变形而引起的地面变形隐患,同时提高土体的强度,防止土体液化。

2) 盾构掘进下穿京杭大运河施工难度大

(1) 原因分析。宝带东路站—石湖路站区间隧道下穿京杭运河,下穿段运河宽度约 160 m,穿越段对应管片环号位 295~468 环,河底标高-3.0 m,隧顶与河底的竖向最小净距约 13.5 m。盾构掘进时土压控制不好,会导致河流与掘进开挖面连通,易引起喷涌、大面积塌方等,造成重大工程事故。

(2) 主要对策。

① 盾构掘进过河流前进行补充地质钻孔和回声测深仪,进一步查清过河流隧道的地质条件和覆土厚度,为确保盾构掘进参数的选取及辅助措施提供第一手准确资料。

② 做好盾构的维修保养。到达河流前要对盾构进行全面检查、维修和保养,重点检查渣土改良系统、注浆系统、尾盾密封等,使盾构及后配套系统的工作处于良好状态。

③ 通过前,将穿越前 100 环作为盾构掘进试验段,摸索掌握最佳盾构施工参数和地表沉降特征,避免盲目施工。

④ 进入河道掘进以前全面检查盾构掘进姿态,及时进行纠偏调整。在河流底段进行掘进时加强盾构掘进姿态监测及管片选型工作,减小管片接缝错台,保证较好的隧道线型,提高隧道防水质量。

⑤ 在高水压段掘进时,向土仓内注入泡沫剂、膨润土等提高渣土的流动性和止水性。同时在螺旋输送机出口连接保压泵装置建立土压平衡状态,并加强尾盾密封,控制油脂注入及时性,避免地下水压力过大而在螺旋输送机出口发生喷涌及尾盾密封处发生涌水、突泥,从而使盾构"保头护尾"。

⑥ 掘进时根据开挖面的水土压力,及时调整油缸推力及推进速度,保持土仓压力稳定,土压力设定不要超过水土压力,避免因刀盘推力波动过大对地层造成严重扰动。

⑦ 适当调整同步注浆浆液配比,缩短浆液凝胶时间,控制好注浆压力,注浆压力不能超过水土压力。必要时可通过管片预留注浆孔进行二次双液注浆。

⑧ 掘进中加强尾盾密封油脂的注入,确保尾盾密封油脂压力不小于 0.35 MPa,防止地下水涌入。

⑨ 在过河段隧道管片外弧侧粘贴海绵条以增强尾盾防水防砂效果。对隧道覆土含砂层且砂层距隧道较小的地方,运用导向系统和分区操控推进油缸,严格控制盾构姿态,防止盾构抬升;严格控制同步注浆量及注浆压力,防止注浆压力过高造成地层扰动过大,避免与上部砂层贯通。

⑩ 监测工作务必到位。成立专职监测小组负责盾构施工的监测工作,配备先进的监测仪器,以科学的监测手段和严谨的监测方法确保监测信息及时、可靠。加强施工监测,信息化施工。必要时增加监测点的点位和监测频率,并将监测结果及时反馈给技术部门,根据需要及时调整施工方案,确保安全。

⑪ 建立预警机制,做好应急预案。制定详细的盾构掘进过河段应急预案,并经常进行预演练,在发生异常情况时,立即启动应急预案,确保安全。

5.6.2.4 盾构选型

1) 盾构适应性设计

参照本章 5.2 节"盾构适应性选型设计"相关内容。

2) 盾构主要技术参数

结合地质和工程实际情况以及盾构现状,选用日本小松 $\phi 6340$ mm 土压平衡盾构,具体参数参照本章 5.6.1 节典型案例"杭州地铁 2 号线"盾构选型设计相关内容。

3) 刀盘结构

刀盘为辐条面板型,中间支撑方式。考虑到在黏性土层中施工时,可能会产生刀盘泥饼,开口率 40%,对黏土、砂层等土质都能很好地适应。刀盘刀具布置有 120 把切刀、16 把刮刀、1 把超挖刀和 4 把中心刀。

5.6.2.5 盾构掘进技术

1) 盾构始发技术

参照本章 5.6.1 节典型案例"杭州地铁 2 号线"相关内容。

2) 盾构穿建(构)筑物掘进参数设置

结合工程特性,针对盾构穿越楼房的不同土层、穿越形式、楼房基础类型进行参数调整、优化,见表 5-12。

表 5-12 不同土层、穿越形式、楼房基础参数调整

类	型	土压力	掘进参数	推进速度	出土量	姿态纠偏	其 他
土层	黏土层	加 0.01 MPa	刀盘转速 0.9 r/min	匀速 30 mm/s	99%	适当纠偏	
	粉砂层	减 0.01 MPa	刀盘转速 1.3 r/min	匀速 20 mm/s	98%	少纠偏	加注泡沫剂
穿越形式	正穿	减 0.01 MPa	推力稍小	匀速 30 mm/s	99%	不纠偏	
	侧穿	加 0.01 MPa	推力稍大	匀速 20 mm/s	98%	少纠偏	
	曲线穿越	加 0.01 MPa	减小区域推力差	匀速 20 mm/s	97%	环环均匀纠偏	
基础形式	浅基础	减 0.01 MPa	推力稍大	匀速 20 mm/s	99%	不纠偏	
	桩基础	加 0.01 MPa	推力稍小	匀速 30 mm/s	98%	适当纠偏	

3) 同步注浆和二次注浆

(1) 同步注浆。选用准厚浆浆液,具有浆液黏稠、填充效果好、沁水性小、抗渗漏性能好、浆液的后期强度高等特点。准厚浆浆液配比见表 5-13。

表 5-13 1 m³ 准厚浆浆液配比

消石灰(kg)	粉煤灰(kg)	砂(kg)	膨润土(kg)	水(kg)	减水剂(kg)
60	400	800	70	适量	2

浆液主要性能指标:早期强度 7 d 强度≥0.15 MPa,28 d 强度≥1.0 MPa;初凝时间控制在 12~16 h,稠度 10~12.5 cm;胶凝时间一般为 3~10 h。并根据地层条件和掘进速度,通过现场试验及时进行优化,保证良好的注浆效果。

针对盾构穿越楼房的不同土层、穿越形式、楼房基础类型进行同步注浆调整、优化,详见表 5-14。

表 5-14 不同土层、穿越形式、楼房基础同步注浆调整

类	型	浆液配比	注浆孔位	注浆压力(MPa)	注浆量(m³)	控制稠度(cm)
土层	黏土层	增加骨料量	四孔同注	0.25	3.6	<11
	粉砂层	增加水泥量	上两孔多注	0.3	4	<11
穿越形式	正穿	增加骨料量	上孔注量略大	0.25	3.6	<11
	侧穿	增加水泥量	近楼房侧孔多注	0.3	4	<11
	曲线穿越	增加水泥量	反曲线侧孔多注	0.3	4	<11
基础形式	浅基础	增加水泥量	上孔注量加大	0.3	4	<11
	桩基础	增加骨料量	四孔同注	0.25	3.6	<11

(2) 二次注浆。采用双液浆作为注浆材料,能对同步注浆起到进一步补充和加强作用,同时也对管片周围的地层起到填充和加固作用。

二次补注浆浆液采用水泥、水玻璃双液浆,水玻璃用水稀释 1∶3,水泥浆水灰比为 1∶1,水泥浆与水玻璃体积比 1∶1,浆液的凝胶时间为 30 s～1 min。二次注浆于管片脱出尾盾 5 环开始实施,并于管片脱出尾盾 7 环内注完。

第6章

盾构带压开仓技术

在盾构隧道施工过程中，尤其是在上软下硬复合地层、孤石地层、砂卵石地层等地层，因其地质条件变化、地下障碍物等影响，刀具的磨损、损坏经常发生，需要频繁带压开仓进行刀具检查、更换等工作。但盾构带压开仓作业难度大、风险高，必须进行严格控制和管理，降低施工风险。

本章从带压开仓作业的基本规定、作业准备、作业流程以及安全要求等方面，对盾构带压开仓作业控制技术进行总结，希望对盾构带压开仓作业可起到一定的借鉴作用。

6.1 基本规定

6.1.1 强制规定

1）人员

(1) 常规带压操仓、进仓作业人员选拔应按照《海军潜水员体格检查标准》体检合格，符合进仓作业要求。患有中耳炎、感冒、心脏病、高血压、恐高症等疾病的人员严禁进仓。严格遵守劳动纪律，严禁作业前后剧烈运动和饮酒，并保证充足休息时间。

(2) 每一批次进仓作业之前应由县级及以上医院进行常规体检合格。

(3) 常规带压操仓、进仓作业人员应经过专业机构培训合格后方可进仓作业，人员仓操作人员应取得相应的资格证书，且熟知仓内作业流程和安全防护措施。

(4) 电焊工、电工等特殊工种应持有效证件上岗，其他人员应具有相关经验。

2）设备、设施

(1) 人员仓仓室设计满足盾构出厂时厂家配置标准。应对人员仓进行加压、减压、保压试验。对人员仓内的管线、阀组、仪表、通信、照明、加热装置、吸氧装置、消防设施（喷淋系统、手持灭火器）、气体检测仪以及压力记录仪器等进行检查，确保其工作正常。

(2) 应配置应急发电机、内燃空压机，对其检查和试运转，做好油料储备。

(3) 应配置高压医生及救护设备。

(4) 进仓人员应携带便携式气体检测仪，对仓内气体实时监测。

(5) 常规带压进仓前应对盾构供水、供电、供气、通风、消防、照明、保压等系统进行全面检查,保证各系统工作正常。

(6) 应配置安全帽、安全带、专用工作服及相应的专用劳保用品。

(7) 刀盘控制应切换到本地控制,处于锁定状态,严禁转动刀盘,并有专人进行监管。

(8) 所有设备、仪器应定期进行标定,且在有效期内。

3) 安全环境

(1) 进仓作业前及进仓过程中,应实时对仓内有害气体进行检测,确保仓内各气体成分和含量合格并保证通风良好,当有害气体超标时,应立即停止作业,所有人员及时撤离作业场所。

(2) 盾构本身安全:带压作业前,应对盾构与带压作业有关的各个系统进行调试检测,至少包括气体保压系统、空压机、应急空压机、应急照明、仓内消防设施等。

(3) 隧道内外配套体系:作业过程中应保持盾构人员通道及运输系统畅通,外部应急救援实施准备就位。

(4) 带压作业应有计划性,选择在地层稳定区域,经保压试验后符合作业需求条件,必要时采取地表加固措施。

(5) 常规带压进仓前应向仓内注入高黏度泥浆,进行搅拌和静置,保障掌子面泥膜形成状态良好。向中盾、尾盾壳体外部注入高浓度泥浆,确保盾壳与地层间的间隙填充饱满,气密性良好。进仓作业过程中应实时对掌子面状况进行评估和判定。

4) 管理程序

(1) 作业前应对管理体系、应急体系、医疗保障体系进行评估和判定。

(2) 常规带压进仓作业前应编制《盾构带压进仓作业专项施工方案》,按照相关规定履行评审程序,评审合格后按要求上报相关方,并按照批准的方案内容组织实施。

(3) 作业前应编制《盾构带压进仓施工安全应急预案》,并组织演练。明确组织机构、风险识别、应急响应及处置程序等内容。

(4) 作业前应编制技术、安全作业交底,并对作业人员进行交底培训,履行签字确认手续。

6.1.2 一般规定

1) 常规带压进仓作业人员岗位设置及要求

常规带压进仓作业人员岗位设置及要求详见表6-1。

表6-1 常规带压进仓作业岗位设置及要求

序号	岗位	人数	要求
1	值班经理	1	由项目班子成员担任,下达施工任务,监管施工过程、施工安全和工作完成情况,协调各业务部门工作

(续表)

序号	岗位	人数	要求
2	作业队长	1	对常规带压进仓作业进行安排,协调相关资源,保障作业过程安全,协助值班经理工作
3	土木工程师	1	明确高黏度泥浆配比,评估判定泥膜质量。对常规带压进仓期间的补气量变化进行监测,根据补气量的变化采取重建泥膜等处置措施
4	机电工程师	1	对刀具进行检查,依据刀具磨损量明确刀具更换位置和数量。对刀盘磨损情况进行检查,测量相关数据,提出刀盘修复方案。作业完成后,对作业效果进行判定
5	盾构司机	1	对盾构供水、供电、供气、通风、通信、照明系统、保压系统主要设备运转情况进行监控,完成常规带压进仓过程中每仓间隔期间的保压工作以及进仓前的排浆、转动刀盘等工作。监控开挖仓内压力、液位变化,出现异常情况及时反馈并负责外界联络协调相关资源
6	安全员	1	对仓内有害气体进行检测、评估和判定,监督并及时制止违规作业,并掌握人员急救技能
7	作业人员	3~4	在正确佩戴安全防护用品的前提下,按照技术交底培训内容实施作业。对掌子面异常变化情况及时反馈
8	测量员	2	对地表沉降进行监测,对测量数据信息及时记录和反馈
9	物资人员	1	管理作业材料、应急物资、危险品等
10	值班电工	2	高低压电工各1名,持证上岗,对盾构的供电、照明系统进行维保和监控,根据现场需求对用电设备进行安装及拆除
11	值班维修工	1	对盾构的机械设备进行维修和保养,根据现场需求对机械设备进行安装和维修
12	电焊工	1	取得中级以上的资格证书,掌握相应技能
13	进仓辅助人员	5	保障隧道运输通道畅通,完成带压进仓前的刀具准备、氧气更换,以及进仓物品的运输
14	高压医生	1	为带压作业期间的医学顾问,负责职业病预防和救治、身体检查、医疗卫生等。跟踪进仓期间作业人员身体状况,对带压作业期间人员身体出现异常状况时进行现场紧急医疗救助。作业人员出仓后,询问和初步检查其身体状况并告诫后续注意事项
15	人员仓操作人员	2	按照国家标准要求,依据进仓作业工作压力,严格控制带压作业时间、加压和减压时间。协助医生对患者进行紧急医疗救助

2) 设备设施配置及要求

常规带压进仓作业主要设备配置及要求详见表6-2。

表6-2 常规带压进仓作业主要设备配置及要求

序号	名称	参考规格	单位	数量	要求
1	内燃空压机	10 m³	台	1	性能完好
2	高压清洗机	35 MPa	台	2	性能完好

(续表)

序号	名称	参考规格	单位	数量	要求
3	直流电焊机	400 A	台	2	性能完好
4	二保焊机	500 A	台	1	性能完好
5	污水泵	7.5 kW	台	2	性能完好
6	潜水泵	3 kW	台	2	性能完好
7	开关箱		个	若干	性能完好,一级一闸
8	液压扳手	3 600 N·m	套	1	根据螺栓紧固参数进行配备
9	气动扳手	3 600 N·m	把	2	根据刀具螺栓紧固参数配置
10	数码相机	1 600万像素	台	1	根据需求配置
11	对讲机		部	4	满足通信要求
12	气体检测仪	便携式	台	2	可有效检测有害气体
13	拉链葫芦	1 t、2 t	个	3	性能完好
14	风镐	G10	把	1	性能完好
15	千斤顶	5 t	台	2	性能完好
16	医疗仓		套	1	额定压力满足需求,可容纳2～3人,用于减压病的治疗,医疗仓配套足够的呼吸氧气

3) 材料配置及要求

常规带压进仓作业材料配置及要求详见表6-3。

表6-3 常规带压进仓作业主要材料配置及要求

序号	名称	规格	单位	数量	要求
1	刀具		把	若干	制作质量合格
2	氧气	40 L、15 MPa	瓶	若干	气体合格
3	乙炔	40 L、3 MPa	瓶	若干	气体合格
4	油料	液压油、柴油	升	若干	油品合格
5	管路	风、水、气、油	米	若干	检测合格
6	普通焊条	ϕ4.0 mm	箱	若干	质量检测合格
7	Fe-Cr-Mo-B堆焊焊条	30×60×3	箱	若干	质量检测合格
8	防爆灯	24 V	盏	4	满足防爆要求
9	钢丝绳	ϕ12 mm×1.2 m	根	3	质量合格
10	撬棒	长、短	根	2	性能完好

(续表)

序号	名称	规格	单位	数量	要求
11	套筒扳手	16～40 mm	套	1	性能完好
12	扳手	16～40 mm	套	1	性能完好
13	医用氧气		瓶	若干	气体合格
14	呼吸面罩		套	4	质量合格
15	医疗急救用品		套	1	满足急救需求
16	防毒面罩		个	若干	质量合格
17	焊接面罩		个	若干	质量合格
18	焊工专用工作服		套	若干	满足焊接、防火需求
19	手套		双	若干	质量合格
20	应急手电		把	若干	性能良好
21	吊耳		套	若干	质量合格

4）技术文件及要求

（1）技术交底、安全交底应明确作业内容、作业流程、岗位安全操作规程、安全防护措施应用、加减压及作业过程中的注意事项、应急自救措施、风险识别与处置等内容。

（2）带压进仓施工安全应急预案应明确组织机构、风险识别、应急响应及处置程序等内容。

（3）应及时填写刀具检查及更换记录表、地表沉降监测记录表、有害气体监测记录表、加减压时刻记录表、人员进仓记录表、补气量记录表等所有记录表，并保存归档。

6.2 作业准备

1）人员

（1）作业人员选择应本着自愿的原则。

（2）作业前后严禁剧烈运动和饮酒，并保证充足休息时间，身体不适人员严禁进仓作业。

（3）作业人员应对技术交底、安全交底和带压进仓应急预案中涉及的作业内容、作业流程、危险源、应急处置和人员自救措施、安全操作规程、注意事项等内容再次确认。

（4）作业人员进仓前应由作业队长对其进行作业危险确认。

（5）人员进仓作业，需实行进出签认制。

2）设备

（1）应对人员仓的管线、阀组、仪表、通信、照明、加热装置、吸氧装置、消防设施以及压力记录仪器等进行检查,确保其工作正常。

(2) 应对人员仓进行加压、减压、保压试验。

(3) 应对应急发电机进行试运转,确保常规电源和应急电源切换正常。

(4) 应对空压机工作状况及气路系统涉及的管路、滤芯、阀组等进行检查。

(5) 应对供水系统涉及的管路、滤芯、阀组等进行检查。

(6) 应对通风机机况、隧道内通风管路进行检查。

(7) 应对保压系统工作状况进行检查。

(8) 应对进仓作业所需的辅助设备、工具和工装进行检查、核对。

(9) 应对垂直、水平运输设备机况进行检查。

3) 工程条件

(1) 应完成对地面沉降监测布点和数据收集工作。

(2) 依据盾构停机位置地质状况及边界条件,完成地质加固及涉及的建构(筑)物的防护工作,对掌子面结构稳定情况进行初步判定。

(3) 应完成尾盾后部管片二次注浆并验证封闭环止水密封效果。

(4) 应完成盾构开挖仓、气垫仓内空气置换工作。

(5) 保证竖井垂直运输、洞内水平运输及盾构上安全通道通畅。

(6) 应完成开挖仓内的泥膜建立,并符合常规带压进仓作业需求。

4) 材料

按照带压进仓作业主要材料配置及要求,逐一清点,落实材料的准备工作。

5) 后勤保障

(1) 完成应急响应及处置程序的演练工作。

(2) 完成医疗机构的选定和联络。

(3) 完成医疗用品、劳动保护用品的准备工作。

(4) 完成生活(饮食、休息等)保障工作。

6.3 作业实施

6.3.1 作业流程

常规带压进仓作业流程如图6-1所示。

6.3.2 作业内容及要求

常规带压进仓作业内容及要求详见表6-4。

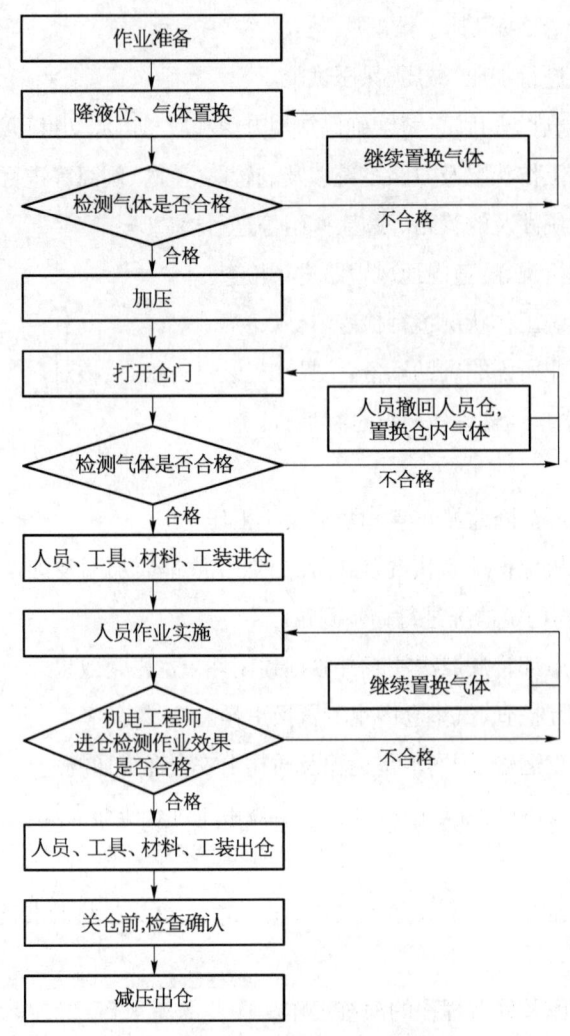

图 6-1 常规带压进仓作业流程图

表 6-4 常规带压进仓作业内容及要求

序号	作业环节	内容	要求
1	作业准备	履行人员、设备、材料、工程条件、后勤保障等工作	确认相关准备工作已完成,作业过程中实时对地表沉降情况进行监测,进行泥膜建立,并对泥膜形成质量进行初步判定
2	置换空气	置换仓内气体	对仓内排出的气体成分进行检测,如 CO、CO_2、CH_4、H_2S 等有毒有害、易燃易爆气体含量超标,应继续进行置换通风直至合格
3	检查人员进仓	机电、土木工程师及安全员进仓	人员仓加压应由专业操仓人员按照国家标准进行操作。打开仓门后,由安全员对仓内气体进行检测,如检测不合格,应关闭仓门,检查人员出仓并置换仓内空气。检测合格后,由机电工程师对刀盘、刀具磨损情况进行检查并记录,由土木工程师对掌子面稳定情况、泥膜建立情况进行检查,如不符合进仓作业需求,应关闭仓门,检查人员出仓,并对泥膜进行重建。检查人员在压力环境下的作业时间应符合相关国家标准规定

(续表)

序号	作业环节	内容	要求
4	检查人员出仓	机电、土木工程师及安全员出仓	人员仓减压应由专业操仓人员操作。检查人员检查完成后,将自身携带的检查工具、设备、记录表带出仓外,由机电工程师对更换刀具的位置及数量对作业人员进行交底,由土木工程师及安全员将仓内作业注意事项向作业人员进行交底
5	作业人员、材料、工具进仓	作业人员、材料、工具进仓	作业人员应对材料、工具进行核对并转运至人员仓。作业人员应履行进仓签字确认程序。人员仓应由专业操仓人员按照相关国家标准进行操作
6	作业人员实施	根据方案、交底内容实施作业	作业人员按照方案、交底中明确的作业内容、流程、标准实施作业。作业过程中,实时关注掌子面稳定情况和有毒有害气体检测情况,存在异常时应停止作业,立即出仓。作业人员工作时间应符合相关国家标准规定
7	作业人员出仓	作业人员出仓	人员仓由专业操仓人员操作。作业人员应将所更换的旧刀具携带同步出仓。减压出仓期间,应将本仓工作完成情况及时向仓外人员进行反馈,以便提前对下仓作业内容进行调整和安排。作业人员出仓后,应做好与下仓作业人员交接工作
8	作业效果判定	由工程师按照方案和交底内容进行判定	机电工程师按照作业的目的和标准对换刀点位、螺栓紧固效果、障碍物处理等作业工作效果进行检查确认,如未达到作业预期效果应继续实施
9	清仓、关闭仓门	作业人员清仓并关闭仓门	作业人员进仓对仓内工具、工装、材料进行清点核对并携带出仓,同时按照交底要求关闭仓门,人员出仓后,做好恢复掘进准备

6.3.3 关键工序作业要点

1) 泥膜

(1) 泥水平衡盾构。根据泥膜建立需求,确定高黏度泥浆配比、土石方量,高黏度泥浆配置完成后,通过注浆泵注入开挖仓,同步对开挖仓内的浆液进行置换。

(2) 土压平衡盾构。将配置好的膨润土通过注浆泵注入开挖仓内,同步对开挖仓内的渣土进行置换。

泥膜施工工艺流程如图 6-2 所示。

(3) 高黏度泥浆、膨润土置换完成后,应缓慢转动刀盘进行搅拌,然后静置泥浆并适当提高开挖仓压力使浆液均匀渗透掌子面,进行泥膜建立。达到保压时间要求后,根据作业液位需求降低开挖仓内渣土/泥浆高度。根据仓内压力、补气量和气垫仓内液位变化情况对泥膜形成质量进行初步判定。高黏度泥浆、膨润土配比参考如下:拌制的高黏度泥浆黏度控制在 90~100 s,相对密度为 1.05,泥浆置换后刀盘仓的泥水黏度不应小于 40 s,相对密度控制在 1.15~1.20。中盾尾盾注入的高浓度泥浆要求:泥浆相对密度控制在 1.3 以上。

2) 加、减压

(1) 根据作业压力高低和时间长短,减压过程中涉及的第一停留压力及减压速率、其他

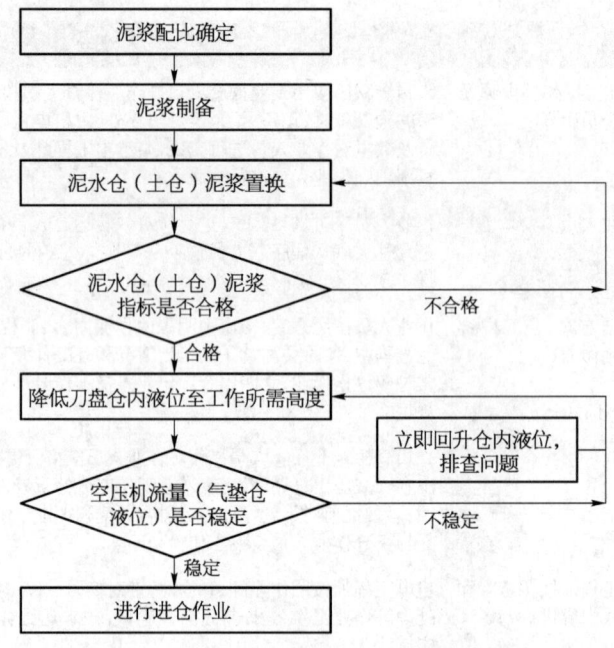

图6-2 泥膜施工工艺流程图

停留压力及停留时间应参考我国空气潜水减压表(60 m阶段潜水减压表)和《空气潜水减压技术要求》(GB/T 12521—2008)。

（2）应对减压出仓的人员身体状况进行监控,发现异常立即送医。

（3）加压过程应匀速,加压速率应不对作业人员造成压力伤害,实时与仓内人员保持联系,如发现有作业人员出现异常症状,应立即停止加压,采取应急减压操作程序。人员出仓后应由专职医生对其身体状况进行检查。

3) 开仓门

开仓门前应先打开仓室之间的平衡阀,待压力平衡后,开启仓门。拆卸、紧固螺栓应采取对称方式,开启过程中注意保护仓门密封材料。

4) 掌子面稳定情况判定

仓门打开后,由土木工程师对掌子面稳定情况、泥膜建立质量进行检查和评定,如有异常情况及时关闭仓门,人员出仓后重新进行泥膜建立。作业实施过程中,作业人员应实时对掌子面稳定情况监控。

6.3.4 作业实施

1) 刀具检查和更换

（1）对刀盘上配置的刀具进行逐个检查,存在弦磨、刀圈崩齿或断裂、漏油、脱落、磨损量超标等现象的刀具需进行更换,检查人员应填写刀具检查记录表,并交底给作业人员。

(2) 刀具更换前,工作人员应在确保安全的前提下将刀盘转到合理位置以便于刀具更换。换刀时应对刀具周边进行清理,利用工具和工装对刀具进行拆除。安装新刀具前,应对刀箱进行检查和清洁,对紧固螺栓进行检查,存在裂纹或滑丝需进行更换,紧固参数按照技术交底要求执行。换刀工作完毕后,应对全盘刀具螺栓进行复紧。

(3) 换刀期间应及时将更换下的刀具、螺栓转运至仓外,避免发生掉落。

2) 障碍物处理

(1) 针对桩基侵入、孤石、掉落刀具等障碍物处理应提前制定处置方案。

(2) 处理完成后方可恢复掘进,掘进过程中应关注掘进参数变化及出渣情况。

6.3.5　作业效果判定

(1) 由机电工程师对刀具更换数量、位置、螺栓复紧情况进行复核。

(2) 按照处置方案对障碍物处置情况进行复查。

6.3.6　仓门关闭

刀具处理完毕后对开挖仓及刀盘前方进行全面检查,避免工具、杂物遗漏在开挖仓内。确认后关闭所有预留接口阀门至恢复掘进状态,关闭仓门,人员出仓。

6.4　安全要求和职业健康

6.4.1　常规带压进仓作业安全要求

(1) 进入开挖仓人员应时刻注意抓踩牢靠,并按要求佩戴安全带等劳动保护用品;在进行换刀作业时,严禁猛敲狠打,野蛮作业,造成设备和工具的损坏。

(2) 开挖仓内有人员工作时,人员仓外与控制室内应有专人监控,严禁仓内人员作业时转动刀盘,防止误操作引发事故。

(3) 在作业过程中,应对有毒有害气体、掌子面的稳定情况实时进行监测。

(4) 在作业过程中,严禁人员在吊物下方作业。吊装工具和工装应检查合格。

(5) 作业期间,应配备专职医生做好作业人员的医疗保障和救护准备工作。

(6) 如遇突发情况,所有人员应第一时间撤离。

(7) 仓内气体成分安全要求:通过盾构隔板上的气体检测口对开挖仓内的气体进行检测,检测合格后方可进行施工,其气体检测标准见表 6-5。

表 6-5 常规带压进仓气体检测标准

序号	气体	含量(%,按体积计)
1	一氧化碳	≤0.002 4
2	二氧化碳	≤0.5
3	甲烷	≤1
4	硫化氢	≤0.000 66
5	氧气	19~22

6.4.2 职业健康

1) 职业病种类

作业人员在压力环境下作业,经历加压、减压过程,应重点对以下疾病进行关注和预防:

(1) 减压病。作业人员在压力环境下作业,体内血液溶解了氮气或其他惰性气体,在减压过程中因没有足够的减压时间来消除,血液和身体组织中的气体残存导致气泡出现,从而引发各种危险和有害的疾病。

(2) 氧中毒。当氧分压超过 0.05 MPa,就会对肺气泡造成影响,这种情况持续一定的时间会导致肺活量的降低,甚至造成严重伤害。在带压进仓作业人员进行治疗性减压期间,氧分压在 0.15~0.25 MPa 的时候,肺部氧中毒的情况会比较明显。

(3) 气压性创伤。作业人员在加、减压过程中,压力变化较快,导致人体空腔器官(如中耳、鼻窦)内外压力不能迅速平衡,从而造成人体空腔器官损伤。

(4) 氮麻醉。氮不参与各细胞成分的化学过程,但它在血液中的分压达到一定程度,就会产生麻醉作用,引起神经纤维的传导和中枢突触传递受阻,神经元的兴奋性不受控制,严重者可引起死亡。

2) 预防与治疗

职业病的症状和预防与处置措施见表 6-6。

表 6-6 职业病的症状和预防与处置措施

序号	疾病名称	症状	预防与处置
1	减压病	瘙痒、皮肤灼热、皮下气肿;肢体疼痛;头痛、眩晕、呕吐、运动失调等	工作前应充分休息,防止过度疲劳,不饮酒和少饮水,工作时应预防受寒和受潮,工作后应立即脱下潮湿的工作服;作业完成后饮热茶,洗热水浴,在温暖的室内休息 0.5 h 以上,以促进血液循环,使体内多余的氮加速排出;每日应保证高热量、高蛋白、中等脂肪饮食,并适当增加各种维生素;操仓人员严格按照国家规定控制减压时间;作业人员在减压过程中肢体要保持舒展放松状态;所有类型减压病的治疗都是再加压治疗,配合氧气治疗

(续表)

序号	疾病名称	症 状	预 防 与 处 置
2	氧中毒	胸疼、咳嗽、呼吸困难,面部和口唇颤动、出汗、面色苍白、烦躁不安等	作业人员选拔时应进行氧敏感试验,若氧敏感试验阳性,不能进行带压作业。严格控制氧分压和作业时间,间歇吸氧,在两次吸氧之间吸空气 5~10 min。吸氧时,尽量减少不必要的体力活动;保证供氧装置处于良好状态,严格遵守操作规程。吸氧期间,医务人员应密切关注,以便发现情况及时处理
3	气压性创伤	鼻窦黏膜充血肿胀;突感耳闷、耳鸣、头痛、头晕等	若进仓作业人员出现症状,不能再对作业人员施加高压,现场医生立即进行医疗救助。作业人员在加、减压过程中严禁屏气。操仓人员严格控制加减压速度。肺部有潜在性病变的人员严禁进仓
4	氮麻醉	话多、头晕、嘴唇麻木、躯体活动迟缓;抑郁、幻觉、定向力、自制力极差等	进仓人员作业前禁饮酒,保证充足休息;作业期间人员如出现氮麻醉症状,应立即加强通风置换仓内空气,实施减压出仓

6.5 作业风险识别和应急处理

6.5.1 作业风险识别

根据常规带压进仓作业环境、工程特点等进行危险源辨识分析,详见表6-7。

表6-7 常规带压进仓危险源辨识分析

序号	危险源	危 险 分 析
1	塌方涌水	作业前未根据盾构停机位置地质情况选择合格加固措施,高黏度泥浆配比不合适,未形成高质量泥膜,实施作业前未对掌子面稳定情况和泥膜建立质量进行判定,未对地表沉降情况进行监测,压缩空气及保压系统工作异常,造成掌子面失稳,引起隧道坍塌、涌水、地表沉降
2	触电爆炸	作业期间未按照要求使用低压防爆灯,未实时对仓内易燃易爆气体进行监测,电源选择未按规范要求使用安全电压,造成触电和爆炸事故
3	中毒	未实时对仓内有毒有害气体进行监测,导致作业人员发生中毒现象
4	砸伤摔伤	材料、工具在运输和作业期间因吊具质量、吊点选择等原因导致物品掉落对人员造成伤害。工作环境湿滑、铺设踏板不牢固,导致人员行走摔伤等
5	职业病	人员仓操作人员操作不当;加减压过程停留站压力及时间选择不当;作业人员出仓后未遵循专职医生交底的注意事项
6	火灾	消防措施不到位、线路老化和静电等造成易燃物出现火情;掌子面内有易燃易爆的气体存在,作业过程中通风不及时导致火灾

6.5.2 应急处理

(1)应成立应急响应机构,明确相关职责,依据危险识别编制应急预案并开展应急演练。应急响应组织机构如图6-3所示。

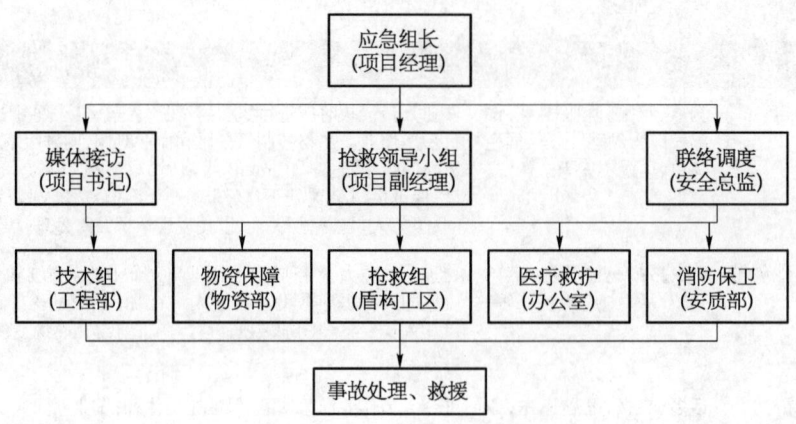

图 6-3 应急响应组织机构示意图

(2) 应急响应事件处理流程如图 6-4 所示。

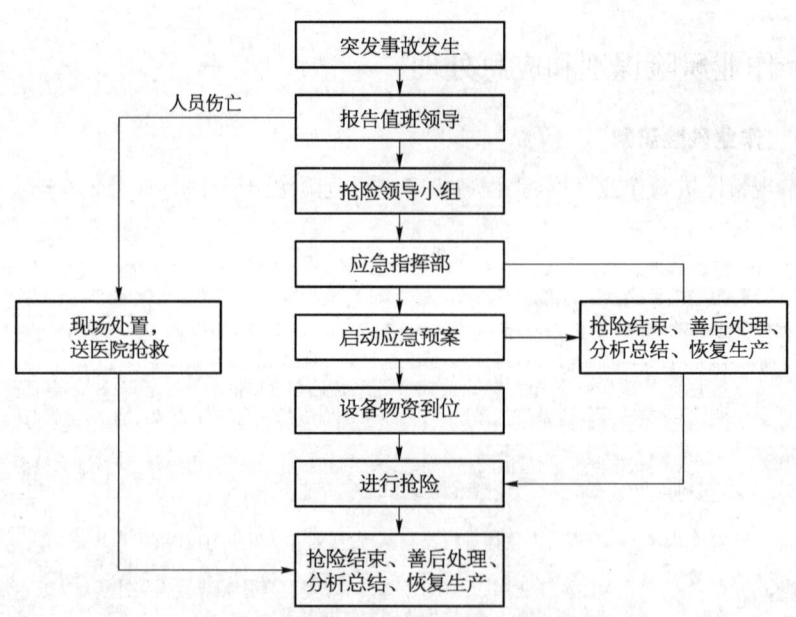

图 6-4 应急响应事件处理流程

6.5.3 针对性处理措施

1) 渗水

(1) 根据水的混浊程度、颜色、流量等判断引起掌子面的风险等级。

(2) 根据渗水量大小,适当提高仓内气压,必要时采取排水和封堵措施。

(3) 应设定警戒流量值,超出警戒值时应及时停止进仓作业,安排作业人员出仓,采取必要的应急处理措施。

2) 地表沉陷

(1) 作业期间应设置地表沉降的警戒值。

(2) 沉降超过警戒值后,应组织作业人员停止作业并出仓,关闭仓门,建立仓内压力,适当提高开挖仓顶部压力,维护土体稳定。

(3) 对地表沉降位置采取应急处理措施。

3) 人员伤害

(1) 作业期间如发生作业人员中毒、受伤、触电等情况应及时启动应急处理程序,采取现场急救措施后,转运至指定医疗机构进行救治。

(2) 如发生作业人员中毒情况,应立即停止进仓作业,安排所有人员出仓,对仓内气体进行检测,查明有害气体成分,及时采取通风措施。

(3) 如发生人员触电情况,及时救治受伤人员,并查明原因,消除隐患。

4) 压力失控

(1) 设备、管路故障造成压力失控,人员紧急撤到安全区域。调压模式由自动调到手动,启用备用控制系统;隔离故障管路,打开旁通阀启用备用管路。

(2) 带压作业环境突变,仓内压力失控,人员紧急撤到安全区域。紧急恢复仓内压力,保证掌子面稳定,防止发生塌方等意外事件。人员出仓后,应进行全面体检,保证人员身体安全。

5) 气体成分失控

有害气体监测报警后,人员紧急撤离,佩戴氧气面罩,关闭仓门,加强通风。分析有害气体成分和来源,采取相应处理措施。

6) 通信系统失控

人员仓自带通信系统失控后,人员仓内外采用对讲机、书写等方式进行交流。

7) 职业病

(1) 减压病。在温暖的室内休息半小时以上,以促进血液循环,使体内多余的氮加速排出;按照专业医生制定的减压病医治方案进行治疗,配合氧气治疗。

(2) 氧中毒。在通过面罩吸氧的仓内,迅速摘除面罩,呼吸仓内压缩空气,并按空气常规减压;在纯氧仓内,先用压缩空气进行通风,降低仓内氧分压,然后逐渐减压出仓;人员出仓后紧急送往指定医院进行专业救治。

(3) 氮麻醉。作业期间人员如出现氮麻醉症状,应立即进行吸氧处置,加强通风置换仓内空气,必要时减压出仓。

参考文献

[1] 赵先鹏,张恒,等.盾构穿越软硬不均地层技术研究[J].四川建筑,2010,30(6):191-193.

[2] 王明胜,章龙管.富水砂卵石地层土压平衡盾构关键施工技术[C]//何川.第五届中日盾构隧道技术交流会论文集.成都:西南交通大学出版社,2009.

[3] 槐荣国.浅谈盾构孤石段地层掘进技术[J].建筑机械化,2014(10):51-53.

[4] 杨亚璋.越海盾构工程孤石探测技术探索[J].隧道建设,2012(5):700-704.

[5] 竺维彬,鞠世健.复合地层中的盾构施工技术[M].北京:中国科学技术出版社,2006.

[6] 靳世鹤.广州地铁特殊地质土压平衡盾构施工方法[J].都市快轨交通,2009,20(3):55-57.

[7] 米晋生,鞠世健.盾构掘进处理孤石施工技术[C]//2005上海国际隧道工程研讨会文集:262-267.

[8] 张恒,陈寿根,等.盾构掘进孤石处理技术研究[J].施工技术,2011(10):78-81.

[9] 毋海军.城市地铁孤石群盾构掘进关键技术[J].广州科技,2012(2):117-120.

[10] 游永峰,梁奎生.盾构法施工海底隧道孤石及基岩侵入体爆破施工风险分析[C]//2012年中铁隧道集团低碳环保、优质工程修建技术专题交流会论文集:57-61.

[11] 洪开荣,潘明亮,等.城市地铁枢纽站线工程施工关键技术[M].北京:人民交通出版社,2016.

[12] 陈馈,冯欢欢.深圳地铁11号线大直径盾构适应性设计[J].现代隧道技术,2015,52(2):166-172.

[13] 黄恒儒.盾构穿越花岗岩球状风化孤石群的施工关键技术[J].隧道建设,2015,35(8):834-840.

[14] 杨书江,孙谋,等.富水砂卵石地层盾构施工技术[M].北京:人民交通出版社,2011.

[15] 吴煊鹏.中国盾构工程科技进展[M].北京:人民交通出版社,2016.

[16] 刘铁.砂卵石地层盾构机破岩新机理的分析与研究[D].扬州:扬州大学,2015.

[17] 曲兆宇.砂卵石地层中隧道盾构法施工数值分析[D].北京:北京交通大学,2012.

[18] 郭军.兰州地铁浅埋砂卵石地层盾构掘进稳定性分析[D].兰州:兰州交通大学,2012.

[19] 周宇.成都地铁4号线砂卵石地层盾构法施工技术[J].水利水电施工,2016(2):86-88.

[20] 向贤礼.砂卵石地基的勘测方法与承载力研究[D].长沙:中南大学,2005.

[21] 郭永军,李峰,张大牛.北京地铁10号线苏州街站砂卵石富水地层注浆加固技术[J].铁道标准设计,2008(12):137-139.

[22] 王淳,巨建民,任小惠.超前小导管在斜穿砂卵石隧道中的作用[J].低温建筑技术,2015(05):131-133.

[23] 李宏安,陆琰.富水砂卵石地层浅埋暗挖法超前深孔注浆加固技术[J].市政技术,2014,32(5):83-86.

[24] 王文兵.砂卵石地层浅埋暗挖超前支护施工技术[J].岩土工程技术,2016,30(4):176-179.

[25] 刘魁刚,王文正,裴书锋.砂卵石地层浅埋暗挖法快速施工技术[J].现代隧道技术,2011(5):115-119.

[26] 丛恩伟.北京地铁10号线砂卵石地层盾构法隧道施工关键技术[J].铁道标准设计,2008(12):168-170.

[27] 冯欢欢,杨书江.成都地铁4号线砂卵石地层土压平衡盾构施工技术[J].隧道建设,2014,34(3):274-278.

[28] 何冲冲.地铁施工中盾构区间孤石的开挖处理[J].四川水泥,2016(03):198.

[29] 黄春来,张映根.软土地层盾构施工地表沉降分析及控制措施[J].山西建筑,2012(10):223-225.

[30] 王旭,张海东,等.盾构机刀盘的地质适应性设计研究[J].现代隧道技术,2013(03):108-112.

[31] 竺维彬,张志良,等.广州地铁土建工程工法应用与创新[M].北京:人民交通出版社,2014.